In Analogie zu Veränderungen des Denkens in den Naturwissenschaften leitet der Autor, Präsident der Fraunhofer-Gesellschaft, die Notwendigkeit ab, auch in der industriellen Produktion von einer deterministischlinearen Weltanschauung Abschied zu nehmen. Selbstähnlichkeit, Selbstorganisation und Dynamik sind die Grundmuster eines sich als Dienstleistungsunternehmen verstehenden Produktionsbetriebs der Zukunft. Das Ziel im Zuge der dritten industriellen Revolution: sich selbst regelnde Arbeitsgruppen auf allen Organisationsebenen. Die Fraktale Fabrik schafft nicht nur Fabriken in der Fabrik, sondern auch Unternehmer im Unternehmen. So können Eigenverantwortung und Individualität zu Erfolgsfaktoren werden.

«Das Buch ist nicht nur den Fachleuten aus der Produktion zu empfehlen, weist doch schon der Buchtitel darauf hin, daß alles Umdenken in der Fabrik letztlich nur dazu dient, eine neue Unternehmenskultur zu kreieren. Nichts unterstreicht das mehr als die in Kapitel 5 beschriebenen Fallbeispiele. Obendrein ist das Buch sehr handlich, die Abbildungen nützlich und das Layout auch unter didaktischen Gesichtspunkten geschickt gemacht.»
Harvard Business Manager

Prof. Dr.-Ing. Dr. h. c. mult. Hans-Jürgen Warnecke, geboren 1934, studierte Maschinenbau in Braunschweig. Nach mehrjähriger Industrietätigkeit (unter anderem in den USA) wurde er 1971 Direktor des Fraunhofer-Instituts für Produktionstechnik und Automatisierung (IPA) in Stuttgart und folgte gleichzeitig einem Ruf auf den Lehrstuhl für Industrielle Fertigung und Fabrikbetrieb der Universität Stuttgart. Seit 1993 ist er Präsident der Fraunhofer-Gesellschaft (FhG), München.

Hans-Jürgen Warnecke

Die Fraktale Fabrik

Revolution der Unternehmenskultur

Unter Mitwirkung von Dipl.-Ing. Manfred Hüser

Rowohlt

rororo science
Lektorat Jens Petersen

Veröffentlicht im Rowohlt Taschenbuch Verlag GmbH,
Reinbek bei Hamburg, Januar 1996
Die Originalausgabe erschien 1992 unter dem Titel
«Die Fraktale Fabrik», die 2. Auflage unter dem Titel
«Revolution der Unternehmenskultur. Das Fraktale Unternehmen»
im Springer Verlag, Berlin/Heidelberg
Copyright © 1993 by Springer Verlag, Berlin/Heidelberg
Umschlaggestaltung Barbara Hanke
Grafik Jörg Mahlstedt
Satz Sabon und Frutiger PostScript, QuarkXPress 3.31
Gesamtherstellung Clausen & Bosse, Leck
Printed in Germany
1890-ISBN 3 499 19708 1

Inhalt

Vorwort zur Taschenbuchausgabe

Die Fraktale Fabrik erschien in erster Auflage im Jahre 1992. Seither konnten Beispiele und Erfahrungsberichte gesammelt werden, welche die Ansätze und Thesen des Buches nachhaltig bestätigen. Einige dieser Beispiele sind in die zweite Auflage und die vorliegende Taschenbuchausgabe aufgenommen. Ich danke den Firmenleitungen für ihre Unterstützung und die Bereitschaft, ihr Unternehmen beispielhaft darstellen zu lassen. Namentlich danke ich den Herren Heinen, Lapp, Schrade und Tikart.

Darüber hinaus gilt mein Dank jenen Mitarbeitern meines Instituts, die durch ihre engagierte Projektarbeit in der Industrie dazu beitragen, daß die Prinzipien der Fraktalen Fabrik in ersten Anwendungsfällen zum Einsatz kommen. Hervorheben möchte ich Herrn Dipl.-Ing. Matthias Hartmann und Herrn Dipl.-Ing. Mathias Kirchhoff, die als Projektleiter an verantwortlicher Stelle tätig sind. Weiterhin danke ich den an der Projektbearbeitung beteiligten Diplomingenieuren Jochen Braun, Bernd Opitz und Jörg Gnamm für die sorgfältige Dokumentation der Sachverhalte, insbesondere aber wiederum Herrn Dipl.-Ing. Manfred Hüser für die Koordination und inhaltliche Abstimmung der Überarbeitung.

Hans-Jürgen Warnecke

Vorwort zur ersten Auflage

Die sich seit hundert Jahren vollziehende enorme wirtschaftliche Entwicklung hat insbesondere in den USA, in Europa und in Japan einen hohen Lebensstandard für viele Menschen ermöglicht. Als Verursacher und Träger dieser Entwicklung hat die wertschöpfende Industrie materielle Güter mit einem immer besseren Preis-Leistungs-Verhältnis geschaffen. Der Schlüssel zu diesem Erfolg war die Massenproduktion mit mechanisierten Arbeitsmaschinen und an Fließbändern mit hoher Arbeitsteilung und -vereinfachung, so daß sinkende Herstellkosten und Preise mit steigender Kaufkraft einhergingen. Die Kapitalinvestitionen in immer höher automatisierte Arbeitsmaschinen zahlten sich über die Steigerung der Arbeitsproduktivität aus. Die Methoden, ein Unternehmen zu organisieren und Mitarbeiter zu führen, wurden immer weiter verfeinert, wobei Wirtschaft und Wissenschaft sich wechselseitig befruchteten. Leitlinien oder Paradigmen blieben konstant, und man extrapolierte in die Zukunft: Mit immer leistungsfähigerer Informationstechnik wird die Datenverarbeitung zur Informations- und letztlich Wissensverarbeitung. Damit wird die Planbarkeit und Beherrschbarkeit von Abläufen steigen, auch das komplexe System Fabrik wird früher oder später weitgehend automatisiert sein. So entstand das Bild von der Fabrik der Zukunft.

Gerade aber die intensive Beschäftigung mit diesem Weg, der durch das Schlagwort CIM, der Integration aller rechnerunterstützten Funktionen in einem Unternehmen, gekennzeichnet ist, führt zu Zweifeln, vielleicht weniger an der weiteren Steigerung der technischen Machbarkeit als an der Sinnfälligkeit. Das zugrundeliegende deterministische Weltbild mit bekannten oder bei entsprechendem Forschungsaufwand erkennbaren Zusammenhängen zwischen Ursache und Wirkung ist nicht ausreichend, da es nur für abgegrenzte Teilbereiche der Realität gilt. In den modernen Naturwissenschaften, insbesondere der Physik, ist diese Erkenntnis inzwischen akzeptiert, der Mathematiker kennt die Schwierigkeit bis Unmöglichkeit, ein System mit vielen Elementen, die mehrfache, häufig nichtlineare Beziehungen untereinander haben, zu erfassen und zu berechnen. Man kann dann nur noch mit Wahrscheinlichkeiten, Näherungen und Unschärfen arbeiten und ständig versuchen, Ordnung in das Chaos zu bringen. In der Praxis bedeutet dies, daß es jeweils nur möglich ist, das hervorstechendste Problem zu behandeln, wobei schon morgen wieder ein anderes relevant sein kann und über die gesetzten Prioritäten unterschiedliche Ansichten bestehen.

Wenn wir dieses aber als Realität akzeptieren, die in absehbarer Zeit, vielleicht sogar niemals, besser zu erfassen und zu gestalten ist, dann müssen wir unsere Sehweisen ergänzen und entsprechend handeln. Die jetzt erreichte schnelle weltweite Information und Kommunikation läßt uns eine turbulente komplexe Welt erkennen, ihre Dynamik stellt jede erworbene Position wieder in Frage. Damit sind auch unsere bisherigen Leitlinien für Unternehmensorganisation, Mitarbeiterführung oder Produktionsstrukturen neu zu überdenken. Wir befinden uns in einer Revolution. Die bisherigen Formen der Leistungserstellung haben einen sehr hohen Reifegrad erreicht. Sie sind somit in einem Zustand, wo auch mit noch so hohem Aufwand nur noch ein gegen Null gehender Grenznutzen zu erreichen ist. Neue Ansätze drücken sich aus in Schlagworten und Methoden wie strategische Allianzen, Reduzierung der Komplexität, Konzentration der Kerngebiete, Senkung der Fertigungstiefe, Gemeinkosten-Wertanalyse, Segmentierung, Bildung von Fertigungszellen, Gruppenarbeit oder schlankes Management. Es ist die Frage, ob nicht dieser

Vielfalt der angebotenen Lösungen Gemeinsamkeiten zugrunde liegen, die in einem ganzheitlichen Ansatz zu erfassen sind.

Der Begriff «Fraktale Fabrik» stellt den Versuch dar, die Überlegungen und Erscheinungen in Wissenschaft und Wirtschaft auf einen gemeinsamen Nenner zu bringen. Es geht vor allem erst einmal um ein Bewußtmachen, das Voraussetzung für eine mentale Veränderung ist. Dabei ist mir klar, daß der Begriff «Fraktal» nicht besonders eingängig ist, da er auch in der Wissenschaft noch relativ neu ist. Er wurde geprägt für die Beschreibung von Organismen und Gebilden in der Natur, die mit wenigen, sich wiederholenden Bausteinen zu sehr vielfältigen komplexen, aber den jeweiligen Aufgaben angepaßten Lösungen kommt. Wesentliche Merkmale sind Selbstorganisation, Selbstoptimierung und Dynamik. So muß auch ein Unternehmen als lebender Organismus aufgefaßt werden. Gerade das Produktionsunternehmen unterliegt in einer Marktwirtschaft, deren Ziel die Befriedigung von Bedürfnissen ist – also an sich ein sehr auf den Menschen bezogener Aspekt –, einem der Natur entsprechenden, sehr harten Ausleseprozeß. Dies muß und wird auch so bleiben, wenn Marktwirtschaft ihr ureigenstes Ziel weiter erfüllen soll und nicht über zu weitgehende andere Zielsetzungen verzerrt wird, zum Beispiel durch die Verhinderung notwendiger Strukturanpassungen. Marktwirtschaft funktioniert nach dem Prinzip der Fraktale: Selbstorganisation und Selbstoptimierung in kleinen, schnellen Regelkreisen. Jeder erbringt einen Nutzen für einen anderen und erhält dafür einen Gegenwert.

Produzieren muß als Dienstleistung betrachtet werden. Ein Produktionsunternehmen ist nach diesem Grundsatz intern und extern zu gestalten. Arbeitsteilung und strenge Funktionsorientierung im Unternehmen haben das Dienstleistungsbewußtsein und die direkte Kommunikation mit dem Abnehmer, sei es der interne Kollege oder der externe Kunde, abhanden kommen lassen. Für zu viele Mitarbeiter sind die Beziehungen des Unternehmens zu seiner Außenwelt nicht relevant. Wir brauchen dringend die direkte Kommunikation auf der horizontalen Leistungsebene anstatt der Weisung und Information über vertikale Hierarchieebenen. Fraktale kommunizieren direkt mit entsprechenden Fraktalen der Lieferanten beziehungsweise der Abnehmer. Fraktale können weltweit verteilt sein. Durch Selbstorganisation wählen sie jeweils die Methoden, zum Beispiel für Planung und Steuerung, aus und wenden die Automaten und Rechner an, die zum Erfüllen ihrer Aufgabe zweckmäßig sind. Wir bleiben auf diese Weise bei einer sehr hohen Vielfalt der Lösungen. Das Führen und Strukturieren eines Unternehmens wird damit nicht einfacher, sondern schwieriger. Der einzelne Mitarbeiter oder die Mitarbeitergruppe wird mehr gefordert. Zielsetzungen, Abstimmungen und Anpassungen erfolgen über Netzwerke. Das Bilden und Managen solcher Netzwerke zur Information und Kommunikation ist die personelle, organisatorische und technische Herausforderung der Zukunft.

Ich nehme nicht in Anspruch, mit diesem Buch grundsätzlich Neues zu sagen, sondern es ist ein Versuch, die erkennbaren Tendenzen und Fallbeispiele aus der Praxis in einen Gesamtzusammenhang zu stellen und einen ganzheitlichen Ansatz herauszuarbeiten. Ich möchte damit zur Bewußtseinsbildung und Orientierung in der gegenwärtigen dritten industriellen Revolution beitragen.

An der Erarbeitung dieses Buches hat mein Mitarbeiter Herr Dipl.-Ing. Manfred Hüser sehr starken Anteil. Das bezieht sich sowohl auf die inhaltliche Diskussion als auch auf die Gestaltung von Text und Bild. Ich danke ihm herzlich für sein außerordentliches Engagement. Eine Reihe weiterer Mitarbeiter des Fraunhofer-Institutes für Produktionstechnik und Automatisierung (IPA) hat sich zu einem Arbeitskreis zusammengeschlossen, die Gedanken begeistert aufgegriffen und an den Überlegungen mitgewirkt. Ich danke ihnen ebenfalls und möchte stellvertretend namentlich Herrn Dr.-Ing. Dipl.-Math. Hermann Kühnle danken, der die Hauptabteilung Unternehmensplanung und -steuerung leitet, sowie Herrn Gerhard Spengler, M.A., der als freier Mitarbeiter an den redaktionellen Arbeiten beteiligt war.

Dem Springer-Verlag bin ich dankbar, daß er das Manuskript aufgenommen hat und das Buch in kurzer Zeit fertigstellen konnte. Ich hoffe auf eine gute Resonanz beim Leser, der es als Betroffener in Wirtschaft und Wissenschaft oder interessierter Beobachter zur Hand nimmt.

Hans-Jürgen Warnecke   Stuttgart, im Mai 1992

Geleitwort

Wer an die Industrie denkt, denkt an ihre Erzeugnisse. In ihnen spiegeln sich Wünsche und Ängste, Urteile und Vorurteile. Zu Recht besteht die Meinung, daß die Produkte der Industrie, daß Autos und Flugzeuge, Computer und Fernseher, Kugelschreiber und Fotokopierer unsere Lebenswelt stark verändert haben. Diese Vorstellung enthält jedoch allenfalls die Hälfte der Wahrheit. Historisch gesehen haben nicht die Erzeugnisse, sondern viel stärker die Methoden ihrer Herstellung die Kulturgeschichte, und nicht nur diese, bestimmt. Schon im Altertum trug man gewebte Gewänder, aber erst der mechanische Webstuhl machte Textilien zum Konsumartikel. Die Produktionsmethode von Eisen und Stahl, die sich in vorchristlichen Zeiten in Vorderasien entwickelte, hat den Lauf der Geschichte vermutlich stärker beeinflußt, als es uns die an Schlachten und Herrschergestalten festgemachte Historie ahnen läßt. Es ist daher unserem heutigen Selbstverständnis adäquat, daß sich mit der Entwicklung der Produktionstechnik (E.P.T.) ein maßgeblicher Bereich der Technikwissenschaften beschäftigt. Ihm entstammt das vorliegende Buch.

Die im vorigen Jahrhundert einsetzende Industrialisierung war eine Folge der Nutzung der von James Watt wesentlich verbesserten Dampfmaschine, also eine Änderung der Produktionstechnik. Da die Antriebsenergie zunächst nur mechanisch übertragbar war, mußten die von einer Dampfmaschine angetriebenen Arbeitsmaschinen an einem Ort konzentriert werden. Es entstand die Fabrik. Ihr Wahrzeichen ist bis auf den heutigen Tag der zum Dampfkessel gehörige Schornstein. Die Industrialisierung war die Folge des Wandels der Bedeutung des

Produktionsfaktors Energie. Er war schon immer Teil jedes Produktionsprozesses gewesen. Nun aber konnte Energie in viel größerem Ausmaß und fast an jedem Ort verfügbar gemacht werden.

In der zweiten industriellen Revolution gewinnt ein anderer Produktionsfaktor überragende Bedeutung: die Arbeit. Dies vor allem wegen der in steigendem Maße verlangten, aber auch erfüllten Anforderungen an die Qualifikation der arbeitenden Menschen. Sie lieferte die Grundlage für eine unerhörte Steigerung der Wertschöpfung pro Arbeitsstunde, aber auch die Voraussetzung zur Durchsetzung der Teilhabe an deren wirtschaftlichem Ergebnis: den Streik. Von 1950 bis 1975 stieg das reale Pro-Kopf-Einkommen in der Bundesrepublik Deutschland um 300 Prozent, also um mehr als das Zehnfache früherer Vergleichsperioden. Wir lebten und leben im Zeitalter der Rationalisierung. In ihm hat sich die Produktionstechnik in den meisten Teilen der Industrie von Grund auf verändert. Es ist an der Zeit, sich bewußtzumachen, daß die Erfolge der ersten industriellen Revolution, also der Industrialisierung schlechthin, sich inzwischen einer Sättigungsgrenze nähern.

Sie wurde bisher kaum sichtbar, weil wir uns seit den siebziger Jahren unseres Jahrhunderts in einer dritten epochalen Veränderung unserer Produktionsprozesse befinden: der Automatisierung. Der Anstoß dazu kam aus der immer wirtschaftlicher werdenden elektronischen Datenverarbeitung. Sie verschaffte einem Produktionsfaktor, der, wie die Energie oder die Arbeit, schon immer vorhanden war, eine neue, systemverändernde Bedeutung: der Information oder besser: der Informationsumsetzung im Produktionsprozeß. Die Beschäftigung mit diesem Phänomen liefert ein abstraktes Bild:

Danach ist eine Fabrik ein System, in dem ein verästelter informationsgesteuerter Energiestrom auf einen von Informationen gesteuerten Materialstrom so einwirkt, daß aus den Ausgangsmaterialien das Endprodukt entsteht.

Dieses Bild sagt nichts über die Art der Informationsumsetzung, und deshalb setzt nicht jede Automatisierung den Einsatz von EDV voraus.

In diesem Szenario ist die «Fraktale Fabrik» zu sehen. Sie setzt den optimalen Vollzug der Industrialisierung, das heißt den ökonomisch und ökologisch sinnvollen Einsatz von Energie, voraus. Sie vollendet die zweite industrielle Revolution und weist dem Faktor Arbeit, in dem angesprochenen Umfeld, zusätzlich zu der qualitativ fachlichen Kompetenz in einem vergrößerten organisatorischen Bereich die Mitverantwortung am Betriebsgeschehen zu. Sie schafft für die Menschen eine neue Qualität der Qualifikation.

Die Mittel, die zur Verwirklichung der «Fraktalen Fabrik» vorgeschlagen werden, entstammen dem Gedankenkreis der dritten industriellen Revolution. Automatisieren kann heißen, einen Vorgang ohne das Zutun des (meist regelnden) Menschen ablauffähig zu machen. Automatisierung im weiteren Sinne aber bedeutet auch die Einrichtung von Systemen mit Selbstregulierung. Der Grundgedanke der Fraktale ist die Schaffung von (innerhalb ihres Kompetenzbereiches) sich selbst regelnden organisatorischen Arbeitsgruppen. Zur Abstimmung der Ein- und Ausgangsgrößen der Fraktale dient ein übergeordnetes rechnergestütztes Informations- und Kommunikationssystem.

So gut sich der Gedanke der «Fraktalen Fabrik» auch in das zeitgenössische Szenario der E.P.T. einfügt, so liegt ihr größter Wert doch in der neuen Dimension, die sie für das Selbstverständnis, das Erfolgserlebnis und die Selbstverwirklichung der betroffenen Menschen hervorbringt.

Die «Fraktale Fabrik» schafft nicht nur Fabriken in der Fabrik, sondern Unternehmer im Unternehmen. Sie ist dem Selbstverständnis des Abendländers adäquat. Sie kann seine Individualität zum Erfolgsfaktor unserer Arbeitswelt werden lassen.

Professor Dr.-Ing. E. h. Dr.-Ing. O. H. Schiele war Vorstandsmitglied der Firma KSB, Frankenthal, von 1983 bis 1987 Präsident des Verbandes Deutscher Maschinen- und Anlagenbau e. V. (VDMA) und von 1987 bis 1992 Präsident der Arbeitsgemeinschaft Industrieller Forschungsvereinigungen «Otto von Guericke» e. V.

Otto H. Schiele   Köln, im April 1992

1 Überleben in einer turbulenten Umwelt

Es ist nicht zu übersehen: in Wirtschaftskreisen herrscht Unsicherheit, in der breiten Öffentlichkeit macht sich angesichts der ökonomischen Situation Unbehagen breit.

Suche nach neuer Orientierung im internationalen Wettbewerb

Wer die Debatten in den Führungskreisen der Industrie aufmerksam verfolgt, kann ausmachen, daß hoher Bedarf an neuer Orientierung besteht. Insbesondere Fragen, die mit der Zukunft der internationalen Arbeitsteilung und dem richtigen Produktionsstandort zusammenhängen, nehmen breiten Raum ein. Dabei rückt die Wettbewerbskraft der japanischen Industrie immer mehr in den Brennpunkt des Interesses. Auslöser der allgemeinen Hektik war eine fast schon legendär zu nennende Veröffentlichung des Massachusetts Institute of Technology (MIT) zur Zukunft der Automobilindustrie. In dieser Studie wurden Produktionsmethoden einem weltweiten Vergleich unterzogen – mit wenig schmeichelhaften Ergebnissen für diejenigen, die das Auto einst erfunden beziehungsweise zu seiner großen Verbreitung beigetragen haben (Bild 1).

MIT-Studie: Japaner haben weiten Vorsprung in der Automobilproduktion

Die Orientierungslosigkeit drückt sich auch darin aus, daß gegenwärtig in vielen Unternehmen anvisierte Automatisierungsvorhaben «auf Eis liegen». Jetzt ist «Lean Production» Trumpf, häufig ohne klare Vorstellung davon, was das bedeutet und wie man dabei vorzugehen hat. Als sicher kann allerdings gelten, daß die schlanke Produktion eine Automatisierung nicht ersetzt. Die Beobachtung, daß zum Vergleich herangezogene Betriebe in Japan teilweise geringer automatisiert sind als ihre europäischen Wettbewerber, kann nicht die Richtschnur sein.

Lean Production, die schlanke Produktion, ist nicht das Allheilmittel, keine Alternative zur Automatisierung

Zugegeben, der Vergleich bedeutender Kennzahlen ist in der Tat beunruhigend. Doch man erinnere sich: Schon vor Jahren tauchten in verschiedenen Studien Zahlen auf und führten prompt zu emsiger Betriebsamkeit. Deutsche Unternehmer und Ingenieure flogen gleich scharenweise in den Fernen Osten und in die USA, um den Geheimnissen des Erfolges auf die Spur zu kommen.

Dieser Aktionismus fiel in eine Phase, in der die Fachdebatte um die Produktion vom Thema «Rechnerintegration» beherrscht wurde. Mit konsequentem Einsatz elektronischer Datenverarbeitung und der Automatisierung aller Bereiche der Leistungserstellung wähnte man sich gut gerüstet für den internationalen Wettbewerb, Standortnachteile erschienen wieder verkraftbar. Noch sind die mit dieser Integrationswelle verbundenen großen Anstrengungen – auch geistig – nicht verdaut, da droht schon die nächste Herausforderung.

Lösungsansätze «Rechnerintegration» und «Automatisierung» allein erfüllen die Erwartungen nicht: abnehmender Grenznutzen!

Bevor man sich der Panik ergibt, sollte man jedoch herausarbeiten, worauf Erfolg beziehungsweise Mißerfolg eigentlich beruhen. Ursprünglich war viel von Kostenvorteilen die Rede, die aber erst dann voll zum Tragen kämen, wenn niedrige Preise und geringe Kosten mit hoher Qualität gepaart würden. Mit der Zeit traten dann Innovationen in den Blickpunkt, mit denen Erkenntnisse sehr schnell in neue Produkte und Märkte einflossen.

In einigen Industriebereichen hat Japan die Kosten-, Qualitäts- und Geschwindigkeitsführerschaft errungen

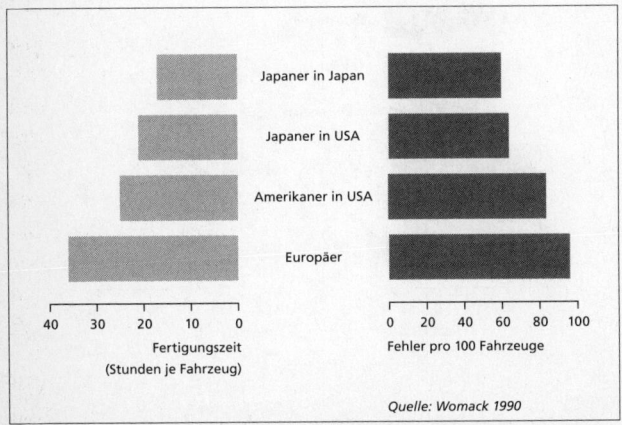

Bild 1: Kennzahlen in PKW-Montagewerken 1989

Signifikante Beispiele dafür finden sich in der Unterhaltungselektronik (Kameras, Videorecorder) oder bei Kommunikationsendgeräten (Telefax, Mobiltelefon).

Arbeitszeiten und -kosten erklären nicht alles

Der populäre Erklärungsansatz über Arbeitskosten und -zeiten jedenfalls macht den Unterschied in den Wettbewerbsfaktoren Kosten, Qualität und Geschwindigkeit nur zu einem sehr geringen Teil verständlich (Bild 2).

Strategisches Denken: erst Marktführerschaft, dann Rendite

Langfristiges strategisches Denken, die Priorität von Marktanteilen vor der Rendite, die sich nach einiger Zeit automatisch einstellt, vor allem aber auch das Engagement und die Arbeitsintensität der Mitarbeiter sind weitere, elementare Erfolgsfaktoren.

Das hervorstechendste Merkmal unseres Wirtschaftssystems ist seine Vielgestaltigkeit. Die in der jüngsten Vergangenheit offenbar gewordene Überlegenheit gegenüber allen Alternativen mit starker planerischer Komponente zeugt von der Unberechenbarkeit im Zusammenwirken aller Elemente. Man kann dieses Systemverhalten als chaotisch, die Systemumgebung als turbulent bezeichnen. Auch mit höchstem Aufwand erstellte Modelle zur Beschreibung sind prinzipiell unzulänglich.

Sinkende Planbarkeit – eine neue Herausforderung

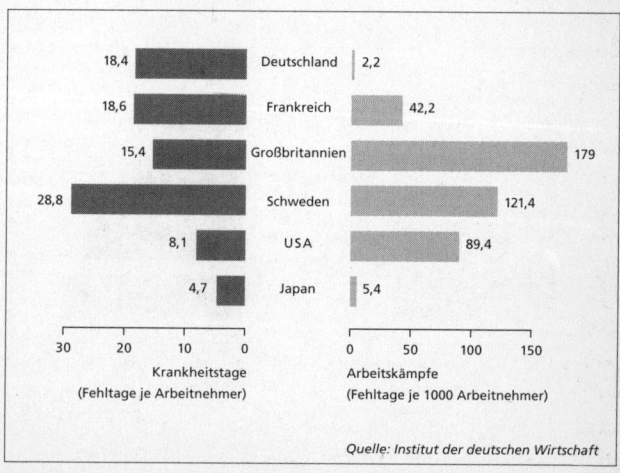

Quelle: Institut der deutschen Wirtschaft

Bild 2: Durchschnittliche Fehlzeiten im Ländervergleich

Folgerichtig nehmen die Wettbewerbsstrategien der in dieser Umgebung agierenden Unternehmen sehr unterschiedliche Gestalt an. Die Zahl der Möglichkeiten zwischen den Extrempositionen ist Legion, die Modellkomplexität explodiert, eine geschlossene Darstellung aller denkbaren Varianten bleibt unerreichbar. Ähnlich verhält es sich mit der Produktionsstrategie eines Unternehmens: Auch hier sind zwar Extrempositionen erkennbar, zwischen denen aber beliebig viele individuelle Strategien angesiedelt werden können. Überleben heißt, sich in dieser Wirrnis zurechtzufinden und die richtige eigene Strategie zu entwickeln.

Die Vielfalt möglicher Erfolgsstrategien erfordert individuelles Vorgehen

Wie so häufig soll ein intensiver Blick auf den vermeintlichen Gegner Hilfe bringen. Und dieser ist schnell ausgemacht: Japan. Die Fachleute übertreffen sich mit intimen Japan-Kenntnissen und Japan-Analysen, wobei keineswegs alle Behauptungen zur Klärung des Bildes führen. Praktisch alle Darstellungen rücken das Arbeitsethos der Japaner stark in den Vordergrund. Eine weitere beliebte Erklärung bezieht sich auf das Wirken des Ministeriums für Handel und Industrie in Japan, MITI, dem es gelingt, konkurrierende Unternehmen, Wissenschaftler und Forschungseinrichtungen sowie Politiker und Banken in technisch-wirtschaftlichen Schlüsselbereichen zu einer Zusammenarbeit zu bewegen. Die Erzeugnisse werden dann in hartem Wettbewerb zwischen den japanischen Unternehmen für den großen homogenen Inlandsmarkt produziert und abgesetzt, anschließend mit einem gesplitteten Preis zur Markterschließung exportiert, insbesondere in die USA und dann nach Europa.

Zum Erfolg gehört Arbeitsethos

Das MITI: ein Modell für Industriepolitik?

Als entscheidendes Qualitätsmerkmal gilt für manche Experten das Verhalten des einzelnen in der Gruppe oder im gesamten Betriebsgeschehen – das Bemühen der Mitarbeiter um ständige Verbesserung. Wir haben dafür bereits die japanische Bezeichnung «Kaizen» übernommen, ohne wirklich zu wissen, wie dies zu einem selbstverständlichen Bestandteil des betrieblichen Geschehens gemacht werden kann (Bild 3). In den Informa-

Kaizen, der kontinuierliche Verbesserungsprozeß, ist erfolgreich

tionen und Büchern zu diesem Stichwort steht darüber wenig oder überhaupt nichts.

Erfolgsfaktor: konsequente und sofortige Umsetzung von Verbesserungsvorschlägen

Ein deutscher Abteilungsleiter in einem japanisch geführten Betrieb im Westen Deutschlands bezeichnete diese Methode mir gegenüber als außerordentlich wirksam. Mitarbeiter untereinander, aber auch zwischen den Hierarchieebenen beobachten und kontrollieren sich ständig auf ihre Effektivität. Sie machen sich wechselseitig Vorschläge für Verbesserungen. Und: Sie setzen gute Vorschläge um, anstatt diese – wie bei uns häufig der Fall – als Kritik und Affront zu betrachten! In unseren Betrieben werden solche Dinge oftmals «um des lieben Friedens willen» gar nicht angesprochen, sondern sehr lange hingenommen.

Japaner sind Perfektionisten

Hierarchische Strukturen sind in Japan relativ stark ausgeprägt, bisher verbunden mit dem Senioritätsprinzip. Wenn es tatsächlich so ist, daß der einzelne bereits durch Tradition und Erziehung darauf orientiert wird, in der Gemeinschaft auch in einer kleinen, untergeordneten Position eine konstruktive Rolle mitzuspielen, dann ergibt sich daraus natürlich ein bedeutender Effekt für das Ganze. Diese Wirkungen können wir aufgrund unserer ausgeprägten Individualität aber nicht ohne weiteres erzielen.

Der Blick in japanische Unternehmen ist faszinierend und erschreckend zugleich

Der oben erwähnte Insider war fasziniert, aber auch etwas erschrocken über seine Erfahrungen in einem japanischen Unternehmen (Bild 4).

Die japanische Industrie hat in den letzten Jahren

Kaizen: *Ständige schrittweise Verbesserungen in allen Bereichen und auf allen Ebenen.*

– kleine Dinge besser tun,
– morgen stets besser sein als heute,
– immer höhere Standards setzen und halten,
– alle als Kunden sehen.

Masaaki Imai

Bild 3: Kaizen – der kontinuierliche Verbesserungsprozeß

schnelle Modellwechsel bei ihren Produkten realisiert. Diese betrafen zum Teil Äußerlichkeiten, waren in vielen Fällen aber auch grundlegender Natur. Mit der Übernahme der Zeit- und Geschwindigkeitsführerschaft wurde die Marktposition konsequent ausgebaut, was letztlich zu handelspolitischen Spannungen führte. Aber auch Ertragseinbußen waren eine Folge, wie zunehmend offenbar wird, von der Vergeudung wichtiger Ressourcen ganz abgesehen. Das MITI gibt jetzt die Devise aus, «langsamer zu treten». Damit werden die Unternehmen aber ihre Fähigkeit zur schnellen Innovation nicht verlieren, sondern eher tiefgreifendere Neuerungen in größeren Abständen herausbringen. Also darf man diese Nachricht nicht als Entwarnung auffassen.

Die Dividende hängt an der Geschwindigkeit der Auftragsabwicklung

Aufruf des MITI zu längeren Innovationszyklen ist keine Entwarnung

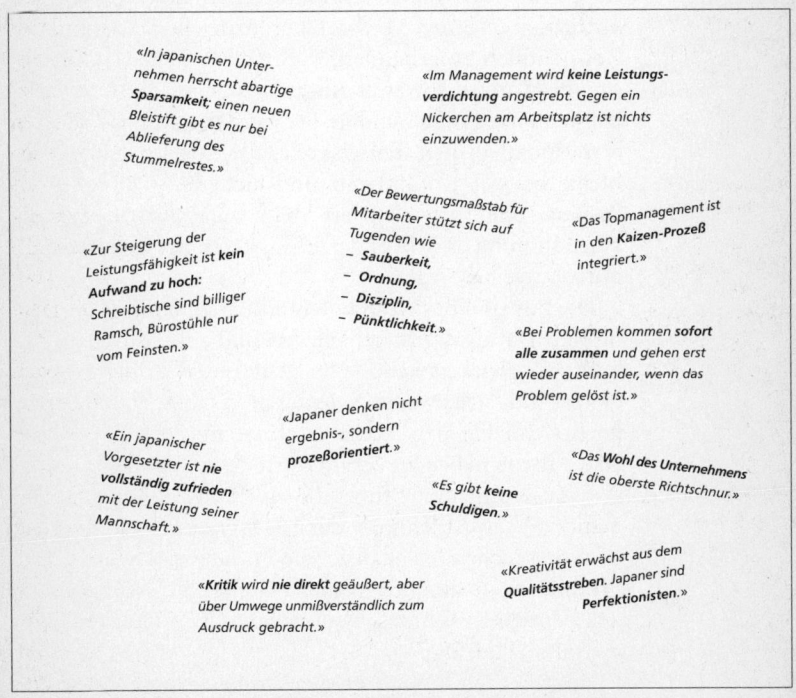

«In japanischen Unternehmen herrscht abartige **Sparsamkeit**; einen neuen Bleistift gibt es nur bei Ablieferung des Stummelrestes.»

«Im Management wird **keine Leistungsverdichtung** angestrebt. Gegen ein Nickerchen am Arbeitsplatz ist nichts einzuwenden.»

«Zur Steigerung der Leistungsfähigkeit ist **kein Aufwand zu hoch**: Schreibtische sind billiger Ramsch, Bürostühle nur vom Feinsten.»

«Der Bewertungsmaßstab für Mitarbeiter stützt sich auf Tugenden wie
– **Sauberkeit**,
– **Ordnung**,
– **Disziplin**,
– **Pünktlichkeit**.»

«Das Topmanagement ist in den **Kaizen-Prozeß** integriert.»

«Bei Problemen kommen **sofort alle zusammen** und gehen erst wieder auseinander, wenn das Problem gelöst ist.»

«Ein japanischer Vorgesetzter ist **nie vollständig zufrieden** mit der Leistung seiner Mannschaft.»

«Japaner denken nicht ergebnis-, sondern **prozeßorientiert**.»

«Es gibt **keine Schuldigen**.»

«Das **Wohl des Unternehmens** ist die oberste Richtschnur.»

«**Kritik** wird **nie direkt** geäußert, aber über Umwege unmißverständlich zum Ausdruck gebracht.»

«Kreativität erwächst aus dem **Qualitätsstreben**. Japaner sind **Perfektionisten**.»

Bild 4: Beobachtungen in einem japanischen Betrieb in Deutschland

Es wird höchste Zeit für eigenes Denken, Entscheiden und Handeln

Wir haben die geistige Führerschaft verloren

Gegenwärtige umfassende Aufgaben erfordern ganzheitlichen Ansatz

Auch mit «Lean Production» bleiben wir zweiter Sieger, weil die Methode bei unserer Konkurrenz bereits ausgereift ist

Die Hoffnung, daß westliche Werte und Strukturen in Fernost adaptiert werden, ist trügerisch

Sicher ist mit dieser kurzen Betrachtung das komplexe Geschehen, das zum gegenwärtigen Erfolg der japanischen Wirtschaft im weltweiten Wettbewerb führt, nicht vollständig erfaßt. Man kann aber folgenden Schluß ziehen: Weiteres Reisen nach Japan mit der Zielsetzung, das Erfolgsrezept zu finden, ersetzt kein eigenes Denken, Entscheiden und Handeln. Wir müssen versuchen, unter unseren Gegebenheiten zukunftssichere Strukturen zu entwickeln. Vor allem müssen wir eines überwinden: bereits bei uns Bekanntes und Gedachtes erst dann umzusetzen, wenn es von anderswo wieder zu uns zurückkommt. Es bringt auch nichts, die Zahl der eingesetzten Industrieroboter oder anderer Automaten wechselseitig zu zählen und zu vergleichen oder gar den Automatisierungsgrad, den man in konkurrierenden Unternehmen antrifft, als eigenen Maßstab heranzuziehen. Es ist an der Zeit, endlich zu erkennen, daß wir vor einer technisch-organisatorisch-sozialen Aufgabe stehen, die nur ganzheitlich angegangen und gelöst werden kann. Gerät man erst einmal in den Teufelskreis, die Lösung seiner Probleme bei der Konkurrenz und nicht bei sich selbst zu suchen, dann konzentriert man seine Kräfte auf die Nachahmung existierender Lösungen und bleibt deshalb immer zweiter Sieger.

Die Position der westlichen Industrieländer ist hart bedrängt. Daraus wird vielfach das Bild einer düsteren Zukunft abgeleitet, genährt von Szenarien über den Abstieg ganzer Industriezweige. Solche Entwicklungen haben wir bereits am eigenen Leibe erfahren müssen; sie sollten also Anstoß geben zu verantwortlichem Handeln. In diesem Zusammenhang führt die Hoffnung auf eine zunehmende «Verwestlichung» der asiatischen Handelspartner mit entsprechenden egalisierenden Auswirkungen auf die Produktionsbedingungen nicht weiter. Sie stellt eher einen bequemen Schutzschirm dar und legitimiert eine abwartende Haltung.

Apathie und Ignorieren der Probleme sind aber angesichts der turbulenten Umweltänderungen sowenig angebracht wie Aktionismus oder schnelles Kopieren. Letzteres nimmt zuweilen groteske Ausmaße an, wurde doch jüngst tatsächlich die Aufgabe formuliert, eine «japanische Fabrik» in Deutschland zu bauen. Das kann nicht der Weg sein, führt er doch unweigerlich zur «Technologiefolgerschaft» – für die exportabhängige deutsche Industrie mit Sicherheit keine sinnvolle Strategie.

Was also tun? Der erste und wichtigste Schritt kann nur darin bestehen, das Gesetz des Handelns wieder in die Hand zu nehmen. Nur wenn wir nach eingehender Analyse der eigenen Stärken und Schwächen sowie aus tiefer Überzeugung handeln, werden wir einen Vorsprung in Wissen und Anwendung erarbeiten können.

Zukunftspessimismus läßt sich in vielen Fällen gleichsetzen mit einer Furcht vor Veränderungen. Diese kommen aber mit Sicherheit auf uns zu und werden auch den Abschied von liebgewonnenen Gewohnheiten mit sich bringen. Die Industriegeschichte ist voller Beispiele für das Kommen und Gehen von Techniken, Berufsbildern, Organisationen und Unternehmen.

In der jüngsten Zeit scheint sich die Innovationsgeschwindigkeit auch im organisatorischen Bereich immer mehr zu erhöhen. Wie bei neuen Produkten bleibt keine Zeit mehr für einen langen, geordneten Lebenszyklus. Die Dynamik der Produktionssysteme wächst stark an. Damit wird verständlich, daß eine Fabrik kaum mehr «zur Ruhe» kommen kann, sondern Objekt ständiger Anpassungen an veränderte Bedingungen ist. Fortlaufendes Ringen um Verbesserungen – dies ist wohl die einzige Kontinuität für jeden Produzenten. Damit sind wir einer möglichen Erklärung der eingangs angesprochenen Orientierungslosigkeit auf der Spur: Die hohe Innovationsgeschwindigkeit sowie die damit verbundene wachsende Zahl der fachlich zu diskutierenden Themen tragen maßgeblich zu der beobachteten Zielproblematik bei. Wir erleben multikausale Wirkungen von multivariablen Einflußgrößen, wir erleben kaum beherrschbare Komplexität. Auch in der Führung und

Wieder das Gesetz des Handelns in die Hand nehmen: der einende «Feind» ist draußen, nicht der Kollege drinnen

Furcht und Bequemlichkeit überwinden: der Wandel ist unabwendbar

Eine dynamische Organisationsentwicklung ist unabdingbar: auch das Produkt «Organisation» hat kürzere Lebenszyklen

Multikausal, multivariabel: wir erleben eine kaum beherrschbare Komplexität

Gestaltung kann von einem Zeitwettbewerb gesprochen werden.

Wenn eine Lehre aus den bisherigen strukturellen Veränderungen gezogen werden kann, dann ist es die, daß in jedem Falle der verliert, der sich gegen die notwendige Anpassung sträubt. Die Schweizer sowie die Schwarzwälder Uhrenindustrie waren einst stolz auf die weltweit unerreichte Genauigkeit ihrer mechanischen Bauteile.

Auf schwache Signale wird nicht reagiert: Starrheit führt zum Niedergang ganzer Industrien

Die Weigerung oder auch mangelnde Fähigkeit, neue Entwicklungen mit Einflüssen auf das eigene Geschäft zu registrieren und darauf einzugehen, führte zum Niedergang der gesamten Branche. Dies ist um so bedauerlicher, als das zugehörige Know-how weiterhin gefragt ist, aber eben nicht mehr für Uhren.

Bekanntlich ist die Diskussion über die Folgen technischer Entwicklungen nicht neu, wie der folgende Zeitungsartikel aus dem Jahre 1818 belegt, einer Zeit, als die deutschen Staaten den Industrialisierungsdruck aus Großbritannien schmerzlich spürten:

Wandel verursachte schon immer Ängste

«Eine Maschine macht oft die Arbeiten von tausend Menschen entbehrlich und bringt den Gewinn, den sonst alle diese Arbeiter teilen, in die Hände eines einzigen. Mit jeder abermaligen Vervollkommnung einer Maschine werden neue Familien brotlos; jede neuerbaute Dampfmaschine vermehrt die Zahl der Bettler, und es steht zu erwarten, daß sich bald alles Vermögen in den Händen einiger tausend Familien befindet und der übrige Teil des Volkes als Bettler in ihre Dienstbarkeit geraten wird.

Prophezeiung von 1818: Millionen Bettler als zwangsläufige Folge der Industrialisierung

Muß nicht jeder Menschenfreund schmerzlich ergriffen werden von dem Gedanken, daß es dahin kommen kann und aller Wahrscheinlichkeit dahin kommen muß? Wir sind der Meinung, daß der Schaden, den unsere Gewerbe durch das englische Maschinenwesen erleiden, obwohl er sehr fühlbar ist, bei weitem leichter ertragen werden kann als der Druck, der aus dem Flor der zu sehr durch Menschen vervollkommneten Fabriken erwachsen würde, die Deutschland mit drei bis vier Millionen Bettlern bevölkern würden.»

KÖLNISCHE ZEITUNG 1818

Man mag sich fragen, warum die Anpassung an geänderte Randbedingungen so schwerfällt und in den meisten Fällen zu spät erfolgt. Eine Erklärung ist – neben der bekannten menschlichen Angst vor Veränderungen – das Streben nach Perfektion, das speziell den Ingenieur umtreibt: Eine gute Lösung muß Bestand haben und wird mit hohem Aufwand weiter vervollkommnet, um ihrer Substitution entgegenzuwirken. In solchem linearen Denken kommt ein Determinismus zum Ausdruck, der in dieser Form der Realität nicht gerecht wird. Überleben aber heißt, die Realität ganzheitlich zu erfassen und dann zu handeln: sicher, zielgerichtet und schnell.

Lineares und deterministisches Denken allein führt nicht mehr weiter

2 Produzieren – gestern, heute, morgen

Veränderungen durch industrielle Revolutionen

«*Das überhandnehmende Maschinenwesen quält und ängstigt mich; es wälzt sich heran wie ein Gewitter, langsam, langsam; aber es hat seine Richtung genommen, es wird kommen und treffen.*»

GOETHE, WILHELM MEISTERS WANDERJAHRE

Um 1790 verwendete Johann Beckmann, der in Göttingen Ökonomie lehrte, erstmals das Wort «*Technologie*» für eine zusammenfassende Beschreibung des Wissens der Herstellverfahren in den verschiedenen Gewerben, den «nützlichen Künsten». Seine Gedanken hat er in der Schrift *Anleitung zur Technologie oder zur Kenntnis der Handwerke, Fabriken und Manufacturen, vornehmlich derer, die mit der Landwirtschaft, Polizey und Cameralwissenschaft in nächster Verbindung stehen* niedergelegt.

Technologie, die Lehre von der Technik, ist jetzt zweihundert Jahre alt

In den Jahren zwischen 1750 und 1850 entstanden viele technische Neuerungen, die den Übergang von reiner Handarbeit zur Maschinenproduktion ermöglichten. Kennzeichnend für diese von England ausgehende *erste industrielle Revolution* war eine zunehmende Zahl von Arbeitsmaschinen aller Art. Der dadurch ansteigende Energiebedarf konnte mit der von James Watt verbesserten, doppelt wirkenden Dampfmaschine (um 1776) befriedigt werden.

Maschinen leiteten eine Revolution ein

Die Verknappung von Holz als Brenn- und Konstruktionsmaterial führte zum Einsatz von Steinkohle als Energiequelle und Eisen als Werkstoff, für das auch immer bessere mechanische Eigenschaften sprachen. So entstand ein Bedarf an Verfahren, Maschinen und Werkzeugen, die der Forderung nach wirtschaftlicher Fertigung und einer größtmöglichen Präzision der Erzeug-

Produkte, Werkstoffe, Werkzeuge, Verfahren, Maschinen treiben sich wechselseitig voran

nisse genügten. In diese Zeit fällt die Entwicklung von Drehbänken, Bohrwerken, Hobel- und Fräsmaschinen mit maschinenseitig geführten Werkzeugen. Auch die Umformtechnik profitierte von dem allgemeinen Aufschwung. Mechanische Schmiedehämmer und Walzwerke für die Fertigung von Blechen und Profilen (Eisenbahnschienen) hielten Einzug in die Industrieproduktion. Alle Maschinen dieser Zeit wurden von einer zentralen Kraftmaschine, meist einer Dampfmaschine, über Transmissionen angetrieben.

Die Dampfmaschine vervielfachte die Arbeitsproduktivität

Für den Transport von Rohstoffen sowie Zwischen- und Fertigprodukten mußten die Transporttechniken verbessert und die Verkehrswege ausgebaut werden. Dies führte zu einer nachhaltigen Beeinflussung von Bauwesen und Städtebau.

Der Durchbruch zur Maschinentechnik erfolgte zuerst in Großbritannien im seinerzeit bedeutenden Textilgewerbe. Im Zuge eines stetigen Wachstums kam es hier zu Engpässen in der Rohstoffverarbeitung, die mit der bestehenden Technik und Organisationsform der Produktion (Hand- und Heimarbeit) nicht behoben werden konnten. Dies gab den Anstoß zur Entwicklung von mechanischen Spinnmaschinen und Maschinenwebstühlen.

Erste Arbeitsmaschine: der mechanische Webstuhl

Die Massenproduktion von Textilien brachte weitere Veränderungen und einen nachhaltigen Aufschwung in vielen Bereichen der Wirtschaft und Technik mit sich. So kam es zu Umwälzungen, deren Tempo – gemessen an der Menge der bis dahin erfolgten technischen Änderungen – explosionsartig zunahm. Ebenfalls auf die Massenproduktion von Textilien sind die Anfänge der chemischen Großtechnologie zurückzuführen. Zur Reinigung der Fasern, zum Bleichen von Baumwolle und zum Färben von Stoffen mußten geeignete Mittel in großen Mengen zur Verfügung gestellt werden. Gleichzeitig setzte die Produktion von Leuchtgas aus Steinkohle ein.

Die Massenproduktion von Textilien gab den Anstoß für viele technische Entwicklungen

Die meisten Erfindungen dieser Zeit entstanden ohne direkten Beitrag der Wissenschaft. Sie beruhen auf der

Die Wissenschaft hinkte hinter der technischen Entwicklung her

Arbeit von Erfindern und Konstrukteuren, die sich notwendige theoretische Kenntnisse meist im Selbststudium erarbeitet haben. Nur zögernd wandte sich die akademische Wissenschaft der technischen Entwicklungsarbeit zu; so entstanden die Ingenieurwissenschaften, die erst Anfang des 20. Jahrhunderts als solche Anerkennung fanden.

Betriebs- und Sozialwissenschaften waren für die Arbeitswelt ein «Reparaturbetrieb»

Mit den Folgen der neuen Technik für Mensch und Umwelt hat sich damals niemand auseinandergesetzt. Kinderarbeit war die Regel. Überlange Arbeitszeiten und hohe Arbeitsintensität, gepaart mit katastrophalen Lebensbedingungen in den Industriestädten, führten zu einer überdurchschnittlichen Sterblichkeit unter Fabrikarbeitern, wie eine Volkszählung im Jahre 1831 ergab. Diese Bedingungen hatten Auseinandersetzungen zur Folge und endeten in harten Arbeitskämpfen. Die zunächst noch rechtlosen Arbeiter traten damit erstmals als geschlossene Gruppe auf. Aus diesen Anfängen entstanden Gewerkschaften und Sozialgesetzgebung.

Verelendungstheorien waren die Antwort auf untragbare Zustände

«Die Männer sind in Folge dieser Einflüsse sehr bald aufgerieben. Die meisten sind mit vierzig Jahren arbeitsunfähig, einige wenige halten sich bis zum fünfundvierzigsten, fast gar keine bis zum fünfzigsten Jahre. Dies wird, außer durch allgemeine Körperschwäche, zum Theil auch noch durch eine Schwächung des Gesichts hervorgebracht, welche die Folge des Mulespinnens ist, wobei der Arbeiter seine Augen auf eine lange Reihe feiner, parallel laufender Fäden heften und sie dadurch sehr anstrengen muß. Aus 1600 Arbeitern, die in mehreren Fabriken in Harpur und Larnark beschäftigt wurden, waren nur zehn über 45 Jahren.» ENGELS 1845 (1892)

Die technische Entwicklung geht immer von ersten zentralen Lösungen zur dezentralen allgemeinen Verfügbarkeit

Eine entscheidende Entwicklung für die Produktionstechnik bis zur Gegenwart war die Dezentralisierung der Antriebe durch die Erfindung der Verbrennungskraftmaschine (Patentanmeldung durch Rudolf Diesel am 27. Februar 1892) sowie des Dynamos und Elektromotors. Damit wurde es möglich, die Produktivität der Arbeitskraft über Kraftmaschinen an jedem Arbeitsplatz zu vervielfachen. Diese explosionsartige Mechanisierungswelle bezeichnen wir als *zweite industrielle Revolution*; in der

Produktion ging sie von den USA aus. Es gelang gleichzeitig, Einkommen in der Breite zu erhöhen sowie Kosten und Preise zu senken.

Die zweite industrielle Revolution wurde von einem Megatrend beherrscht: der Automatisierung, die zu Beginn darauf hinauslief, die entflochtenen Bearbeitungsprozesse zu einer übergreifenden Prozeßkette zusammenzufügen. Epochal waren in dieser Hinsicht die Einrichtungen von Henry Ford (1863–1947) in Detroit. Noch vor dem Ersten Weltkrieg richtete dieser eine Fertigungsstraße für Automobile ein. Auf derartigen Straßen wurde das durchlaufende Werkstück in einem bestimmten, unter dem Gesichtspunkt der größtmöglichen Einsparung von Betriebskosten errechneten Rhythmus den einzelnen Fertigungsstationen so zugeführt, daß an diesen gleichzeitig gearbeitet werden konnte. Am Ende der Transferstraße kam das Endprodukt heraus: die legendäre «Tin Lizzie», ein Auto, das sich selbst der Arbeiter am Fließband leisten konnte – für damalige Verhältnisse ein unerhörter Luxus. Bedeutendster Parameter in der Phase der zweiten industriellen Revolution war die Stückzahl der gefertigten Produkte; die Massenfertigung erlebte ihren Boom.

Gleichzeitig mit der materialseitigen Automatisierung wurden auch Werkzeuge zur informationstechnischen Steuerung der Prozesse entwickelt – zunächst auf Basis des menschlichen Eingriffs, später dann teilweise abgekoppelt vom unmittelbaren Zugriff durch den Bearbeiter. Besonders schnell entwickelten sich solche weitgehend automatisierten Systeme in der chemischen Industrie. Mit der Zeit jedoch blieb keine Branche unbeeinflußt von einer mehr oder weniger tiefgreifenden Automatisierung.

Die automatisierte Massenproduktion stellte wiederum veränderte Anforderungen an den Menschen. Heute kann konstatiert werden, daß sich die Befürchtungen der Auguren, der Mensch werde letztlich zum Anhängsel der allmächtigen Maschine, nicht bewahrheitet haben.

Massenfertigung erlaubte Automatisierung und das Bilden von Prozeßketten

Pilotfabrik: die Ford-Werke in Detroit

Massenfertigung gestattet die Automatisierung von Material- und Informationsfluß

Die «Maschine» wurde auch in der Massenfertigung nicht allmächtig

Trotz aller Rückschläge und Krisen vervielfachten sich im Lauf der vergangenen Jahrzehnte die volkswirtschaftlichen Leistungen und damit der Wohlstand des einzelnen.

Massenfertigung schuf Wohlstand, aber auch Spannungen und ökologische Probleme

Allerdings sollte nicht verhehlt werden, daß die Entwicklung auch Schattenseiten hatte: von der Problematik des weltweiten Wohlstandsgefälles, der Bedrohung ökologischer Gleichgewichte bis zum uneingeschränkten Verbrauch wertvoller Ressourcen.

Mit der Entwicklung des Mikroprozesses vollzieht sich schließlich eine Dezentralisierung der «Intelligenz», die eine zunehmende Automatisierung von Fertigungsprozessen ermöglicht. Die Besonderheit liegt dabei in der Übertragung von Entscheidungen auf programmierbare Automaten. Wir stehen erst am Beginn dieser Automati-

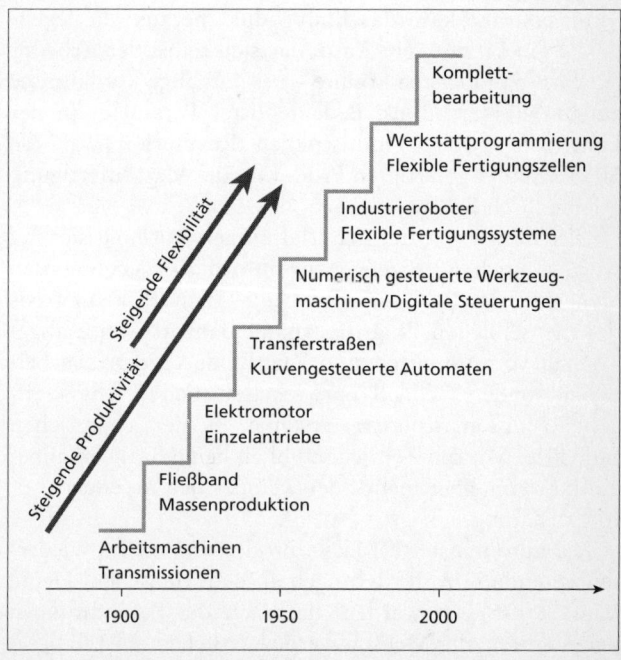

Bild 5: Entwicklungsstufen der Produktionstechnik

sierung und damit mitten in der *dritten industriellen Revolution*, die wie die zweite auf deutschen Erfindungen beruht, aber sehr stark von den USA und Japan vorangetrieben wird.

Merkmal der ersten industriellen Revolution war die Umstrukturierung von Handwerk und Landwirtschaft zur Industriearbeit. Die durch eine enorme Produktionssteigerung in der Landwirtschaft – heute nur noch 3 Prozent der Erwerbstätigen – frei werdenden Arbeitskräfte wurden in der zweiten industriellen Revolution aufgenommen durch die Schaffung einfacher Arbeitsplätze für angelernte Tätigkeiten. Die steigende Produktivität in allen Produktionsbereichen – weniger in Büro und Verwaltung – beruhte vor allem auf der Mechanisierung, mit

Heute erleben wir das Übertragen von Entscheidungen auf Maschinen, die Automaten

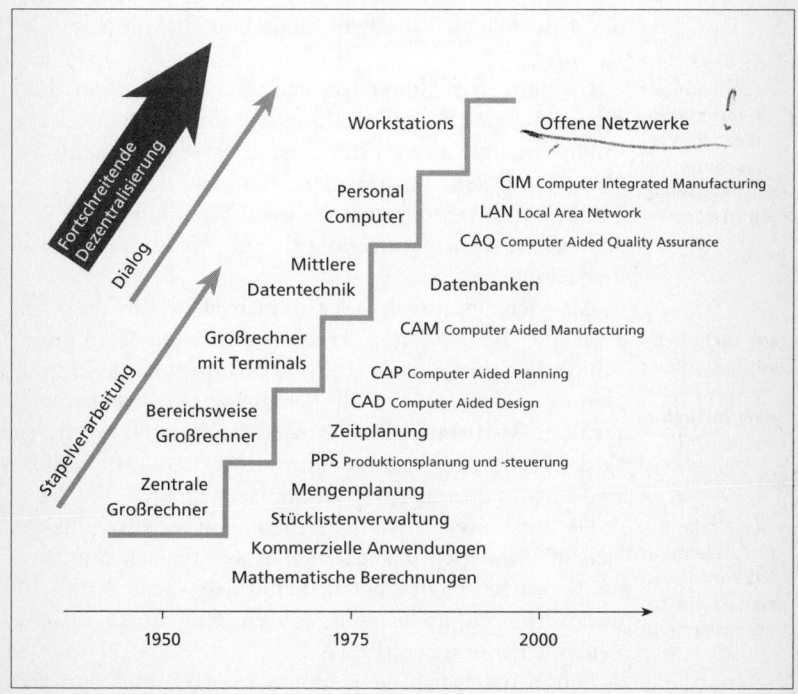

Bild 6: Informationsverarbeitung in der Produktion

der die physische Dauerleistungsfähigkeit des Menschen von nur etwa 80 Watt technisch vervielfacht und wirtschaftlich verbilligt werden konnte.

Der Automat ist schnell und exakt, der Mensch langsamer und ungenauer, aber kreativ

Merkmal der dritten industriellen Revolution ist die Steigerung der Produktivität durch Vervielfachung und Beschleunigung der mentalen Leistungsfähigkeit des Menschen mit Hilfe von elektronischen Rechenanlagen und Speichern. Kennzeichen dieser «Maschinen» ist, daß sie sehr exakte und sehr schnelle Rechen- und Entscheidungsprozesse erlauben. Das menschliche Gehirn ist dagegen um ein Vielfaches langsamer, aber dafür ist jede Schalt- und Speicherzelle mit um Größenordnungen mehr Ein- und Ausgängen vernetzt, so daß Parallelverarbeitung und Assoziation, also Kreativität ermöglicht werden: ein entscheidender und wohl für immer bleibender Unterschied zwischen Mensch und Automat oder Roboter.

Immer weniger Erwerbstätige können die Versorgung mit materiellen Gütern sicherstellen

Die Industrie nimmt letztlich, das ist nicht zu übersehen, die gleiche Entwicklung wie die Landwirtschaft: immer weniger Erwerbstätige sind erforderlich, um die Versorgung mit materiellen Gütern sicherzustellen. Strukturelle Arbeitslosigkeit sowie Wandlung und Verschwinden von Berufsbildern sind wiederum Begleiterscheinungen.

Jede technische Entwicklung ist letztlich weltweit verfügbar

Als Gemeinsamkeit aller industriellen Revolutionen kann die Tendenz von der Zentralisierung (Dampfmaschine beziehungsweise EDV-Zentrum) zur Dezentralisierung (Elektromotor beziehungsweise Arbeitsplatzrechner, Workstation) identifiziert werden. Des weiteren sind jeweils eine zunehmende weltweite Verfügbarkeit und unaufhaltsame Ausbreitung feststellbar.

Zwischen Bedürfnissen und Erkenntnissen existiert ein Zusammenhang

Der technisch-wissenschaftliche Fortschritt vollzieht sich in zwei Richtungen: einerseits entstehen aufgrund neuer wissenschaftlicher Erkenntnisse neue Produkte und Verfahren, andererseits führen Bedürfnisse auch zu neuen Erkenntnissen (Bild 7).

Durch gesellschaftliche Entwicklungen und den Gesetzgeber werden gegenwärtig verstärkt Bedürfnisse geweckt wie zum Beispiel bei erneuerbaren Energiequellen oder in der Umwelt- und Entsorgungstechnologie. Damit besteht die Hoffnung, daß nicht nur zusätzliche Belastungen der Wirtschaft, sondern auch neue Produkte, Marktchancen und Arbeitsplätze entstehen.

Der Energieverbrauch je Kopf der Bevölkerung und

> «Es entstehen nicht nur neue Produkte und Verfahren aufgrund neuer wissenschaftlicher Erkenntnisse, sondern auch neue wissenschaftliche Erkenntnisse aufgrund neuer Bedürfnisse.»

Technisch-naturwissenschaftliches Wissen über Mittel und Lösungen \ Marktwissen über Zwecke und Bedürfnisse als Aufgaben	Noch unbekanntes Marktbedürfnis	Gerade neues (evtl. auch gewecktes) Marktbedürfnis	Bekanntes Marktbedürfnis
Noch unbekanntes Wissen über technisch-naturwissenschaftliche Mittel und Lösungen	Grundlagenforschung	Marktforschung «demand pull»	Traditionslösung
Gerade neues Wissen über technisch-naturwissenschaftliche Mittel und Lösungen (z.B. Hydrodynamik, Mechanik, Produktions- und Informationstechnik)	Anwendungsforschung «science push»	Basisinnovation	Neuentwicklung / Kombination bekannter Zwecke mit neuen Mitteln / Produktinnovation
Bekanntes Wissen über technisch-naturwissenschaftliche Mittel und Lösungen	Wissens- und Methoden-Datenbank	Neuentwicklung / Anwendungsinnovation	Imitation

Quelle: Schiele 1986

Bild 7: Aufgaben und Lösungen bei Forschung und Entwicklung

Der spezifische Verbrauch an Ressourcen wird sich verringern auch der Rohstoffverbrauch – indirekt auch der Abfall – waren lange Zeit ein Maßstab, an dem man den Wohlstand eines Volkes und die Kraft einer Volkswirtschaft ablesen konnte. Inzwischen haben wir gelernt, diese Kennzahl als nicht richtungweisend zu werten. Der spezifische Verbrauch von Stoffen und Energie muß und wird sich mit zunehmender «Intelligenz» in Produkten und der Produktion verringern.

So einleuchtend diese Einschätzung heute erscheinen mag, vor 25 Jahren wurde in einer vielbeachteten Publi-

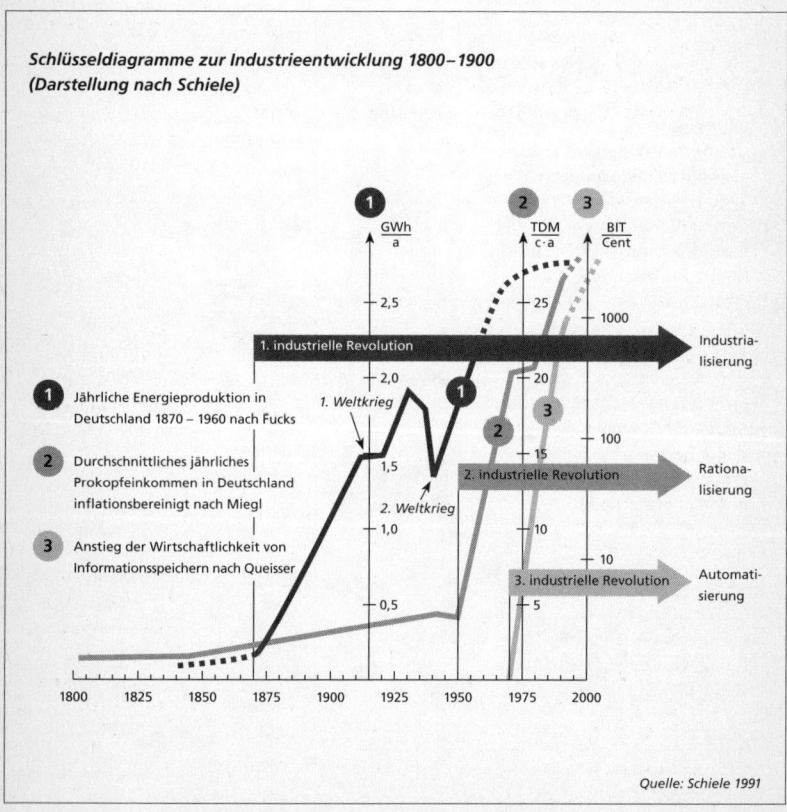

Bild 8: Industrieentwicklung im Überblick

kation die Leistungsfähigkeit und Zukunftserwartung eines Industrielandes aus den Faktoren Bevölkerungszahl, Energieverbrauch und Stahlproduktion abgeleitet [Seitz 1991]. Es mutet wie eine Ironie der Weltgeschichte an: Gemessen an den Maßstäben der fünfziger Jahre (Schwerindustrie), hat die Sowjetunion ihr erklärtes Ziel erreicht, den Westen bis 1980 zu übertrumpfen. Völlig übersehen wurde allerdings, daß sich die Maßstäbe für Wirtschaftskraft und Wohlstand inzwischen drastisch verschoben haben; das Ergebnis ist bekannt.

Charakterisierende Kennzahlen verlieren ihre Bedeutung

Die Leistungsfähigkeit und Erfolge einer Volkswirtschaft beruhen heute auf Kreativität, Innovation und Flexibilität, also vor allem auf menschlichen Potentialen und intelligenter Kombination der Produktionsfaktoren, Merkmalen, die jetzt in der dritten industriellen Revolution entscheidend zum Tragen kommen.

Für entscheidende neue Faktoren wie Kreativität und Flexibilität fehlen Kennzahlen

Die Standortdebatte

Die Landwirtschaft liefert auch der modernen Industriegesellschaft ihre Ernährungsgrundlagen. Das gilt bis heute. Strittig dagegen ist, in welchem Maß ein Wirtschaftszweig unterstützt werden soll, der zur volkswirtschaftlichen Gesamtleistung nur noch einen verschwindend geringen Bruchteil beiträgt. Nicht immer scheint hier das Augenmaß für das marktwirtschaftlich Sinnvolle gewahrt. Nach der Ablösung der Landwirtschaft als ökonomischer Schwerpunkt gelangten im Verlauf der ersten und der zweiten industriellen Revolution weitere Wirtschaftsbereiche und Industrien zu großer Bedeutung. Die Rede ist hauptsächlich vom Kohlebergbau und vom Stahl mitsamt den daran hängenden Industrien wie Maschinen-, Fahrzeug-, Schiff- und Apparatebau. Bis heute wird diese industrielle Basis teilweise durch Subventionen und strukturelle Maßnahmen gefördert, ohne daß sich die Verantwortlichen der entscheidenden Frage stellen: nach der Tauglichkeit für die Zukunft, für die

Landwirtschaft und Marktwirtschaft stehen nicht immer miteinander in Einklang

Sind Landwirtschaft, Kohle und Stahl auch in Zukunft die Basis für eine blühende Volkswirtschaft?

Zeit nach der dritten industriellen Revolution. Die Kohle hat als Energieträger aus den verschiedensten Überlegungen heraus keine Zukunft, die Stahlindustrie stagniert seit Jahren, ohne daß diese Tatsache Grundlegendes an der Unterstützungspolitik geändert hätte (vgl. Bild 9).

Informations- und Kommunikationstechnik sind die industrielle Basis des 21. Jahrhunderts

In der Politik und Gesellschaft Europas fehlt das Bewußtsein, daß im 21. Jahrhundert andere Vorzeichen gelten werden: Mikroelektronik allgemein und insbesondere der Chip als Prozessor- und Speicherbaustein für die gesamte Informations- und Kommunikationstechnik übernehmen die Leitfunktion. Entwicklung und Produktion dieses Schlüsselbausteins hat Europa weitestgehend verloren, auch die USA beziehen ihn zunehmend aus Japan. Um den Pazifik entwickelt sich ein Wirtschaftsraum, der diese neue industrielle Basis in Entwicklung, Produktion und Anwendung beherrscht.

Im Wirtschaftskrieg stehen wir gegenwärtig auf der Verliererseite

Das heutige Ringen im internationalen Wettbewerb wird sehr stark auf diesem Gebiet entschieden. Man kann von einem Wirtschaftskrieg sprechen, bei dem Japan gegenwärtig gewinnt und die USA und Europa auf der Verliererseite stehen.

Langfristig entstehen hieraus Abhängigkeiten, die auf

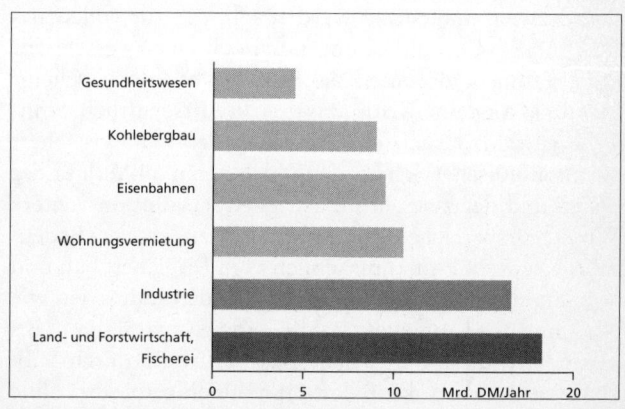

Bild 9: Bedeutende Subventionsempfänger in Deutschland (1989)

den beiden vorher genannten Gebieten mit allen Mitteln verhindert wurden. Bei der zunehmenden Ausschöpfung finanzieller Ressourcen ist zu fragen, ob wir in Europa noch die richtigen Prioritäten für unsere Nachkommen setzen. Die Ressource Wissens- und Informationsverarbeitung hat jedenfalls in der Zukunft eine ähnliche Bedeutung wie Milch und Kohle.

Haben wir die Prioritäten richtig gesetzt?

Da wir in einer komplexen Welt leben, die nur begrenzt steuerbar ist, haben Eingriffe meist auch negative Folgen. Gerade deshalb ist das Prinzip der offenen Märkte und des freien Welthandels sicher das natürlichste, und jede – auch strategische – Industriepolitik ist somit kritisch zu betrachten. Diese Strategie der Kooperation zwischen Politik, Wirtschaft und Wissenschaft konzentriert sich schon allein aus praktischen Gründen vor allem auf große Unternehmen, während die Finanzierung über Steuern und Abgaben auch alle «Kleinen» trifft.

Jede Industriepolitik bedarf einer wiederholten kritischen Überprüfung

Wenn überhaupt, dürfen also Subventionen – im Kohlebergbau sind es zum Beispiel jährlich 75 000 DM pro Arbeitsplatz – nur immer für eine befristete Zeit gewährt werden, um einen Aufhol- oder Anpassungspro-

Gefahr fehlgeleiteter Subventionen, wenn sie nicht befristet werden

> Bey der Auswahl des Orts für eine Fabrike oder Manufactur, hat man vornehmlich darauf zu sehn, daß die Haupt=und Nebenmaterialien, in hinreichender Menge, und in billigen Preisen zu haben sind, daß das Arbeitslohn wohlfeil sey, und daß die Zufuhr der Materialien, und die Abfuhr der Waaren, ohne große Kosten und Gefahr geschehn könne.

Bild 10: Johann Beckmann über Standortfragen 1796 (vgl. S. 28)

zeß zu ermöglichen, und müssen dann ernsthaft überdacht werden. Weiter kann eine Förderung notwendig sein, wenn kein fairer Wettbewerb existiert. Es ist Aufgabe des Staates, für die Unternehmen und die Mitglieder der Gesellschaft Bedingungen zu schaffen, die seinen Standort attraktiv halten, damit sich der Einsatz von Ressourcen und Leistung lohnt. Der Staat aber ist sicher nicht dazu da, einzelnen Unternehmen oder gesellschaftlichen Gruppen ein bequemeres Dasein zu ermöglichen.

Mit freiem Wettbewerb attraktive Rahmenbedingungen schaffen

Bekannt ist die Entwicklung Japans zu einer Wirtschaftsmacht gleichrangig zu den USA und Westeuropa, in dem Deutschland nach wie vor eine besondere wirtschaftliche Rolle spielt. Hinzu kommen weitere asiatische Länder wie Singapur, Malaysia, Südkorea und Taiwan. In Südamerika ist besonders Brasilien zu einem Exporteur von Industrieerzeugnissen geworden. Solche Länder sind insbesondere dann gefährliche Konkurrenten, wenn niedrige Arbeitskosten und lange Arbeitszeiten mit relativ hoher Produktivität aufgrund bereits erworbener technischer Fähigkeiten gepaart sind. Dies gilt gegenwärtig beispielsweise für Südkorea und Taiwan, innerhalb

Die Arbeitsteilung mit «fernöstlichen Tigern» steigt; sie werden zu attraktiven Lieferanten und Märkten

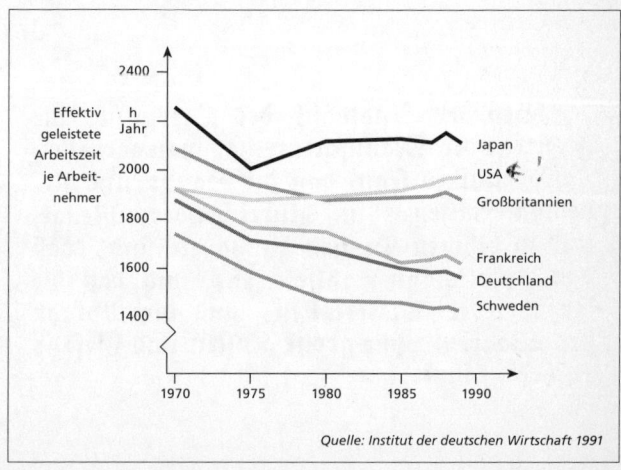

Effektiv geleistete Arbeitszeit je Arbeitnehmer

$\frac{h}{Jahr}$

Japan
USA
Großbritannien
Frankreich
Deutschland
Schweden

Quelle: Institut der deutschen Wirtschaft 1991

Bild 11: Arbeitszeiten im internationalen Vergleich

Westeuropas kann man Spanien und Portugal nennen. Nicht zu verkennen ist, daß alle fünf Jahre umziehen muß, wer immer am «billigsten» Standort produzieren möchte.

Der Standort Deutschland besticht durch hohes technisches Wissen und Produktivitätsniveau, durch ein vorbildliches Ausbildungssystem, eine mittelständische Struktur, ein gutes Verkehrs- und Nachrichtenübermittlungssystem sowie durch hohe politische und soziale Stabilität. Negative Einflüsse haben allerdings an Bedeutung gewonnen: die steuerliche Belastung und damit Reduzierung der Investitionsfähigkeit – jeder neue Arbeitsplatz kostet im Durchschnitt 150 000 DM –, die hohen Arbeitskosten, die geringere Arbeitszeit sowie vielfältige staatliche Regulierungen und umständliche Genehmigungsverfahren (Bilder 11 und 12). Zu vermerken bleibt auch, daß die Lohnstückkosten – entscheidend im internationalen Wettbewerb – in den achtziger Jahren deutlicher gestiegen sind als in anderen Industrieländern. Gemessen am Bruttoinlandsprodukt, ist die japanische Wirtschaft in den vergangenen zwanzig Jahren wesent-

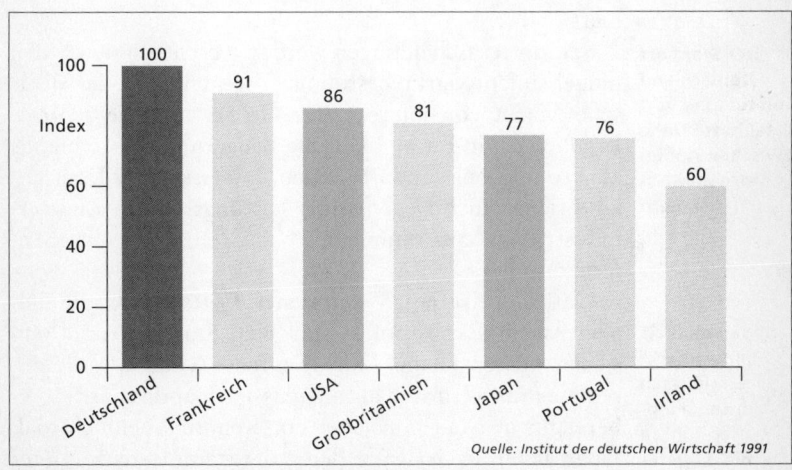

Quelle: Institut der deutschen Wirtschaft 1991

Bild 12: Lohnstückkosten im internationalen Vergleich (1990)

lich kräftiger gewachsen als die deutsche: gut zweimal so stark.

Deshalb werden uns im Rahmen der internationalen Arbeitsteilung auch in den nächsten Jahren Produkte und Produktionen verlorengehen. Das gilt insbesondere für arbeitsintensive Produkte, bei denen durch Kapitaleinsatz und Automatisierung kein wesentlicher Fortschritt in der Produktivität erzielt werden kann. Dies betrifft dann aber nicht nur Textilien, Lederwaren oder Spielzeug, sondern auch zunehmend hochtechnische Produkte. Wenn in Malaysia die Löhne bei einem Zehntel der Deutschen liegen und die Arbeitsproduktivität gut ist, dann ist es unternehmerisch richtig, diesen Vorteil wahrzunehmen. Für Deutschland bleiben dann die Entwicklung, Erprobung und der Produktionsanlauf; alsbald danach aber kommt es zu einer Verlagerung im internationalen Verbund. Allerdings kann nur derjenige auf die Dauer fertigungsgerecht konstruieren sowie die Produkt- und Verfahrensentwicklung finanzieren, der neben dem Produkt-Know-how auch das Produktions-Know-how im eigenen Hause behält. Wir wissen, daß der Export von Blaupausen auf die Dauer nicht funktioniert.

Standortentscheidungen werden wesentlich durch den umgebenden Markt bestimmt. Zweifellos ist der deutsche Markt von interessanter Größe, und die zentrale Lage mitten in Europa läßt die Bedeutung Deutschlands als Produktionsstandort steigen. Interessant ist Deutschland sicher auch wegen seiner leistungsfähigen Zulieferindustrie, die aus räumlicher Nähe termingerecht anliefern kann.

Natürlich ist Japan mit seiner Wirtschaftskraft und aggressiven Exportpolitik für viele unangenehm, und sicher müssen Japans Märkte offener werden. Viele nationale Praktiken sind als unzulässige Handelsbarriere zu bezeichnen. Man muß aber zur Kenntnis nehmen, daß Japan heute in der Liste der größten Importeure hinter den Vereinigten Staaten und Deutschland an dritter

Stelle steht. 1990 kaufte jeder Japaner durchschnittlich
für 1900 US-Dollar ausländische Waren, ein Amerikaner
im Vergleich für 2050. Es ist falsch – wie es gegenwärtig
teilweise in den USA geschieht –, emotional zu reagieren,
wenn eine andere Nation im Wettbewerb besser ist und
bei der internationalen Arbeitsteilung gewinnt. Gerade
die Bundesrepublik Deutschland muß das zur Kenntnis
nehmen, denn wir waren in den fünfziger und sechziger
Jahren ebenfalls ein «unangenehmer» Wettbewerber in
Europa und der übrigen Welt. Dieses Gewinnen und Verlieren wird mit der Globalisierung des Produzierens weiter zunehmen. Das macht zum Beispiel Harvard-Profes-
sor Robert Reich in seinem Buch *Work of Nations*
deutlich:

Im Wettbewerb der globalen Arbeitsteilung nehmen Verschiebungen, Gewinnen und Verlieren weiter zu

> «*Von einem Pontiac Le Mans der Firma General Motors im Ver-
> kaufswert von 20 000 Dollar fließen 6000 Dollar nach Südkorea
> für die Montage, 3500 Dollar nach Japan für den Motor und die
> Achsen, 1500 Dollar nach Deutschland für Design und Styling,
> 800 Dollar an Zulieferbetriebe in Taiwan und Singapur sowie
> weitere 600 Dollar nach England, Irland und Barbados für eine
> Reihe anderer Zulieferleistungen.*»
>
> *REICH 1991*

Weltweit verteilte Wertschöpfungsprozesse sind bereits Realität

Nichtsdestoweniger ist die gegenwärtige Debatte um den
Produktionsstandort Deutschland ernster zu nehmen als
vorhergegangene Diskussionsrunden. Man muß dabei
beachten, daß die meisten der zur Kennzeichnung der
Wettbewerbsfähigkeit verwendeten Indikatoren die Vergangenheit wiedergeben. Sie zeigen bestenfalls Symptome, aber keine Ursachen (Bild 13).

In der Standortdiskussion sind Ursachen, nicht Symptome zu betrachten

Politik und Gesellschaft, Arbeitgeber- und Arbeitneh-
mervertreter sind gefordert, die Rahmenbedingungen,
unter denen in Deutschland produziert werden kann, so
zu gestalten, daß wir auch im 21. Jahrhundert eine ex-
portfähige Industrie haben. Gegenwärtig stehen die USA
als Beispiel dafür, daß der Weg in die sich abzeichnende
Informations- und Dienstleistungsgesellschaft nur dann
erfolgreich gegangen werden kann, wenn die Basis einer
leistungsfähigen wertschöpfenden Industrie erhalten

Informations- und Dienstleistungsgesellschaften bedürfen einer tragfähigen Produktionsbasis

bleibt. Die Fokussierung auf rentable Finanztransaktionen oder Dienstleistungsgeschäfte entzieht der Produktion nicht nur wichtige Ressourcen, sie verstellt auch langfristig den Blick auf den Wert der eigentlichen Leistungserstellung. Vor einem Wertewandel nach amerikanischem Vorbild – weg vom Ingenieur, hin zum Broker – kann nicht eindringlich genug gewarnt werden.

Die Bewahrung natürlicher Lebensgrundlagen ist eine positive Herausforderung an die Industrie Ein in der Standortdebatte immer wichtiger werdender Punkt ist die Bewahrung der natürlichen Lebensgrundlagen auch und gerade in Regionen mit hoher Industriedichte. Das historische Wechselspiel zwischen Produktionstechnik und Produktgestaltung durch immer neue Anforderungen erhält in jüngster Zeit durch Belange des Umweltschutzes neue Impulse. Dies gilt heute bereits für die Lebenszyklusphasen Produktion und Ge-

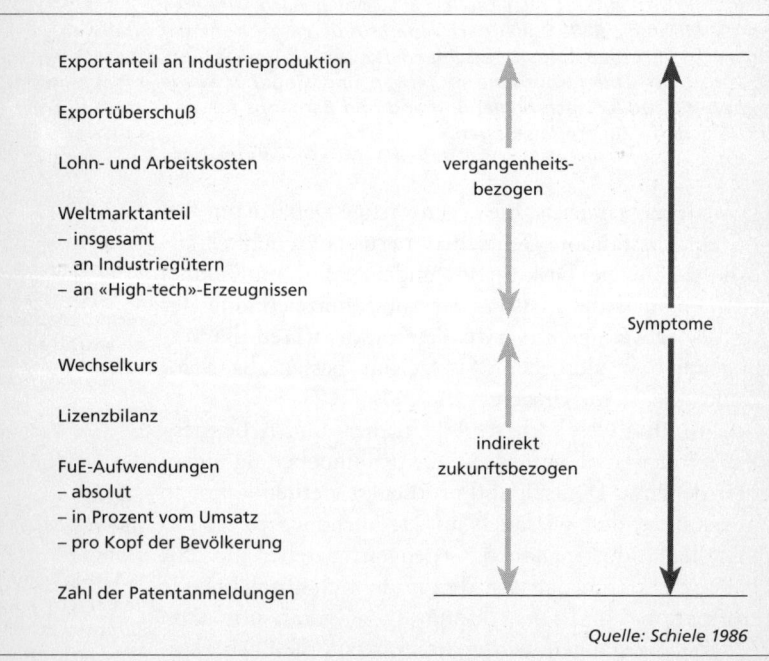

Exportanteil an Industrieproduktion

Exportüberschuß

Lohn- und Arbeitskosten

Weltmarktanteil
– insgesamt
  an Industriegütern
– an «High-tech»-Erzeugnissen

Wechselkurs

Lizenzbilanz

FuE-Aufwendungen
– absolut
– in Prozent vom Umsatz
– pro Kopf der Bevölkerung

Zahl der Patentanmeldungen

vergangenheits-
bezogen

indirekt
zukunftsbezogen

Symptome

Quelle: Schiele 1986

Bild 13: Übliche Indikatoren für die Wettbewerbsfähigkeit

brauch. Hier wirkten sich bisher in erster Linie neue
Paragraphen aus: In bezug auf die Produktion forderten
verschärfte Abwasservorschriften, das Emissionsschutz-
sowie das Abfallwirtschaftsgesetz den Verzicht auf manchen problematischen Werkstoff oder auf bestimmte Fertigungsverfahren.

Im Bereich des Produktgebrauchs wurden strenge
Grenzwerte oder Verbote zum Schadstoffgehalt (zum
Beispiel asbestfreie Produkte, neue Abgasbestimmungen)
wirksam und beeinflußten Produktgestaltung und Produktionstechnik. Bei der Entsorgung ist in diesem Zusammenhang das Bestreben von besonderer Bedeutung,
Produzenten beziehungsweise Händler in die Entsor-
gungsverantwortung zu nehmen.

Das Produkt muß in seiner Produktion wie in seinem Gebrauch und Verbrauch umweltbewußt betrachtet werden

In ihrer Gesamtheit werden solche behördlichen Vorschriften vielfach als erheblicher Standortnachteil angesehen. 1991 wurden 1,7 Prozent des Bruttosozialproduk-
tes in Deutschland für den Umweltschutz ausgegeben,
zwei Drittel davon trug die private Wirtschaft. Auf der
anderen Seite besteht allgemeiner Konsens darüber, daß
diese Politik langfristig sinnvoll und unverzichtbar ist.
Ohne hier in den Streit über die Angemessenheit einzelner Auflagen eintreten zu wollen: Ist diese Herausforderung nicht auf die Dauer ein unschätzbarer Standortvor-

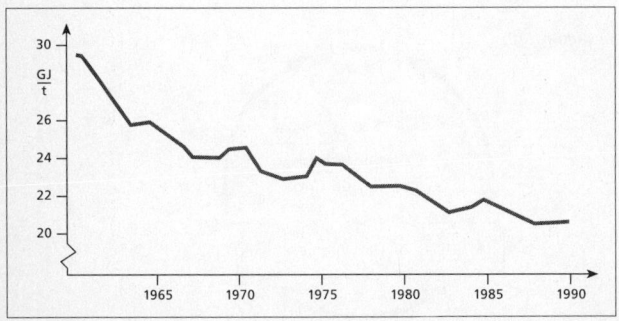

Bild 14: Spezifischer Energieverbrauch bei der Rohstahlerzeu-
gung

Umweltschutztechnik ist bereits ein wichtiges Produkt des Standortes Deutschland

teil? Führen diese Zwänge nicht zu Innovationen in Produkten und Prozessen sowie neuen Märkten? In der Umweltschutztechnik hat Deutschland mit 21 Prozent den höchsten Weltmarktanteil (1990) vor den USA (16 Prozent) und Japan (13 Prozent).

Die Abschätzung der Kosten für die Beseitigung von Umwelt-Altlasten in den neuen Bundesländern weist in schwindelerregende Höhen. Diese Erkenntnis und ihre Konsequenzen stehen vielen anderen Ländern, auch in unserer unmittelbaren Nachbarschaft, noch bevor.

Umweltverträgliche Produkte und Produktionen sind ein Verkaufsargument

Zweifelsohne wird sich jedes Industrieland früher oder später diesen Anforderungen stellen müssen. Dann aber erweisen sich unsere heutigen Anstrengungen als ein unschätzbarer Vorsprung im Wettbewerb: Die Industrie hat sich dann längst auf die neuen Bedingungen eingestellt. Außerdem eröffnet sich ein großer Markt für Know-how

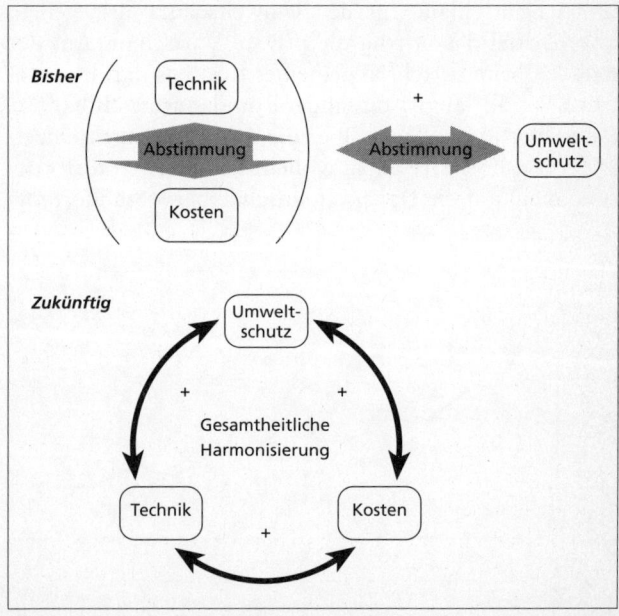

Bild 15: Umweltschutz im Unternehmen

und Anlagen einer umweltorientierten Produktion. Auch
aus absatzpolitischen Erwägungen haben schon viele Unternehmen diesen Gedanken aufgegriffen. Sowohl im In-
vestitions- als auch zunehmend im Konsumgüterbereich
werden immer mehr umweltbewußte Einkaufsentschei-
dungen getroffen.

Die Abfallwirtschaft wird sich durch die Schließung
von Materialkreisläufen zur Rohstoff- und Energiewirt-
schaft wandeln, um Ressourcen zu schonen und die Umweltbelastung zu senken. Die Qualität der Entsorgung
muß der Qualität der Versorgung entsprechen. Wegen
des zu Recht gestiegenen Umweltbewußtseins sowohl
der Kunden als auch der Mitarbeiter ist neben der ökonomischen auch die ökologische Orientierung des Unternehmens unabdingbar. Es muß sich als aktiver und pas-
siver Teilnehmer in einem Gesamtsystem verstehen, in
dem alle Ressourcen sparsam und schonend einzusetzen
sind.

Die Qualität der Entsorgung muß der Qualität der Versorgung entsprechen

Betriebswirtschaftlich wird es durch die Steigerung der
Kosten für Umweltschutz und Entsorgung – bei richtiger
Gestaltung des Rechnungswesens sowie der betrieblichen Informationssysteme – zu Entscheidungen kommen, bei denen Ökonomie und Ökologie im Einklang
stehen. Problematisch ist eine zumindest kurz- und mit-
telfristig verteuerte Produktion in einer solchen Region
im Vergleich zu ausländischen Standorten. Von staat-
licher beziehungsweise gesellschaftlicher Seite ist dann zu
überlegen, ob die Einfuhr nicht umweltgerecht herge-
stellter Produkte zumindest übergangsweise durch Abgaben verteuert werden muß. Damit würde auch ein entsprechender Druck auf das Verhalten ausländischer
Produzenten ausgeübt werden. Allerdings sind dabei immer wieder die Rückwirkungen auf unseren Export zu
bedenken. Die Berücksichtigung sämtlicher Umweltauf-
lagen bei Produktion, Produktgebrauch und Entsorgung
wird zu den Grundprinzipien zukünftigen Wirtschaftens
gehören. Einst als lästige Notwendigkeit oder als Wachs-
tumsbremse verkannt, gilt das Engagement für den Um-

Die ökonomische Beachtung aller Kosten führt zu richtigen ökologischen Entscheidungen

Wenn nicht alle Industriestaaten im Umweltschutz mitmachen, ist über «Lastenausgleich» nachzudenken

weltschutz inzwischen längst als Erfolgsfaktor von morgen – auch im Hinblick auf die wichtige Frage der Gewinnung qualifizierter Mitarbeiter.

Lösungsdruck fördert Kreativität

Lösungen im Detail können – wie das folgende Beispiel zeigt – bisweilen bestechend einfach sein. Manche Anleihe aus bekannten Disziplinen verhilft zu technisch und wirtschaftlich neuen Lösungen für eine umweltverträgliche Produktion. Lassen wir uns aber nicht täuschen: es geht um Strategien für mittel- und langfristig neue Lösungen.

Umweltschutz ist ein Produktionsfaktor

Ein Hausgerätehersteller schuf mit der Lösung eines Entsorgungsproblems einen Recyclingkreislauf besonderer Art und schlug dadurch zugleich zwei Fliegen mit einer Klappe. Es gelang, das Gesenköl vom Tiefziehen der Edelstahl-Innengehäuse, das früher aufwendig vor der Montage von den Teilen hatte abgewaschen werden müssen, durch eine selbst entwickelte Schmierseife zu ersetzen, die an den Teilen verbleibt und nunmehr gleich für den Probewaschgang bei der Endprüfung der Geräte genutzt werden kann (vgl. RILLER 1992).

Umstellung auf wasserlösliche Lacke in der Automobilindustrie erfordert Investitionen in Milliardenhöhe

Eine völlig gegenteilige Dimension hat die in der Automobilindustrie jetzt notwendige Umstellung der Lackiertechnik auf wasserlösliche Lacke. Dadurch werden Investitionen in neue Anlagen erforderlich, die in Milliardenhöhe gehen und jedes Fahrzeug in seinen Herstellkosten um einige hundert Mark verteuern. Andererseits wird die Umweltbelastung durch den Lackierprozeß drastisch reduziert. Zumindest vorübergehend kann das Unternehmen in Bedrängnis geraten, wenn der Käufer das umweltbewußte Verhalten des Produzenten nicht honoriert.

Ein letztes Beispiel kommt aus dem Bereich der Galvanotechnik, die aufgrund der erforderlichen Chemikalien ebenfalls umweltkritisch ist. Galvanikbetreiber sind deshalb zu hohen Investitionen in die Entsorgung, insbesondere die Abwasserreinigung, gezwungen, wodurch es immer schwieriger geworden ist, den Galvanikprozeß in den gesamten Fertigungsablauf zu integrieren. Daraus ist ein neuer Ansatz entstanden: Anstatt das Werkstück zur Oberflächenbehandlung zu den einzelnen Behandlungsbädern zu transportieren, kommt – in einer geschlossenen Anlage – die «Chemie» zum Werkstück, indem die Prozeßkammer jeweils mit der zum Reinigen oder für den Abscheideprozeß notwendigen Flüssigkeit gefüllt wird. Der Anlagenhersteller übernimmt die Aufgabe der Ver- und Entsorgung als Dienstleistung, so daß der Betreiber nicht mit den besonderen Problemen des Galvanikbetriebes belastet wird. Er kann diese Anlage wie jede andere Maschine in seinen Produktionsprozeß integrieren. Neue Forderungen führten hier zu neuen Lösungen und regten damit eine zukunftsweisende Innovation an.

Galvanotechnik: geschlossene Prozeßkammern ermöglichen Integration in den Fertigungsablauf

Mensch und Arbeit – aus Soziologie und Arbeitswissenschaft

In den sechziger und siebziger Jahren des 20. Jahrhunderts vertraten Soziologen die These, daß die Erwerbsarbeit in der Industriegesellschaft an inhaltlicher Bedeutung für den Menschen verliere. Arbeit werde von den Menschen, so die Experten, als reines Mittel zum Zweck angesehen. Die inhaltsbezogene werde mehr von der instrumentellen Arbeitsorientierung verdrängt. Berufsarbeit diene zur Absicherung der materiellen Lebensgrundlage, während die zunehmende Freizeit den Raum zur Selbstentfaltung schaffe.

Die strikte Trennung von Arbeit und Freizeit ist eine Fehlentwicklung

«Sobald der Mensch Hunger und Durst gestillt hat, sucht er vor allem das Glück.» Zu diesem Ergebnis war bereits vor über 2300 Jahren der griechische Philosoph Aristoteles gekommen. Zahlreiche Wissenschaftler vertraten bisher die Meinung, daß sich die verschiedenen Bedürfnisse des Menschen in einer hierarchischen Struktur anordnen lassen. In Soziologie und Psychologie hat hier vor allem das Konzept des US-Verhaltensforschers Abraham H. Maslow Einzug gehalten (Bild 17).

Ein akzeptiertes Bild: die Hierarchie der Bedürfnisse

In der Zwischenzeit gibt es eine Reihe von Einwänden

In der Einstellung zur Arbeit findet ein Wertewandel statt

und Untersuchungen, die diese strenge Struktur in Frage stellen. Die politischen, ökonomischen und technologischen Veränderungen in den letzten zehn Jahren haben auch in der Arbeitswelt ihre Spuren hinterlassen. In der Soziologie spricht man in diesem Zusammenhang von einem Wertewandel. Dies gilt insbesondere für die Einstellung zur Arbeit. Der Trend geht von materiellen (Versorgungs- und Sicherungs-) Werten zu postmateriellen Werten (Sozialstatus, Solidarität und Selbstverwirklichung).

Arbeit – macht sie krank oder glücklich?

Im Jahre 1984 veröffentlichten Elisabeth Noelle-Neumann und Burkhard Strümpel das Buch *Macht Arbeit krank? Macht Arbeit glücklich?* Dargestellt wurden Auswertungen von Umfragen in sechs Industriestaaten. Im internationalen Vergleich stehen die Deutschen schlecht da: Ihre Arbeitsmoral und ihre Bereitschaft, sich für ihren Betrieb einzusetzen, sind geringer als in den ande-

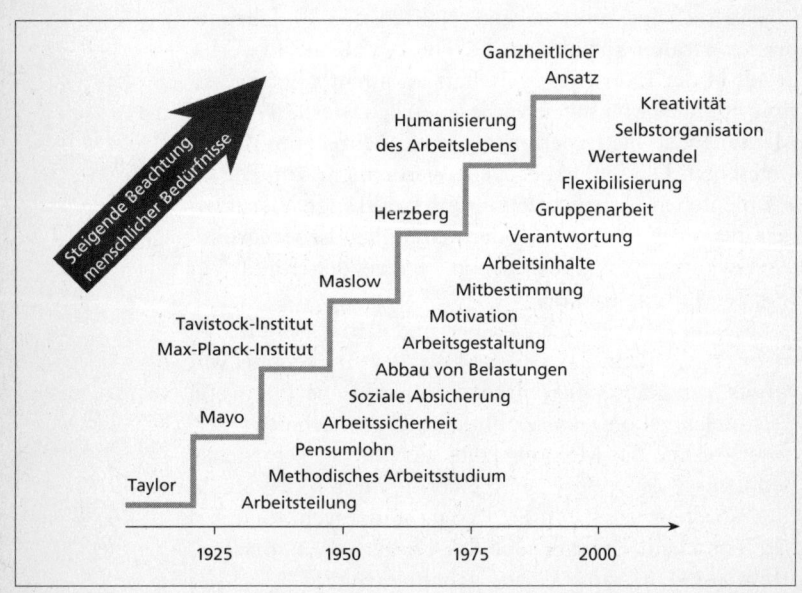

Bild 16: Entwicklung des sozialen Systems in der Produktion

ren Industrieländern (darunter Schweden, England, USA und Japan). Diese Thesen stehen weitgehend im Widerspruch zu den Ergebnissen einer Analyse des Züricher Sozialpsychologen Schmidtchen, der Ende 1982 eine Repräsentativbefragung in der Metallindustrie durchführte: Zwar sei die Bedeutung der Freizeit für die Arbeitnehmer gewachsen, der Beruf behalte jedoch nach wie vor seinen zentralen Stellenwert. Die meisten Arbeitnehmer fänden Beruf und Freizeit gleichermaßen wichtig. Das Institut für angewandte Sozialwissenschaft (Infas) hat in einer neueren Studie (Januar 1992) im Auftrag der Betriebskrankenkassen ermittelt: Rund 68 Prozent der befragten westdeutschen Berufstätigen bezeichnen das Betriebsklima als gut bis sehr gut. Besonders wohl fühlten sich Mitarbeiter von Kleinbetrieben mit bis zu zehn Beschäftigten. Am meisten tragen dazu bei: Teamgeist, selbständiges Arbeiten und Anerkennung durch

Umfragen in deutschen Betrieben zeichnen ein positives Bild, dagegen Heinz Leymann, Universität Stockholm: 3,5 Prozent der arbeitenden Bevölkerung in Schweden sind von Psychoterror am Arbeitsplatz betroffen; seine Beseitigung würde 6 Milliarden DM Produktionsausfall verhindern

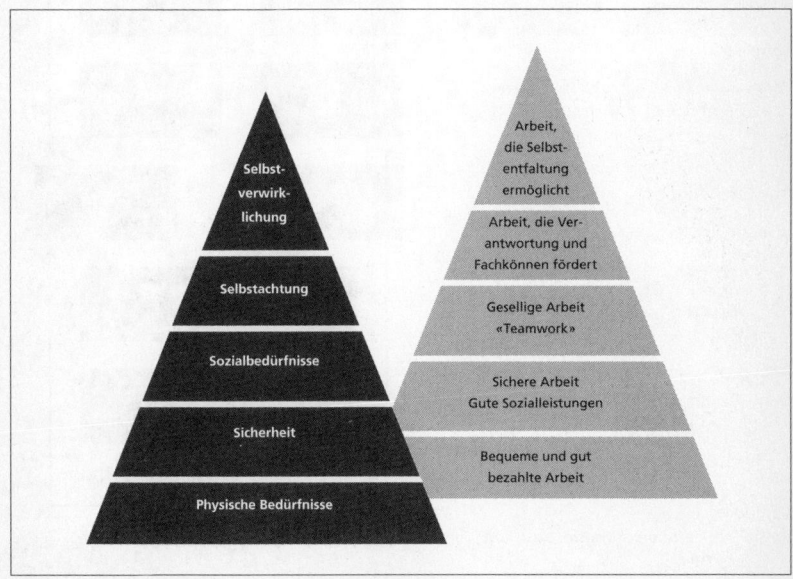

Bild 17: Motivationspyramide nach Maslow

den Chef. ~~Negativ sind dagegen~~ Intrigen, Kollegenneid und Mißlaunigkeit.

Aus der inzwischen unübersehbar gewordenen Literatur zum Thema «Wertewandel» ist folgendes Fazit zu ziehen [Franke 1991]:

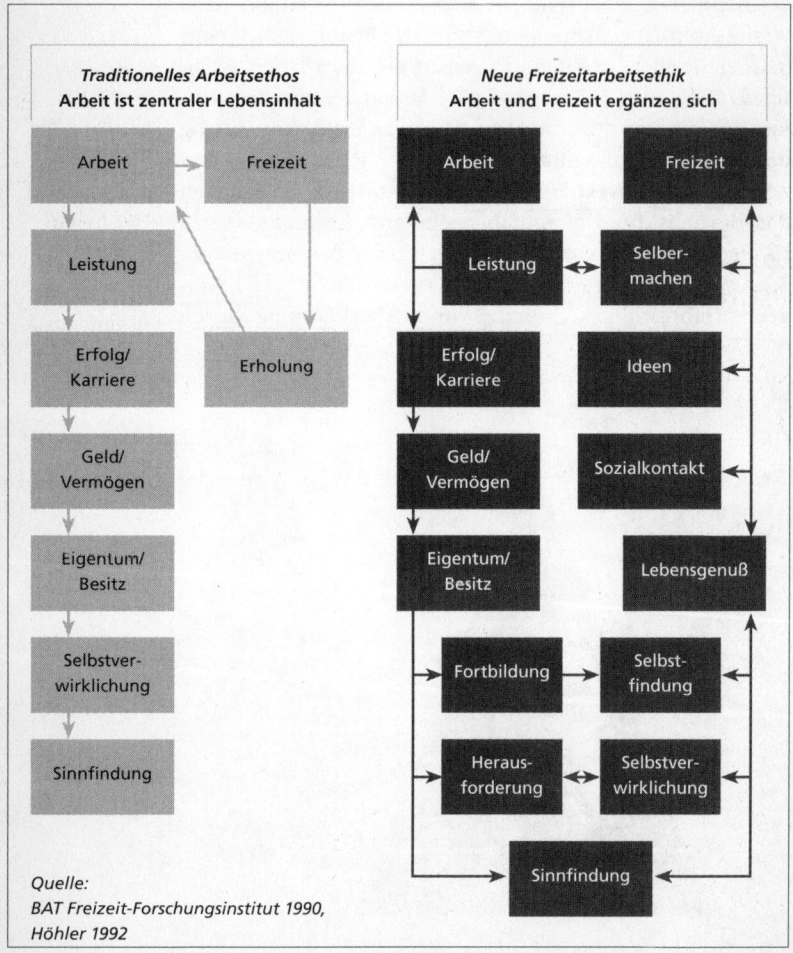

Bild 18: Wertesystem im Wandel

• Die heutigen Befunde des Wertewandels eröffnen für die Zukunft der Arbeitsgesellschaft keine düsteren Perspektiven. Trotz des großen Interesses an mehr Freizeit wird Arbeit als Symbol für sinnvolle menschliche Tätigkeit ihren Wert behalten, ja erhöhen.

Wertewandel: Arbeit ist ein Teil des Lebens

• Allerdings steigen die Ansprüche an die Ausgestaltung der Erwerbsarbeit. Sie wird nicht mehr nur unter dem Gesichtspunkt der Existenzsicherung gesehen, sondern bekommt einen eigenen Wert. Die in vielen wissenschaftlichen Untersuchungen festgestellte Distanzierung von der Erwerbsarbeit hat eher mit diesem Sinneswandel zu tun als mit einem Verfall der Arbeitsmoral.

• Dem zunehmenden Wunsch nach Selbstbestimmung, nach Individualisierung, nach Partizipation und Kommunikation müssen veränderte Organisationsstrukturen und Führungsstile Rechnung tragen.

Pekuniäre und persönliche Interessen überlappen sich

• Das in allen Untersuchungen zum Ausdruck kommende erhöhte Freizeitbedürfnis und die geforderte Zeitsouveränität erfordern Reaktionen auf dem Felde der Arbeitszeitpolitik.

• Es gibt keine überzeugenden Argumente für die Auffassung, daß die Freizeit in ihrer Aufwertung und Aus-

Ebene	Schneider (1970/71)	Rohmert (1972)	Hacker/Richter (1980/1986)
1	Beachtung menschlicher Leistungsgrenzen	Ausführbarkeit	Ausführbarkeit
2	Vermeidung gesundheitsschädigender Arbeitsbelastung	Erträglichkeit	Schädigungslosigkeit
3	Nutzung zumutbarer Beanspruchungen für die Leistungsverbesserung	Zumutbarkeit	Beeinträchtigungsfreiheit
4	Gewährleistung fähigkeitsgerechter Arbeitsanforderungen	Zufriedenheit	Persönlichkeitsförderlichkeit

Bild 19: Bewertungsebenen menschengerechter Arbeitsgestaltung

Freizeit ist nicht zwangsläufig die Alternative zu Arbeit

weitung heute wirklich die große und überzeugende Alternative zur Berufsarbeit und damit der eigentliche Lebensraum des Menschen geworden ist. Ohne die Anreize, Herausforderungen, Anstrengungen, Belastungen, Erfolge, aber auch Enttäuschungen durch Arbeit werden viele Kräfte im Menschen gar nicht erschlossen. Der Mensch braucht die Arbeit nicht nur, um seine Zeit zu vertreiben, sondern auch zur Entfaltung seiner selbst. Er braucht sie aber auch, um mit seiner Umwelt zu kommunizieren.

Das Unternehmen muß dem Menschen Entfaltungs- und Kommunikationsmöglichkeiten geben

Unternehmen stehen heute vor einer Wachstums- beziehungsweise Entwicklungsschwelle, die durch den gesellschaftlichen Wandel geprägt wird. Folglich ist ein Unternehmen als Sozialgebilde aufzufassen. Die Ausprägung des Gefüges der Sozialbeziehungen spiegelt sich in der Unternehmenskultur wider. Eine wichtige Gestaltungsmöglichkeit der Unternehmenskultur ist das personale Wertgefüge der im Unternehmen arbeitenden Menschen. Dabei können drei Wertebenen identifiziert werden:

Die Forderung der Mitarbeiter nach einer (sinn-)erfüllten Arbeitszeit birgt Chancen für alle Beteiligten: Mitarbeiter, Führung, das Gesamtunternehmen.

Chancen für Mitarbeiter	Chancen für die Führung	Chancen für das Gesamtunternehmen
– mehr Freude an der Arbeit	– Entlastung	– auf allen Ebenen mehr Identifikation mit dem Unternehmen
– Zugehörigkeitsgefühl	– Vereinfachung der Kommunikation im Unternehmen (Verstehen und Verstandenwerden)	– weniger Fluktuation
– Anerkennung		
– Überblick	– Innovationsklima	– höhere Produktivität
		– Verbesserung der Gewinnsituation

Quelle: Höhler 1992

Bild 20: Chancen des Wertewandels

- personales Wertgefüge der Individualität,
- soziales Wertgefüge der Betriebsgemeinschaft,
- objektives Wertgefüge der Kultur.

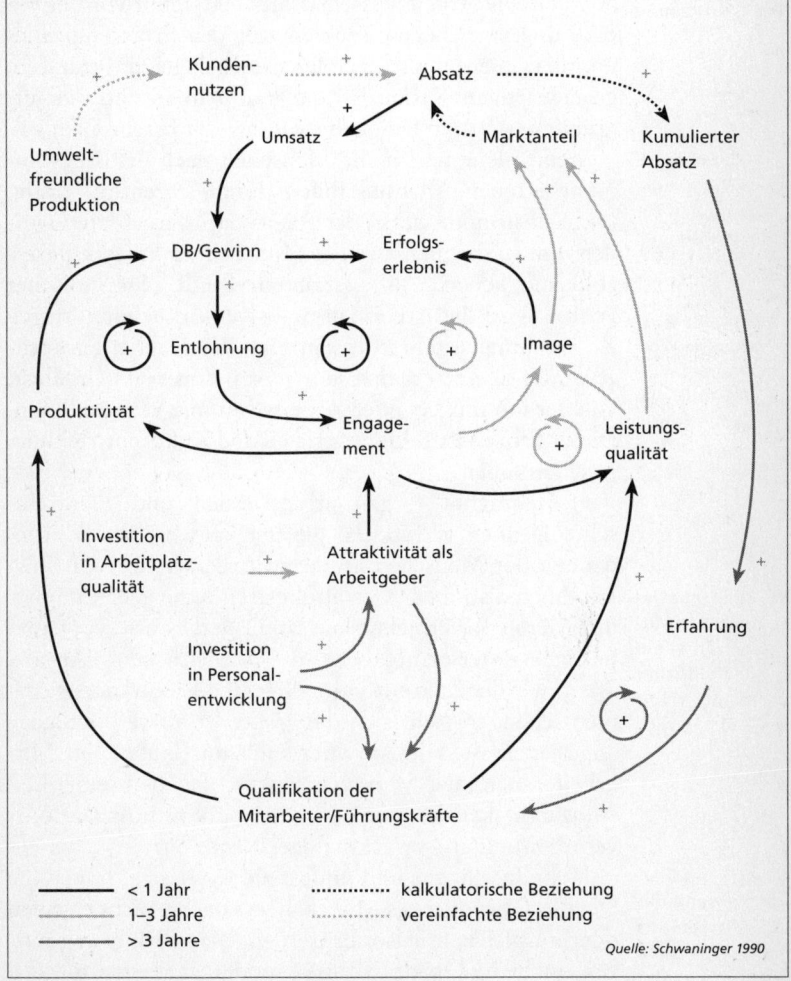

Bild 21: Wirkungsgefüge von Humanfaktoren

**Arbeitssozio-
logie und
Arbeitswissen-
schaft kommen
zusammen**

Im Vergleich zur Arbeitssoziologie stützt sich die Arbeitswissenschaft auf einen «engeren» Ansatz, von der
physischen Belastung des einzelnen Arbeiters am Arbeitsplatz herkommend. Neuere Ansätze stellen aber einen
nahtlosen Übergang zwischen den beiden Fachdiszipli-
nen her. Die Arbeitswissenschaft steht somit vor der bereits angesprochenen Problematik der Erfassung eines
multikausalen, multivariablen Geschehens, das mit dem
gegenwärtigen Kenntnisstand kaum quantitativ zu er-
gründen, sondern lediglich qualitativ zu beschreiben ist.

**Der Mensch
liefert die
Vorgaben für
den Wandel**

**Wenn alle Aus-
sagen zum Wer-
tewandel rich-
tig sind, wie
muß eine Fabrik
strukturiert
sein?**

Wenn mehr und mehr Menschen nach Selbstbestimmung streben, so muß ihnen durch Dezentralisierung
und Selbstorganisation der Raum dafür geschaffen werden, um so möglichst vielen Mitarbeitern Eigeninitiative
zu ermöglichen. Als gestaltender und schöpferischer
Prozeß wird die Arbeit zur Selbstverwirklichung; durch
Zustimmung erfährt der einzelne seine Schaffenskraft,
erweitert sie und ergänzt sein Verständnis von sich selbst,
von der ihn umgebenden Arbeitswelt und vom Kollegen.
Dieser Prozeß ist Bildungsprozeß und Kulturentwicklung
gleichermaßen.

**Zur Einbezie-
hung der Mit-
arbeiter ist ein
ganzheitlicher
Ansatz erfor-
derlich**

Hergebrachte Organisationsformen und hierarchi-
sches Denken verhindern die uneingeschränkte Zufriedenheit der Menschen an ihrem Arbeitsplatz. Wir müssen ihnen also mehr Gestaltungsfreiräume geben und sie
integrieren in Projektarbeit zum Verbessern vor- und
nachgelagerter Aufgaben in ganzheitlichem Ansatz.
Wenn wir die Zukunft in intelligenten Produktionssystemen sehen, so stellt sich die Frage, wo diese Intelligenz
angesiedelt ist. Die Antwort kann nur lauten: im Mitarbeiter, denn der Mensch ist ungeschlagen in seiner Leistungsfähigkeit bei der Verknüpfung von Informationsverarbeitung und zweckmäßiger Reaktion.

**Die Detailer-
fahrung des
Mitarbeiters
vor Ort muß
besser genutzt
werden**

Hohe Intelligenz und umfassendes Wissen können die
Detailerfahrung eines Mitarbeiters vor Ort nicht ersetzen
oder ausgleichen. Also müssen wir diese Erfahrung nutzen, nicht nur in der Fabrik, sondern genauso für den
Aufbau einer Partnerschaft zum Lieferanten. Dazu ist

ein Vertrauensverhältnis zu entwickeln, das wiederum Transparenz und Informiertsein voraussetzt.

Ohne hier in eine bildungspolitische Debatte eintreten zu wollen: Das Ziel einer möglichst hohen schulischen und beruflichen Qualifizierung scheint sich tief im Bewußtsein der Menschen verankert zu haben. Nur so ist der Zustrom auf unsere weiterführenden Schulen zu erklären. Ob dieser Drang wieder anders kanalisiert werden muß, sei hier dahingestellt. Die Risiken eines Niveauverlustes in der Leistungsspitze sind unverkennbar. Gleichzeitig ist ein Mangel qualifizierten Nachwuchses im Facharbeiterbereich schon jetzt nicht zu übersehen. Noch einmal sei ein Blick in den Fernen Osten gestattet:

Bildungspolitik: wir sollten nicht den Ast absägen, auf dem wir sitzen

«Vor dem Unterricht stellen sich die Schüler in Reih und Glied auf, lauschen dem Morgenappell und marschieren dann im Gleichschritt in ihre Klassen. Der militärische Eindruck wird noch durch die Schuluniformen verstärkt, die von der preußischen Marine abgeschaut wurden. Gruppenarbeit im Unterricht ist die Ausnahme. Die Schüler bekommen vorgefertigte Texte, die der Lehrer herunterliest und die die Schüler möglichst wortgetreu bei Tests wiederholen müssen... Selbst die Industrie, die eigentlich zufrieden sein müßte – liefern die Schulen doch gutausgebildete, wenig aufsässige Mitarbeiter –, hat erkannt, daß ein Umdenken nötig ist, will man die immer schnelleren Innovationsschübe erfolgreich bewältigen.
Selbständig denkende Mitarbeiter, die bereit sind, Entscheidungen zu treffen, Risiken einzugehen, die unternehmerisch denken, werden zunehmend gefördert. Duckmäuser, die den Erwartungen des Prüfers entsprechen, weil sie schnell vorgegebene Antworten ankreuzen, ohne sich über eigene Lösungsvorschläge Gedanken zu machen, sind zwar zu harter Arbeit und Konformismus erzogen, aber dadurch nicht unbedingt in der Lage, die zunehmend multinationalen Konzerne zu schlagen.» EDERER 1991

Unsere Wettbewerbsfähigkeit bei erschwerten Rahmenbedingungen hat ihre Ursachen im Bildungssystem. Diesen Vorteil dürfen wir nicht durch opportunistisches, kurzsichtiges Reformieren verspielen. Die Folgen wären nur langfristig wieder zu reparieren

Könnte es sein, daß gerade die Deutschen hier einen Vorsprung haben? Anstatt kurzsichtig und wehleidig nach einer Angleichung des Ausbildungssystems an international Übliches zu rufen, sollte man doch zumindest darüber nachdenken, daß die bisherige deutsche Wettbewerbsfähigkeit vor allem auch auf unserer Ausbildung

Universitäre Ausbildung: Entfaltung muß vor Schulzwang stehen

im dualen System, in Fachhochschulen und auch in einem sehr freien, persönlichkeitsbildenden Universitätssystem beruht.

Arbeitsteilung – ein Kennzeichen leistungsfähiger Wirtschaft

Der Wohlstand der Nationen – ein ökonomischer Klassiker

Bereits Adam Smith (1723–1790), der britische Ökonom, beschrieb am Beispiel einer Nadelfertigung die Vorteile der Arbeitsteilung infolge spezialisierter Arbeitsplätze und des damit verbundenen Übungserfolges.

Arbeitsteilung nutzt die Lern- und Erfahrungskurve des Spezialisten

Dieser Effekt bleibt auch in Zukunft allgemein gültig

«Ein Arbeiter, der noch niemals Stecknadeln gemacht hat und auch nicht dazu angelernt ist... so daß er auch mit den dazu eingesetzten Maschinen nicht vertraut ist... könnte, selbst wenn er sehr fleißig ist, täglich höchstens eine, sicherlich aber keine zwanzig Nadeln herstellen. Aber so, wie die Herstellung von Stecknadeln heute betrieben wird, ist sie nicht nur als Ganzes ein selbständiges Gewerbe. Sie zerfällt vielmehr in eine Reihe getrennter Arbeitsgänge, die zumeist zur fachlichen Spezialisierung geführt haben. Der eine Arbeiter zieht den Draht, der andere streckt ihn, ein dritter schneidet ihn, ein vierter spitzt ihn zu, ein fünfter schleift das obere Ende, damit der Kopf aufgesetzt werden kann...*
Um eine Stecknadel anzufertigen, sind somit etwa achtzehn verschiedene Arbeitsgänge notwendig, die in einigen Fabriken jeweils verschiedene Arbeiter besorgen, während in anderen ein einzelner zwei oder drei davon ausführt. Ich selbst habe eine kleine Manufaktur dieser Art gesehen, in der nur zehn Leute beschäftigt waren, so daß einige von ihnen zwei oder drei solcher Arbeiten übernehmen mußten. Obwohl sie nur sehr arm und nur recht und schlecht mit dem nötigen Werkzeug ausgerüstet waren, konnten sie zusammen am Tage doch etwa zwölf Pfund Stecknadeln anfertigen, wenn sie sich einigermaßen anstrengten. Rechnet man für ein Pfund über 4000 Stecknadeln mittlerer Größe, so waren die zehn Arbeiter imstande, täglich etwa 48000 Nadeln herzustellen, jeder also ungefähr 4800 Stück.» SMITH 1776

Zu Beginn des 20. Jahrhunderts setzte die Massenproduktion von Verbrauchsgütern (zum Beispiel Fahrrädern und Nähmaschinen) ein. In den USA begründete Frederic

Winslow Taylor (1856–1915) die «*wissenschaftliche Betriebsführung*». Taylor erkannte, daß eine hohe Produktivität durch Ausbildung der Arbeitskräfte und Trennung von geistiger (planender, steuernder) und körperlicher (ausführender) Arbeit erreicht werden kann. Darüber hinaus führte er Arbeits- und Zeitstudien ein. Die von Taylor vorgeschlagenen Maßnahmen zur Arbeitsteilung und Arbeitsvereinfachung wurden 1913 von Henry Ford in Detroit in Form der Fließbandfertigung umgesetzt. Den negativen Folgen (Monotonie, schnelle Ermüdung, Verkümmerung nicht gebrauchter Fähigkeiten und soziale Isolation) und daraus folgender Fluktuation begegnete er durch die Schaffung von Lohnanreizen.

Arbeitsteilung und Arbeitsvereinfachung führen zu höchster Produktivität trotz ungelernter und angelernter Arbeitskräfte

Das Wirken von Taylor und Ford symbolisiert in eindrucksvoller Weise, wie fruchtbar die Systembetrachtung von Werkstoffen, Maschinen beziehungsweise Anlagen und Produktionsverfahren sein kann:

«Unter diesen verschiedenen Methoden und Werkzeugen, die für eine einzelne, elementare Operation in irgendeinem Gewerbe im Gebrauch sind, gibt es immer nur eine Methode und ein Werkzeug, schneller und besser als die übrigen, und diese eine beste Methode und das beste Werkzeug können nur durch systematisches Studium und durch Prüfung aller Methoden und Werkzeuge, die im Gebrauch sind, gefunden werden, im Verein mit einem gründlichen, eingehenden Bewegungs- und Zeitstudium.»
TAYLOR 1919

Die Ausrichtung der Produktion auf den weniger qualifizierten Mitarbeiter führt zu Bürokratisierung und Erstarrung

Wegen der Arbeitsteilung auch im Planen, Gestalten und Ausführen folgte daraus dann konsequent die Pensumidee:

«Die zu leistende Arbeit jedes Arbeiters wird von der Leitung wenigstens einen Tag vorher aufs genaueste ausgedacht und festgelegt. Der Arbeiter erhält gewöhnlich eine ausführliche schriftliche Anleitung, die ihm bis ins Detail seine Aufgabe, seine Werkzeuge und ihre Handhabung erklärt.»
TAYLOR 1919

Bewegungs- und Zeitstudium haben sehr zur Steigerung der Produktivität beigetragen. Sie haben sich aber nur auf die Prozeßzeiten konzentriert und alles «Indirekte» vernachlässigt oder ausgeklammert

Während in den Darstellungen aus jener Zeit die technische Komponente im Vordergrund stand, überwiegt aus heutiger Sicht die organisatorische Dimension. Die Idee

Zuerst folgte die Organisation den technischen Zwängen

einer arbeitsteiligen Produktion war zwar damals schon alt, aber nunmehr war es möglich, dieses Prinzip konsequent und in großem Maßstab zu verwirklichen. Genau darin liegt das Verdienst Henry Fords.

«Ich glaube, es war die erste bewegliche Montagebahn, die je eingerichtet wurde. Im Prinzip ähnelte sie den Schiebebahnen, derer sich die Chicagoer Fleischpacker bei der Zerlegung der Rinder bedienen. Früher, als der ganze Herstellungsprozeß bei uns noch in den Händen eines einzigen Arbeiters ruhte, war der Betreffende imstande, fünfunddreißig bis vierzig Magnete in einem neunstündigen Arbeitstag fertigzustellen, das heißt, er brauchte ungefähr zwanzig Minuten pro Stück. Später wurde seine Arbeit in neunundzwanzig verschiedene Einzelleistungen zerlegt und die Zeit für die Zusammenstellung dadurch auf 13 Minuten 10 Sekunden herabgedrückt. Im Jahre 1914 brachten wir die Bahn 20 Zentimeter höher an, dadurch wurde die Zeit auf sieben Minuten vermindert. Weitere Versuche über das Tempo der zu leistenden Arbeit setzten die Montagezeit auf fünf Minuten herab.»

Die Zielgröße Produktivität ist in der stabilen Massenfertigung alleiniger Maßstab; sie ist heute zu ergänzen durch Flexibilität und Selbstoptimierung

FORD 1923

Während Ford ein Praktiker war, für den jeder Aufwand mit unmittelbar sichtbarem Fortschritt verbunden sein mußte, begründete Taylor mit seinen grundlegen-

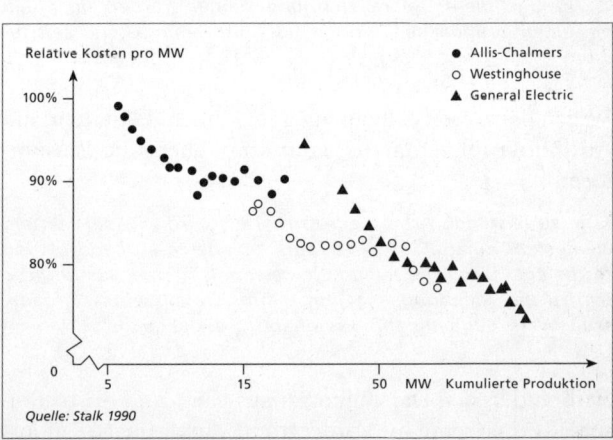

Quelle: Stalk 1990

Bild 22: Kostendegression am Beispiel von Dampfturbinen

den arbeitswissenschaftlichen Untersuchungen die Ingenieurdisziplin der Produktionstechnik. Das Taylor-System, beruhend auf der systematischen Untersuchung der Arbeitsvorgänge und deren zeitoptimaler Ausgestaltung, wurde in Amerika als «*beste Arbeitsmethode*» bekannt, und genau in dieser Verallgemeinerung liegt wohl auch der größte Irrtum: Unter den Bedingungen einer Massenfertigung kann die Produktivität des einzelnen Arbeiters auf ein Maximum gesteigert werden. Daneben hat es aber immer auch Einzel- und Kleinserienfertigungen gegeben, die ganz anders strukturiert waren. Während bis in die sechziger Jahre des 20. Jahrhunderts die Produktivität als betriebliche Zielgröße eindeutig dominierte, haben sich die Schwerpunkte in vielen Bereichen verlagert.

In der Massenfertigung können Menschen und Maschinen fest vorprogrammiert werden

Verallgemeinert kann aus den Erkenntnissen und Ansätzen von Smith und Taylor die Nutzung des bekannten Lerneffektes als Grundlage der Arbeitsorganisation abgeleitet werden: Jeder bekommt nur soviel Arbeitsinhalt und -umfang zugeteilt, daß er sehr schnell die kürzestmögliche Ausführungszeit erreicht und sich ständig auf diesem Niveau bewegen kann. Damit ist er sozusagen fest programmiert. Er muß keine zusätzlichen Informationen neu und langsam verarbeiten.

Diese Überlegungen gelten auch für die Arbeitsteilung in einer Volkswirtschaft sowie international in gleicher Weise. Der spezialisierte Lieferant oder Anbieter muß immer besser und schneller sein als jemand, der dieses Geschäft nicht als Kerngebiet betreibt. Es sind dann zu wenige Informationen «fest programmiert», wodurch ein höherer Verarbeitungsaufwand notwendig wird.

Der spezialisierte Lieferant ist immer besser und schneller als ein «Alleskönner»

Damit bleibt Arbeitsteilung ein wesentliches Merkmal leistungsfähigen Wirtschaftens. Aber es ist nicht das einzige, da zur Leistungserstellung auch weitere Aufwendungen wie zum Beispiel Kommunikation und Logistik erforderlich sind, die entscheidend ansteigen können und einer weitergehenden Arbeitsteilung entgegenwirken.

Der Arbeitsteilung wirkt der Aufwand für Kommunikation und Logistik entgegen

Die Entwicklungsphasen der Produktionstechnik lassen sich zusammenfassend am Beispiel des italienischen Unternehmens Beretta verfolgen, das im Laufe seiner nunmehr fünfhundertjährigen Geschichte sechs bedeutende Umstrukturierungen erfuhr (Bild 23).

Bei funktionierender Organisation wird nur abteilungsbezogen optimiert, es wird kein Gesamtoptimum erreicht

Die funktionale Strukturierung der Unternehmen verhindert häufig übergreifende Optimierungen. Es wird nur abteilungsbezogen optimiert, und Randbedingungen werden als unabänderlich akzeptiert. Ein typisches Beispiel ist die Lieferfähigkeit: Man kann sie erreichen durch gespeicherte Kapazität in Lagerbeständen, man kann aber auch Maschinenkapazität vorhalten – die Maschine wartet auf den Auftrag und nicht umgekehrt. Bei der Zuständigkeit zweier Abteilungen wird kein Gesamtoptimum erreicht, besonders wenn man nur nach Kosten und nicht zusätzlich auch nach Nutzen optimiert.

Dieser Gedanke gilt in gleicher Weise für das Außen-

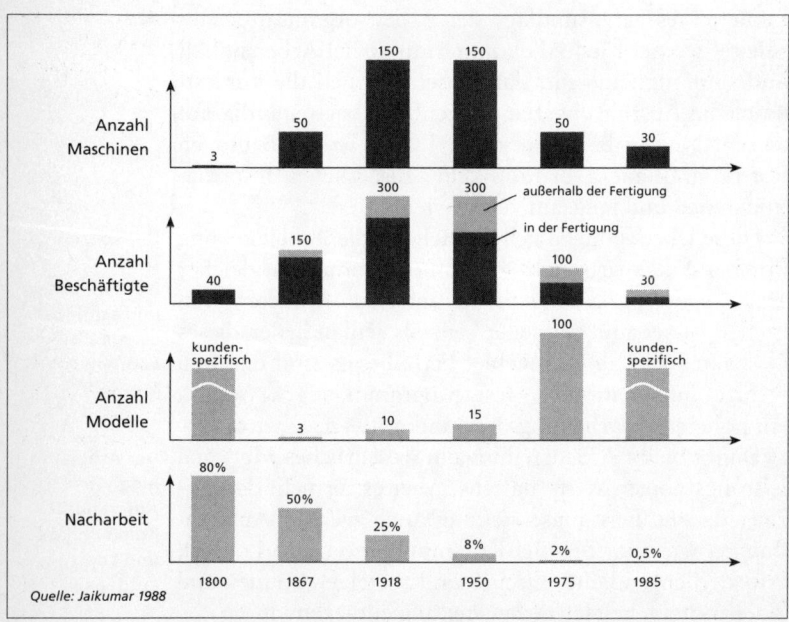

Bild 23: Langfristige Entwicklung von Strukturen

verhältnis des Unternehmens: In einer von der Wissenschaftlerin Susan Helper durchgeführten Studie in Zulieferunternehmen der Automobilindustrie heißt es, daß in den letzten Jahren das Vertrauen und die Kooperation noch nicht besser geworden sind.

Leistungsfähige Lieferanten und Abnehmer benötigen wechselseitig: Vertrauen, Informationen und Transparenz. Das ist keine Einbahnstraße

«Nur ein Drittel der Zulieferer vertritt die Auffassung, daß ihnen seitens der Endhersteller geholfen wird, wenn ein Konkurrent ein verbessertes Teil zum selben Preis anbietet. Knapp 40 Prozent geben an, daß ihr Abnehmer so schnell wie möglich zum Konkurrenten überwechseln würde. Ferner wird beklagt, daß ihnen durch Just-in-time die Verantwortung für die Lagerhaltung aufgebürdet worden ist mit meistens entsprechenden Mehrkosten. Damit ist insgesamt keine langfristige Wettbewerbsverbesserung gegeben. Zu kooperativen Beziehungen gehören Abnahmeverträge mit längerer Dauer sowie wechselseitige Information und Transparenz. Zwangsläufig ist dafür die Zahl der Lieferanten zu vermindern.»

HELPER 1991

Laut Eckard Jokisch, Vorstandsmitglied von Ford in Köln, werden beim Modell Fiesta 40 Prozent der Zukaufteile nur noch von einem und 47 Prozent von zwei Zulieferern eingekauft. Die verbleibenden Lieferanten werden zu Systemlieferanten, wiederum mit Unterlieferanten, wobei sie mehr Verantwortung übernehmen müssen. Dies gilt sowohl bei ihrer Einbeziehung in die Produktentwicklung als auch bei ihrer Anbindung an die Produktion. Informations- und Materialflüsse sind eng aufeinander abzustimmen, was unter anderem gemeinsame Transporthilfsmittel erfordert.

Mit sinkender Zahl der Zulieferer vermindern sich Kommunikations- und Logistikaufwand

Bei Betonung der bereits diskutierten Vorteile einer Spezialisierung kommt man im Unternehmen zu funktionalen Organisationsstrukturen. Die Abläufe in der Leistungserstellung werden zerschnitten – wir sprechen hier von Artteilung. Vorteilhaft ist bei diesem Ansatz die Konzentration von jeweiligem Know-how und kurzer Prozeßzeit zum Erledigen eines Arbeitsganges. Von Nachteil indessen sind Zeit- und Informationsverluste an jeder Schnittstelle. Bei Mengenteilung hingegen bearbeitet jeder die Produktionsaufgabe komplett. Für die ge-

Die Schnittstellen haben zuwenig Beachtung gefunden

Die gesamte Prozeßkette, Logistik- und Transportkette, ist zu betrachten

forderte Leistungsmenge werden parallel gleiche, sich ersetzende Kapazitäten installiert (Bild 24). Damit ist der Kommunikations- und Logistikaufwand minimiert, die wertschöpfende Prozeßzeit steigt aber an, weil das Maximum in der Lernkurve nicht erreicht ist.

Aus diesen Überlegungen heraus entstand schon vor mehr als zehn Jahren die Forderung nach ganzheitlicher Betrachtung der Prozeßkette. Unabhängig von einer Vergrößerung des Arbeitsinhaltes im Sinne einer Arbeitsbereicherung aus humanen Gründen gibt es also auch wirtschaftliche Beweggründe zur Realisierung neuer Konzepte, zum Beispiel Gruppenarbeit, das Bilden von Fertigungszellen, mehrfunktionale Werkzeugmaschinen

Vergrößerte Arbeitsinhalte sind oft auch wirtschaftlich interessant

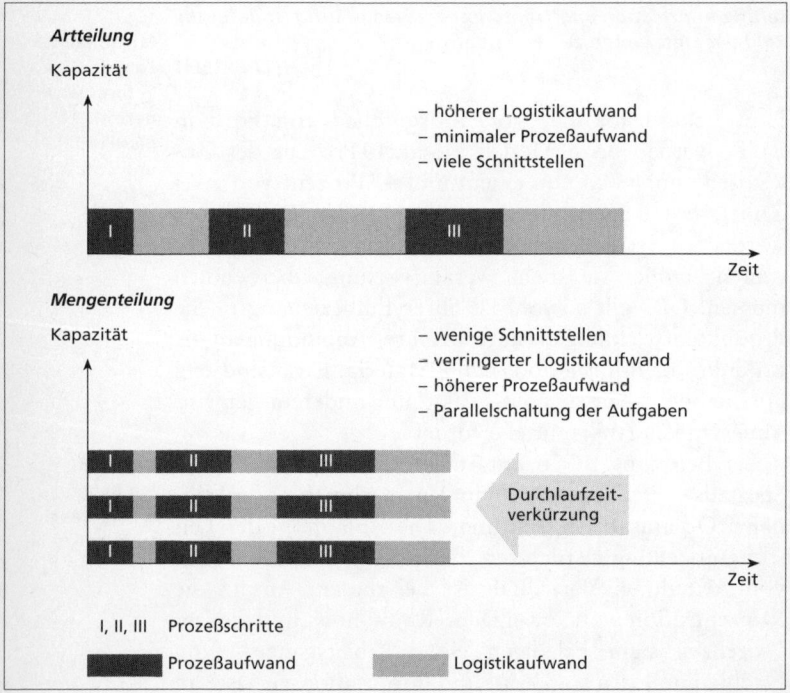

Bild 24: Kurze Durchlaufzeit durch Integration von Arbeitsschritten

zur Komplettbearbeitung oder auch multifunktionale Büroarbeitsplätze.

Wenn auch für eine betriebs- und/oder volkswirtschaftliche Optimierung die monetären Bewertungen bis jetzt fehlen, so ist doch für solche Betrachtungen der Ansatz hilfreich, daß der Gesamtaufwand immer als Summe von Prozeß- und Logistikaufwand zu verstehen ist. Dann ist folgerichtig anzustreben:

Fertigungsphilosophie	
Traditionell	Zukunftsweisend
Arbeitsteilung	
So weitgehend wie möglich	So gering wie möglich
– einfache Arbeit mit möglichst niedriger Lohngruppe	– qualifizierte Arbeit mit möglichst hochqualifizierten Mitarbeitern
– geringer Arbeitsinhalt	– großer Arbeitsinhalt
– viele Schnittstellen	– wenige Schnittstellen
Arbeitsausführung	
– losweise	– bedarfsgerecht
– hintereinander geschaltet	– überlappend
– «Bringschuld»/ auslastungsorientiert	– «Holschuld»/ ablauforientiert
Ausführungszeit	
– minimal je Arbeitsgang	– minimal je Auftrag
– maximale Ausbringung je Minute	– maximale Nutzung je Zeitperiode
Material- und Informationsfluß	
– getrennte Betrachtung	– Integration

Bild 25: Fertigungsphilosophien

$$Proze\beta aufwand + Logistikaufwand \stackrel{!}{=} Minimum$$

Mit herkömmlicher Zuschlagskalkulation kalkulieren wir uns in die Variantenvielfalt hinein

Unternehmensberater Kaoru Ishikawa: Der nächste Bearbeiter ist der Kunde

Würden Sie Ihr eigenes Arbeitsergebnis selbst kaufen?

Nur die Erhöhung der Kundenzufriedenheit zählt

Dabei ist der Logistikaufwand im weitesten Sinne einschließlich Kommunikations- und Steuerungsaufwand zu verstehen.

Dieses Vorgehen ist auch anwendbar bei der Entscheidung zum Bilden von Varianten. Mit herkömmlicher Zuschlagskalkulation kalkulieren wir uns allzuoft in die Vielfalt hinein. Das komplexere Bauteil oder Produkt mit höherer Prozeßzeit kann trotzdem das billigere sein. Ganzheitliches Denken in Abläufen ist also gefordert.

Ein sehr wesentlicher Nachteil der Arbeitsteilung ist der Verlust des Kundenbezugs. Jeder Mitarbeiter denkt und handelt losgelöst vom eigentlichen Unternehmenszweck: über Nutzen für den Kunden einen Mehrwert zu schaffen. Das gilt auch intern von Mitarbeiter zu Mitarbeiter. Dann ist es aber konsequent, wenn sie miteinander kommunizieren, um ständig Forderungen und Möglichkeiten abzustimmen und gemeinsam weiterzuentwickeln. Dies ist letztlich der Hintergrund von «*totaler Qualität*», die im Bewußtsein der Mitarbeiter beginnt.

Warum sind erfolgreiche Unternehmen erfolgreich?

Erfolgsfaktoren werden hier induktiv aus erfolgreichen Fallbeispielen hergeleitet

Die bisher diskutierten Voraussetzungen und Randbedingungen schaffen die Basis, von der aus Produktionsbetriebe operieren; eines jedoch schaffen sie nicht notwendigerweise: den Erfolg. Erfolg ist aber einer der Kernbegriffe des Wirtschaftens überhaupt. Schon seit langem werden Fragen nach der Ursache für den Unternehmenserfolg gestellt – ohne zu einem überzeugenden Ergebnis zu gelangen. In jüngerer Zeit wird auf der Suche nach einer schlüssigen Herleitung von Erfolgsfaktoren verstärkt ein induktiver Weg beschritten: Die Charakteristika erfolgreicher Unternehmen sollen Hinweise auf allgemeine Gestaltungsrichtlinien geben. Der Vorteil dieses Ansatzes liegt in der Praxisnähe seiner Aussagen, die Meßgrößen sind an realen Unternehmen abgegriffen worden und damit nachprüfbar. Gleichwohl sollten wir uns bewußtmachen, daß

• die Auswahlkriterien für den Titel «erfolgreiches Unternehmen» und

• die untersuchten Erfolgsmerkmale

subjektiv entstanden sind, meist aus Beobachtungen bei Beratungsprojekten. Weiterhin gelten sie nur in der jeweilig herrschenden Situation. Deren Änderung beeinflußt auch die Erfolgsfaktoren, zumindest deren Gewichtung. Erfolg in der Vergangenheit gibt keine Garantie für die Zukunft.

Erfolg in der Vergangenheit ist aber kein Garant für die Zukunft

Die bekannteste auf dem induktiven Ansatz beruhende Veröffentlichung stammt zweifelsohne von Peters und Waterman; in ihr wird das Sieben-S-Modell, bestehend aus

• Struktur
• Strategie
• Systeme
• Selbstverständnis
• Spezialkenntnisse
• Stil
• Stammpersonal

herausgearbeitet [Peters 1982]. Verdichtend und vereinfachend lassen sich hieraus acht «Bauernregeln» ableiten:

Auf der Suche nach Spitzenleistungen

• Der Kunde ist König.
• Schuster, bleib bei deinem Leisten.
• Probieren geht über studieren.
• Wir wollen lauter Unternehmer.
• Auf den Mitarbeiter kommt es an.
• Wir meinen, was wir sagen – und tun es auch.
• Kampf der Bürokratie.
• Soviel Führung wie nötig, sowenig Kontrolle wie möglich.

Oder:

Strategischer und operativer Ansatz sind unterschiedlich

- Wir leisten Dienste – strategischer Ansatz.
- Wir erneuern uns ständig – operativer Ansatz.

Der zweite Ansatz ist in kürzeren Zeiträumen – ein bis drei Jahre – umsetzbar und vergrößert vor allem den Abstand zum kritischen Break-even-point, während der erste langwierig ist – er benötigt in der Regel fünf bis zehn Jahre.

Wie wenig sich jedoch ein Unternehmen, das solchen Grundsätzen folgt, sicher sein kann, auf Dauer erfolgreich zu sein, läßt sich an folgendem Beispiel – bei den «Erfolgreichen» aufgeführt – nachvollziehen:

Für die Grundsätze gibt es auch Gegenbeispiele

«Bei IBM hält sich das Management strikt an das Prinzip der dreijährigen Rotation der Stabsmitarbeiter. Stabsstellen werden fast nie mit ‹hauptberuflichen Stabsleuten› besetzt, so gut wie immer nur mit Linienmitarbeitern. Wer im Zuge der Rotation in den zentralen Führungsstab einzieht, weiß, daß er nach drei

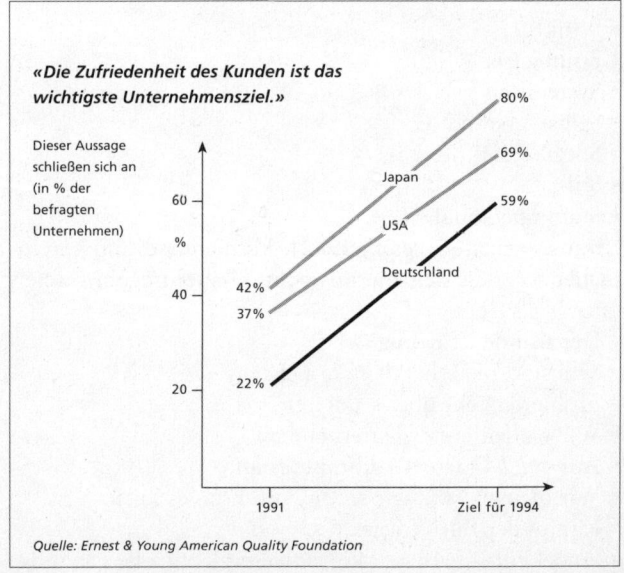

Bild 26: Kundennutzen als Erfolgsfaktor

Jahren wieder in die Linie zurückkehren wird. Das ist eine wirksame Sicherung gegen das Entstehen komplexer Systeme. Wer weiß, daß er nach 36 Monaten wieder auf der anderen Seite stehen wird, baut während seiner kurzen Zeit in einer Stabsstelle keine gewaltige Bürokratie auf.»

PETERS 1982

Stabsstellen werden mit Linienmitarbeitern besetzt

Mitte der achtziger Jahre hat IBM dann einen tiefgreifenden Strukturwandel mit dem Ziel größerer Kundennähe durchgemacht, und in jüngster Zeit ist offenbar weiterer Handlungsbedarf entstanden:

«Ohne Zweifel sei ein Elefant nicht so beweglich wie eine Gazelle, sagte Hans-Olaf Henkel, [damals] Chef der IBM Deutschland GmbH. Der Elefant – damit meint Henkel sein eigenes Unternehmen. Was sich IBM für das Jahr 1992 vorgenommen hat, ist jedoch nicht weniger, als aus einem schwerfälligen Elefanten eine leichtfüßige Gazelle zu machen. Der größte Computerkonzern der Welt, mit Sitz in Armonk im amerikanischen Bundesstaat New York, hat sich neben drastischen Kosten- und Personaleinsparungen – so sollen 1992 wie im vergangenen Jahr 20000 Arbeitsplätze abgebaut werden – radikale Reformen verordnet. Vor allem eine einschneidende Reorganisation soll das ‹hausgemachte Problem› des Unternehmens beseitigen, das Henkel unter anderem als Grund dafür anführt, warum der Computerriese mit stagnierenden Umsätzen, schrumpfenden Gewinnen und erheblichen Marktanteilsverlusten beträchtlich ins Schwanken gekommen ist...»

BLICK DURCH DIE WIRTSCHAFT, 22. Januar 1992

Kann aus einem schwerfälligen Unternehmenselefanten eine leichtfüßige Gazelle gemacht werden?

Die ganze Problematik des induktiven Ansatzes wird deutlich in einer Ex-post-Betrachtung der Unternehmensentwicklung von Firmen, die einmal als besonders erfolgreich galten:

«Nach 48 Jahren rentablen Betriebs beging Caterpillar den Fehler, an seine eigenen Prognosen zu glauben. 1975 war die Denkweise bei Cat: ‹Die Infrastruktur der Welt zerfällt, deshalb werden mehr Brücken, mehr Dämme, mehr Bauten benötigt.› Caterpillar begann daraufhin, zwei Milliarden Dollar in neue Kapazitäten zu investieren. Von der Logik her war das korrekt. Aber die Welt sagte: ‹Laßt die Infrastruktur zerfallen, wir haben nicht das Geld.› Der Markt für schwere Baumaschinen ging um 30 Prozent zurück...»

KAMI 1990

Schwierig: nach hinten schauen, nach vorn marschieren

Die speziellen Verhältnisse bei Großunternehmen des deutschen Maschinenbaus hat McKinsey in Zusammenarbeit mit Professor H. Schulz, TH Darmstadt, unter die **Eine Studie im** Lupe genommen [Schulz 1991]. Die grundsätzlichen Er-**Maschinenbau** kenntnisse aus dieser Studie können dahingehend zusam-**identifiziert** mengefaßt werden, daß es kein Patentrezept für den Un-**«Stellhebel»** **zum Erfolg** ternehmenserfolg gibt. Vielmehr sind verschiedene Strategien identifizierbar, die in unterschiedlicher Weise als «Stellhebel» zum Erfolg bezeichnet werden:

Komplexität • Die Komplexität des Sortiments ist eher gering. Kon-**reduzieren** zentration auf wenige Produkte und die wichtigen Kunden führt zu einfachen – heute würde man sagen «schlanken» – Systemen.

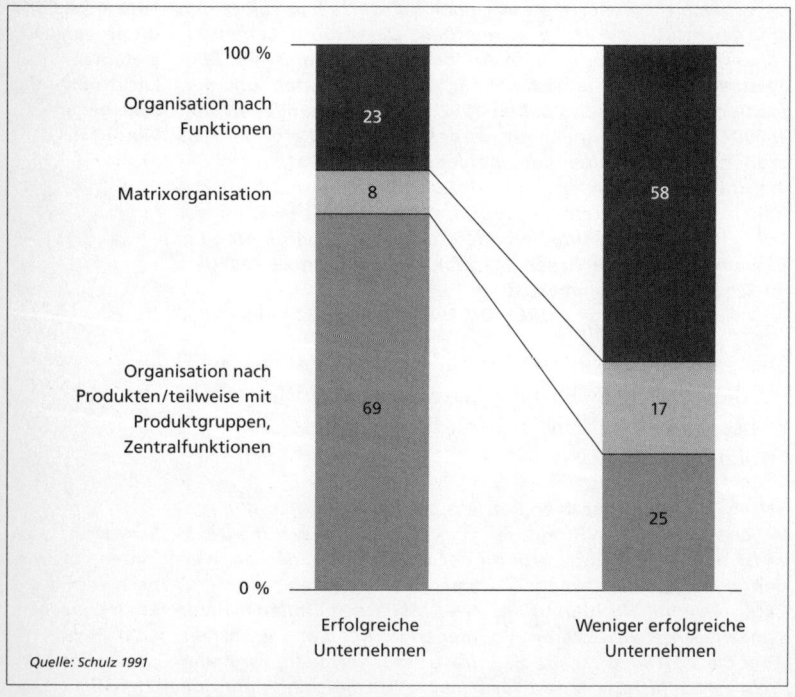

Quelle: Schulz 1991

Bild 27: Erfolgspotential verschiedener Organisationsformen (Ergebnisse einer Studie)

• Durch Konzentration auf operative Stärken verringert sich die Fertigungstiefe. Gleichzeitig werden die Beziehungen zu den Lieferanten intensiviert.

Konzentration auf eigene Stärken

• Standort und Logistik orientieren sich an Produkt und Markt.

Produkte und Prozesse orientieren sich an den Marktbedürfnissen

• Die Produktentwicklung ist auf die schnelle Umsetzung kleiner Innovationsschritte ausgerichtet, wobei intensiver Gedankenaustausch mit dem Kunden gepflegt wird.

• Der Einsatz von Computertechnologien trägt wesentlich zur Verringerung der Herstellkosten und Durchlaufzeiten sowie zur Verbesserung der Qualität bei.

• Die Organisation schließlich besticht durch einfache, dezentrale Strukturen bei hohem Ausbildungsniveau in allen Bereichen. Zentralfunktionen werden teilweise den Produktgruppen zugeordnet.

Einfache, dezentrale Strukturen schaffen

Zum Erfolg scheint auch ein äußeres Feindbild wesentlich beizutragen. Die inneren Kräfte werden dann nicht bei internen Querelen verbraucht. Jedem Mitarbeiter müssen also die Konkurrenzsituation und die sich daraus ergebenden Ziele und Maßnahmen bewußt sein.

Ein äußeres Feindbild ist wichtig

Wir erleben immer wieder, daß erfolgreiche Unternehmen bei einer Änderung der äußeren Situation sehr schnell ihre Position einbüßen. Dies als Warnung an all diejenigen, die nach griffigen Methoden mit Erfolgsgarantie suchen, und als Bestätigung für all jene, die schon immer spürten, daß die Realität doch sehr viel komplexer ist: Man kann den Erfolg zwar messen, aber die Ursachen entziehen sich als Zusammenwirken vieler nichtlinearer Faktoren letztlich dem Verständnis und einfachen, griffigen Managementregeln.

Die Ursachen für Erfolg sind vielfältig

Die Antworten aus solchen Studien sollten deshalb nicht als Richtschnur, sondern vielmehr als Bausteine bei der Suche nach Antworten auf die Frage nach dem Unternehmenserfolg genutzt werden. Zwar läßt sich in vielen konkreten Fällen eine Zuordnung zu grundlegenden Strategien herstellen, zum Beispiel in bezug auf die Wett-

Es gibt nur Richtlinien, keine griffige Methode

bewerbssituation (Bild 28). Dabei wird aber letztlich auch nur in die Vergangenheit geschaut.

Ein Fallbeispiel: Fisons in Großbritannien

Ein positives Beispiel ist das Unternehmen Fisons in Großbritannien. Es war bekannt und groß geworden als Hersteller von Dünger. Daraus hatten sich auch Aktivitäten auf dem Gebiet von Meßinstrumenten sowie von pharmazeutischen Produkten ergeben. Als die Erträge zurückgingen, ließ man eine Studie anfertigen, um Strategien für die Zukunft zu entwickeln. Das angesehene Beratungsunternehmen kam zu dem Ergebnis, man

Grundsatz: Konzentration auf das Kerngeschäft; aber hat das Kerngeschäft noch eine Zukunft?

sollte sich wieder auf das Kerngeschäft ‹Dünger› konzentrieren. Der Auftraggeber sagte: «Die Studie ist sehr gut, aber der Schluß gefällt mir nicht.» Man verkaufte zu einem noch guten Preis das Kerngeschäft und erwarb mit den Finanzmitteln weltweit kleinere Unternehmen mit innovativer Kapazität auf dem Gebiet wissenschaftlicher Meßgeräte für die Analytik. Heute beschäftigt Fisons Instruments etwa 3500 Mitarbeiter, der Umsatz beträgt 900 Millionen DM. Die Philosophie aber lautet wei-

Schnelle Innovation durch kleine autonome Produktionseinheiten

terhin: «Small is beautiful». Man unterhält eine relativ große Zahl kleiner, autonomer Produktionseinheiten mit einem Team von Managern, Entwicklern und Produktionsfachleuten. Das ist der Grund für ständig neue, herausragende und innovative Produkte, mit denen man schnell auf den Kundenbedarf reagiert.

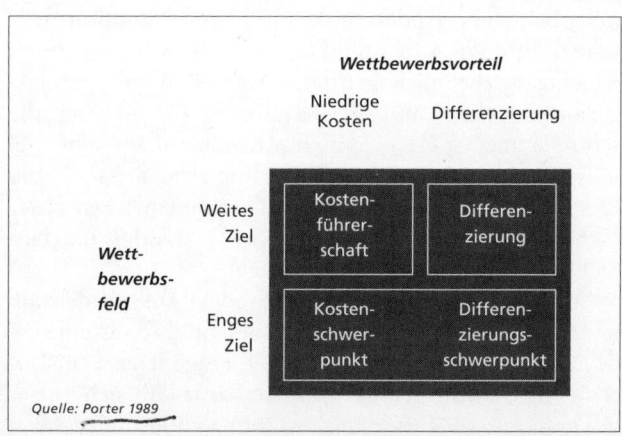

Bild 28: Wettbewerbsstrategien

Die immer wieder gestellte Frage nach der Umsetzung und Integration solcher Erkenntnisse in eine Vision führte weltweit zur Entwicklung neuer Gestaltungsansätze.

Skizzierte Lösungsansätze aus den USA und Japan

Überall auf der Welt zerbrechen sich die Experten die Köpfe auf der Suche nach *dem* Erfolgskonzept für Unternehmen. Auf diese Weise entstand eine Vielzahl visionärer oder praxisnaher Lösungsansätze. Es kann nun nicht Sinn und Zweck unserer Betrachtung sein, ein Sammelsurium angedachter Möglichkeiten zusammenzutragen, weshalb wir uns auf wenige, besonders prägnante Ansätze beschränken wollen – und selbst diese können nur skizzenhaft umrissen werden. Das Augenmerk richtet sich – natürlich, wird mancher Leser sagen – auf die vermeintlichen Hauptkonkurrenten auf den Weltmärkten, die USA und Japan. Dies hat auch insofern eine Berechtigung, als in den genannten Ländern, nicht anders als bei uns, mit einiger Intensität in den betroffenen Bereichen geforscht wird. Ohne in die Epoche der Pilgerfahrten nach Übersee oder Fernost zurückfallen zu wollen: ein Blick über den Tellerrand kann nicht schaden.

Weltweite Suche nach Visionen

Die amerikanische Industrie hat den Weltmarkt seit jeher anders betrachtet als beispielsweise die Europäer. Verständlich wird dies unter Berücksichtigung des großen Binnenmarktes, dem Probleme wie Normung, Zölle sowie rechtliche und politische Unsicherheit weitgehend fremd waren und sind. Die Tendenz, sich in schwierigen Zeiten auf diesen Markt zu konzentrieren, ist weiterhin erkennbar. Auf Regierungsebene getroffene Vereinbarungen über den Außenhandel mit Japan unterstreichen nach wie vor dieses Bild.

Die amerikanische Industrie konzentriert sich auf ihren Heimatmarkt

Gleichwohl mehren sich inzwischen die vor einer verhängnisvollen Entwicklung warnenden Stimmen. John

Young, Präsident von Hewlett Packard, führt selbstkritisch fünf Mythen an, die den Amerikanern bis in unsere Tage das Gefühl technischer Führerschaft vermitteln [*Manufacturing Engineering* 1992]:

Viele Amerikaner hängen immer noch dem Mythos technischer Führerschaft nach

Mythos 1: Die eingebüßte Führungsposition in einigen älteren Industriezweigen sieht man aufgewogen durch eine Spitzenposition in aufstrebenden, know-how-intensiven Branchen.

Dieses Gleichgewicht hat sich jedoch seit Mitte der achtziger Jahre zuungunsten der Amerikaner verschoben. Zu belegen ist diese Entwicklung durch das seit 1986 anhaltende Handelsbilanzdefizit im Hochtechnologiebereich.

Mythos 2: Der beschriebene Trend wird auf die Konzentration auf Spitzentechnologie im jeweiligen Anwendungsfeld zurückgeführt. Der Volumenmarkt der Konsumelektronik beispielsweise bleibt dem Wettbewerber überlassen.

Diese Einschätzung ist kaum noch aufrechtzuerhalten. Gerade Schlüsseltechnologien wie die Herstellung von integrierten Schaltkreisen und optischen Speichern werden nicht mehr von amerikanischen Anbietern dominiert.

Die fünf Mythen amerikanischer Selbsteinschätzung im industriellen Bereich

Mythos 3: Gerade fernöstlichen Wettbewerbern wird nachgesagt, sie kopierten lediglich technische Lösungen und betätigten sich damit als technologische «Trittbrettfahrer».

Dies war sicherlich lange Zeit der Fall, gehört aber eindeutig der Vergangenheit an. Inzwischen entfallen 48 Prozent der in den Vereinigten Staaten erteilten Patente auf ausländische Erfinder.

Mythos 4: Die Statistik der Vergabe von Nobelpreisen spricht nach wie vor für die Spitzenstellung der amerikanischen Grundlagenforschung.

Falsche Selbsteinschätzung kann verheerende Folgen haben

Allerdings wird der Umsetzung in marktfähige Produkte nur wenig Aufmerksamkeit geschenkt.

Mythos 5: Die Reaktion auf den «Sputnik-Schock» im Jahre 1957, das zum Erfolg geführte Raumfahrtprogramm in den sechziger Jahren, beweise die Fähigkeit, einer offenen Herausforderung energisch unter Aufbietung aller Kräfte zu begegnen.

Eine solche Konfrontation wird allerdings vom japanischen Wettbewerber geschickt vermieden: Vorsichtiges partielles Zurückweichen (zum Beispiel in der Frage der japanischen Fahrzeugexporte) geht einher mit gezielten Attacken in weniger publikumswirksamen, aber ebenso bedeutsamen Bereichen: den Verdrängungswettbewerb auf dem Markt für Halbleiterspeicher haben die Japaner fast lautlos gewonnen. Abgesehen von einem erforderlichen Bewußtseinswandel in den angesprochenen Bereichen hat eine Expertenrunde amerikanischer Führungskräfte die charakteristischen Merkmale des in der Zukunft erfolgreichen Unternehmens zusammengetragen. Sie propagieren das «agile Unternehmen». Seine drei wesentlichen Merkmale sind: ständiger Wandel, schnelle Reaktion und erweiterter Qualitätsbegriff.

Das «agile Unternehmen» wird propagiert

Ständiger Wandel:

Ein Wettbewerbsvorsprung wird nicht mehr in Jahren und Monaten, sondern in Wochen gemessen. Damit kommt das gesamte Produktionssystem nicht mehr in einen stabilen Zustand, sondern unterliegt einer ständigen Anpassung an veränderliche Rahmenbedingungen. Produktionsmanagement wird somit zum Management des Wandels. Hierarchisch gegliederte, über viele Jahre stabile Organisationsstrukturen sind kaum in der Lage, diesen Wandel zu vollziehen. Die fortlaufende Erneuerung des Unternehmens erfordert nach Meinung der Experten fünf Basiselemente:

Gewachsene hierarchische Organisationen neigen zur Trägheit

- eine langfristige Vision,
- Pfade auf dem Weg dorthin,
- Vergleich zwischen benötigten und vorhandenen Ressourcen,
- einen strategischen Plan zu ihrer Entwicklung,
- ein durchgreifendes Programm zur Weiterbildung der Mitarbeiter.

Schnelle Reaktion:

Durch Rechner-integration soll weiterhin die Reaktionsfähig-keit verbessert werden

Maximale Reaktionsfähigkeit ist nur möglich durch intensive Kooperation, sowohl inner- als auch außerhalb des Unternehmens. Ohne weitgehendes Vertrauen in die Fähigkeiten und Zuverlässigkeit des Partners kann sich eine solche Zusammenarbeit aber nicht entfalten. Informationsmonopole kann und darf es nicht mehr geben, womit auch Fragen der Unternehmenskultur angesprochen werden. Ed Miller, der Präsident des National Center for Manufacturing Sciences, entwickelt die Vision eines weltumspannenden Kommunikationsnetzes. Dieses Netzwerk eröffnet die Möglichkeit, ein Produkt ohne Zeitverzug an beliebigem Ort in beliebiger Ausführung herzustellen. Damit wird der Gedanke einer rechnerintegrierten Fertigung auf eine globale Ebene übertragen. Acht solcherart vernetzte Fertigungsstützpunkte arbeiten pilotartig in den USA.

vgl. Peters ⊙

Erweiterter Qualitätsbegriff:

Qualität hört nicht beim Produkt auf

Die Qualität eines Produkts erschöpft sich nicht in dessen Fehlerfreiheit. Das Produkt ist nur der materielle Hintergrund einer Kunden-Lieferanten-Beziehung. Alle Aspekte dieser Beziehung müssen in Zukunft einem erweiterten Qualitätsbegriff gerecht werden. Amerikanische Verbraucher sind immer weniger bereit, Qualitätsmängel gegen Preisvorteile aufzurechnen. Eine Entwicklung also, die sich hierzulande schon vor Jahren vollzogen hat.

Als wesentliche Randbedingungen für diese drei Erfolgsfaktoren werden Fragen der Menschenführung und des politischen Rahmens identifiziert:

Menschenführung:

«Hire-and-Fire» nützt niemandem, am wenigsten dem Unternehmen

In diesem Aspekt sehen die Experten ihr Vorbild in Fernost. Die Schaffung eines motivierenden Arbeitsumfeldes, langfristige Arbeitsverhältnisse, Mitwirkungs- und Entscheidungsmöglichkeiten auf allen Ebenen und Abschaffung des Korsetts aus Regeln und Anweisungen führen zu einer leistungsorientierten «Wir»-Mentalität.

Eine Befragung von dreihundert Firmen im Mittleren Westen kam zu einem eindeutigen Ergebnis: Fast alle Zielgrößen wie Marktanteile oder Produktqualität können am besten durch Strategien erreicht werden, die auf das Sozialsystem wirken. Technik und Technologie spielten eine bedeutend geringere Rolle.

Rolle der Regierung:
Die amerikanischen Experten konstatieren eine unzureichende Unterstützung des verarbeitenden Gewerbes durch eine nur kurzfristig denkende und handelnde Regierung. Dies äußert sich durch Defizite in der Forschungspolitik, in Versäumnissen bei der Schaffung einer modernen Infrastruktur, schlechten Bedingungen auf dem Kapitalmarkt, insbesondere aber einer langjährigen Vernachlässigung des Erziehungssystems. Gerade der letztgenannte Aspekt ist bekanntlich ein wunder Punkt des Gesellschaftsgefüges in den Vereinigten Staaten. Es bleibt anzumerken, daß in den USA die Rolle des Staates im Wirtschaftsleben traditionell sehr kontrovers diskutiert wird und auch gegenteilige Wortmeldungen vorliegen.

Die Rolle der amerikanischen Regierung wird kritisch betrachtet

Peter F. Drucker sieht in der «postmodernen Fabrik» des Jahres 1999 vier Grundprinzipien verwirklicht [Drucker 1991]:
• statistische Qualitätskontrolle,
• neue Fertigungskostenrechnung,
• «Flottillen»-Organisation,
• systemhafte Konfiguration.

Drucker: vier Grundprinzipien für die «postmoderne Fabrik»

In der ursprünglichen Bedeutung zielt die – zuerst in den USA entwickelte, dort aber lange Zeit wenig beachtete – statistische Qualitätskontrolle auf den Fertigungs*prozeß*. Die Qualität der Leistungserstellung muß jedoch weit über die Regelung von Prozeßgrößen hinausgehen. Wiederum kommt den Humanfaktoren eine besondere Bedeutung zu. Durch Konzentration auf die wertschöpfenden und somit entscheidenden Prozesse wird die *totale*

Das Ziel: totale Qualität

Qualität bei geringstem Ressourceneinsatz erreicht. Drucker sieht damit die zwei Denkweisen «Wissenschaftliche Betriebsführung» und «Humankapital» miteinander in Einklang gebracht.

Die auf direkten Arbeitskosten basierenden Kalkulationssysteme werden fragwürdig, wenn diese Kosten nur noch einen kleinen Anteil an den Gesamtkosten ausmachen. In vielen Fällen liegen sie bei unter 20 Prozent, dienen aber nach wie vor als Verrechnungsbasis für weit darüber hinausgehende, aber nicht korrekt zuzuordnende Kosten. Investitionsentscheidungen fallen meist unter ausschließlicher Berücksichtigung direkt ermittelbarer Größen. Die herkömmliche Kostenrechnung bezieht ihre Kennzahlen auf die produzierten Gutteile und verschleiert so die Auswirkungen von Stillstandszeiten und Ausschuß. Des weiteren berücksichtigen Kostenrechnungssysteme nicht die Fragestellungen einer kundenorientierten Produktion, zum Beispiel der Akzeptanz von standardisierten Produkten. Überspitzt formuliert:

Reale Kostenrechnung deckt Fehlentwicklungen auf

Stillstand und Ausschuß werden verschleiert

«Mit herkömmlicher Kostenrechnung läßt sich kaum eine Produktverbesserung begründen, geschweige denn eine Innovation.» DRUCKER 1991

Als Kalkulationsgrundlage für ein neues Kostenrechnungsmodell wird die *Zeit* vorgeschlagen. Der Verbrauch von Zeit, sei es für die Produktion von Waren (oder auch Ausschuß), sei es für die Lagerung von Teilen, wird mit einer feststehenden Kostengröße verknüpft. In diesem System sind also alle Handlungen darauf gerichtet, den Zeitverbrauch zu minimieren.

«Zeit» kann die wesentliche Bezugsgröße für Entscheidungen sein

Noch nicht gelöst sieht Drucker das Problem der Bewertung nicht quantifizierbarer Größen, wie etwa die Auswirkungen einer Automatisierung auf den Marktanteil. Auch wenn es nicht gelingen sollte, diese Beziehungen in zukünftige Kostenrechnungssysteme zu integrieren, bleiben sie doch eine wichtige Entscheidungsgrundlage für den Unternehmer.

Die Fabrik darf kein «Schlachtschiff» sein

Drucker vergleicht heutige Fabriken mit einem

schwerfälligen «Schlachtschiff», das sich in widriger
Umgebung bewegt. Die postmoderne Fabrik hingegen
ähnelt eher einer «Flottille». Die Elemente dieser Flottille ergänzen einander, bewegen sich jedoch in die gleiche Richtung. Übertragen auf den Fertigungsbetrieb
könnte ein Element eine Stufe des Fertigungsprozesses
umfassen.

«Jede Einheit wird, wie die Einheit einer Schiffsflotte, manö- **Modulare**
vrierfähig sein, sowohl im Hinblick auf seine Position im Ge- **Organisation –**
samtgeschehen als auch gegenüber anderen Modulen.» **wie eine**
Flottille

Eine solche modulare Organisation ist nicht nur operativ
beweglicher, sondern kann auch ihre Struktur sehr
schnell an gewandelte Anforderungen anpassen. Auch
für den Informationsfluß entwickelt Drucker eine inter-
essante Vision, auf die wir später noch Bezug nehmen
werden:

«In der Fabrik von 1999 wird in den Abteilungen darüber nach-
gedacht, welche Informationen man wem schuldet und welche
Informationen man selbst von anderen braucht. Daher müssen
die Informationsströme zu einem erheblichen Teil horizontal **Die Fabrik als**
fließen, über die Abteilungsgrenzen hinweg statt nach oben: **Informations-**
Die Fabrik von 1999 ist ein Informationsnetzwerk, in dem alle **netzwerk mit**
Manager den Gesamtprozeß kennen und verstehen müssen; **horizontaler**
wie die Mitglieder eines einzigen Teams müssen sie Bescheid **Kommunikation**
wissen und handeln und sich dabei an der Leistung des Be- **zwischen Modu-**
triebs orientieren. Vor allem haben sie sich zu fragen: Was **len**
müssen die Leiter der anderen Module über die Eigenheiten,
Kapazität, Pläne und Arbeitsweise meiner Einheit wissen? Und
umgekehrt, welche Informationen brauchen wir eigentlich von
den anderen?»

In einer kundenorientierten Produktion ist die Fertigung
nur ein Bestandteil im Prozeß der Leistungserstellung. In **Produktion wird**
herkömmlicher Betrachtungsweise wird sie oft überbe- **gegenüber**
wertet, andere Bereiche wie der Service kommen dabei **Service über-**
zu kurz. Wenn Caterpillar jedes Ersatzteil an jeden Ort **bewertet**
der Welt liefern kann, hat dies erhebliche Konsequenzen
für den gesamten Betrieb. Dieser kann somit nur noch als
System betrachtet werden, der insgesamt zu koordinie-

ren und zu lenken ist. Auf der anderen Seite kann eine bewußte Marketingentscheidung auch Gegenteiliges zur Folge haben: Für das Acura-Modell von Honda ist in den USA beispielsweise ein eigenständiges Vertriebsnetz aufgebaut worden.

Überregionale Informations- und Fertigungsverbunde sind aufzubauen

Zusammenfassend bleibt festzuhalten, daß aus US-Sicht neben dem Abbau «hausgemachter» Probleme der Aufbau überregionaler Informations- und Fertigungsverbunde betrieben werden soll. Anpassungsfähigkeit, umfassende Qualität, insbesondere aber die Einbeziehung des Mitarbeiters auf allen Ebenen stellen Elemente zukünftiger Fertigungsstrukturen dar. Des weiteren wird die Unzulänglichkeit bisheriger Bewertungsgrößen hervorgehoben und ein neues Konzept für das Zusammenwirken aller Unternehmensbereiche gefordert.

In Japan ist man mit «Lean production» nicht am Ende

Auch in Japan wird mehr und mehr die Notwendigkeit erkannt, mit wirklich neuen Ansätzen die Wettbewerbsfähigkeit langfristig zu sichern [Engel 1990]. Dies ist um so erstaunlicher, als man in vielen Teilen der westlichen Welt der vermeintlichen Vision der *Lean production* nachzueifern versucht. Allein die Tatsache, daß man in Japan offenkundig nicht mit diesem Stand der Technik zufrieden ist, sollte die Verfechter einer Nachahmungsstrategie nachdenklich stimmen.

Automatisierung kann jeder kaufen

Bei alleiniger Konzentration auf rechnerunterstützte und automatisierte Wertschöpfungsprozesse kann eine Fabrik «exportiert» werden und müßte, einem Zigeuner gleich, nacheinander mehrere Länder durchstreifen. In Fernost also zum Beispiel Korea, Malaysia usw.

Bei hoher Dynamik zeigen rechnergeführte Systeme Schwächen

Ironischerweise hat sich die Vision einer «CIM-Fabrik» selbst ins Abseits manövriert: Durch die steigende Bedeutung des Produktionsfaktors Zeit wandelt sich die Fertigung zunehmend von einem statischen zu einem dynamischen System. In einer solchen Umgebung zeigen rechnergeführte Systeme aber immer mehr Schwächen. Nach Norio Okino (Universität Kyoto) lassen sich folgende Schwachpunkte und Fehleinschätzungen identifizieren:

- übertriebenes Vertrauen in die Fähigkeiten von Rechnern,
- übertriebener Glaube an mathematische Optimierungsverfahren,
- mangelnde Prognosesicherheit,
- Vorgänge in der Produktion werden nicht hinreichend genau abgebildet,
- automatisierte Abläufe nutzen die menschlichen Talente nicht hinreichend genau aus.

Als größter Engpaß wird eine zentralisierte Planung und Steuerung angesehen.

Ausgehend vom Vorbild – biologischen Organismen – entwirft eine japanische Expertenrunde die Vision eines «bionischen Produktionssystems» («Bionic Manufacturing System»), in dem drei grundlegende Charakteristika des natürlichen Vorbildes verwirklicht werden:

Japan: Das bionische Produktionssystem

- Spontanität,
- Beweglichkeit,
- Harmonie.

Besonders nachahmenswert erscheinen den Verfechtern des bionischen Ansatzes vier Eigenschaften biologischer Organismen:
- die Integration funktionaler Elemente und Hierarchie,
- die Informationsanordnung auf der DNS *,
- der Gebrauch natürlicher Intelligenz,
- die dynamische Struktur und soziale Harmonie.

Insbesondere der Gesichtspunkt eines DNS-basierten Informationssystems nimmt in den Verlautbarungen zum bionischen Produktionssystem breiten Raum ein. Die zentrale Frage lautet hier, wieviel und welche Information grundsätzlich im Fertigungssystem zu halten ist. Diese Information wird «vererbt», das heißt in verschlüsselter Form übertragen. Auf diese Weise soll sichergestellt werden, daß die grundsätzlich für die Produktion notwendige Intelligenz ständig verfügbar bleibt. Alle nicht-DNS-basierten Informationen dagegen sind

Information, ihre Speicherung und Verarbeitung bestimmen das System

* Desoxyribonukleinsäure, Träger der Erbinformationen.

Gegenstand intuitiver Intelligenz und demgemäß in einem weiteren, anders gearteten Informationssystem zu halten. Dieses soll Analogien zum Gehirn aufweisen.

Organisationen sind Organismen, die in Netzstrukturen agieren

Der Ansatz geht so weit, daß auf eine zentrale Planung und Administration gänzlich verzichtet wird. Das verbindende Element zwischen den autonomen Einheiten bildet ausschließlich ein umfassendes Informationssystem, mit dem alle Informationen flächendeckend verfügbar gemacht werden. Der Dialog verläuft in Form einer Anfrage, auf welche jedes andere Element spontan

Simulation und realer Betrieb müssen zusammenpassen

reagieren kann. Eine solche Struktur kann zwei Zustände annehmen: Simulation und realer Betrieb. Damit eröffnet sich die Möglichkeit, die (schwer voraussehbaren) Folgen einzelner Entscheidungen auszutesten.

Neuronale Netze und Fuzzy-Logik erscheinen aufgrund ihrer Nähe zu biologischen Vorbildern als geeignete Instrumente für die informationstechnische Verknüpfung. Darüber hinaus werden hierarchische Objektklassen («Modelons») definiert, mit denen eine Strukturierung der bionischen Fabrik möglich wird. Die

Auch die bionische Fabrik soll noch eine Hierarchie haben

damit verbundene strenge Hierarchie wird gerade deshalb favorisiert, weil sie dem japanischen Gesellschaftsmodell entspricht. Kritisch merken die Urheber an, daß damit auch die Kommunikation wieder an eine Hierarchie gebunden wird; eine Struktur, die ja gerade überwunden werden soll.

Weiterhin ist an dieser Stelle die Frage berechtigt, ob eine Fabrik ohne zentrale Lenkung sich nicht schnell in

Die Redundanz identischer Funktionen muß konsequent akzeptiert werden

ein Konglomerat von Elementen verwandelt, die Einzelinteressen verfolgen und sich somit auseinanderentwickeln. Jegliche Rationalisierungsmöglichkeit durch Zusammenfassung identischer Funktionen kann nicht ausgenutzt werden. Yusaku Shibata, der Chef eines privaten Forschungsinstitutes, fordert explizit die totale Dezentralisierung jeglicher Planungsaktivitäten.

Im Jahre 1990 wurde vom MITI ein Programm, «*Intelligent Manufacturing Systems*» (*IMS*), gestartet, mit dem eine Reihe von Defiziten industrieller Produktion aufgearbeitet werden soll. Angestrebt wird eine weltweite Zusammenarbeit, namentlich mit den Vereinigten Staaten, der Europäischen Union, den EFTA-Ländern, Kanada und Australien. Nach einer Machbarkeitsstudie (1993) ist eine langfristige Forschungskooperation in Vorbereitung. Durch einen gesteuerten Wissenstransfer, Entwicklung neuer Fertigungstechnologien sowie deren Systematisierung und Standardisierung sollen die Grundlagen für «intelligente Produktionssysteme» des 21. Jahrhunderts geschaffen werden. Das MITI definiert ein *intelligentes Fertigungssystem* als

Das MITI hat eine Initiative – IMS – zur internationalen Forschungskooperation entwickelt

«ein System zur Verbesserung der Produktivität durch
– Systematisierung aller an der Produktion beteiligten abstrakten Elemente,
– flexible Integration des gesamten Umfanges der unternehmensweiten Aktivitäten (vom Auftragseingang über Entwicklung, Fertigung bis zum Vertrieb), welche dadurch gekennzeichnet ist, ein optimales Zusammenspiel zwischen Mensch und intelligenten Maschinen zu fördern».

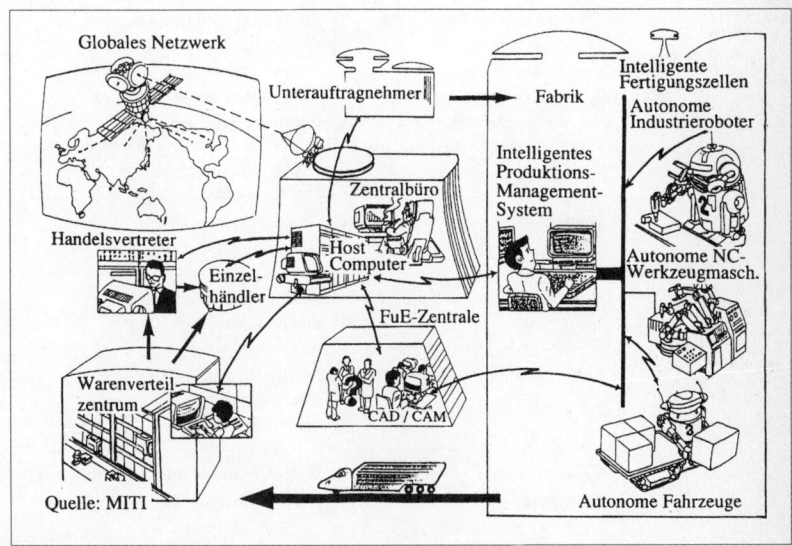

Bild 29: Japanische Vision von einem intelligenten Fertigungssystem

Das Programm beschränkt sich nach den Plänen seiner Schöpfer bewußt auf die genannten Industrieregionen und hat somit auch eine ordnungspolitische Dimension, weil Schwellenländer nicht partizipieren. Des weiteren wird unterstellt, daß die Partner unterschiedliche industrielle Schwerpunkte haben oder entwickeln und Wettbewerbskonflikte durch entsprechende Konfiguration der zusammenarbeitenden Konsortien sowie der Arbeitsthemen und Ziele beherrscht werden können. Die Elemente eines «intelligenten Fertigungssystems» sind aus japanischer Sicht

- universell einsetzbar,
- selbstlernend und anpassungsfähig,
- informationstechnisch durchdrungen, bei offenen Schnittstellen,
- erweiterungsfähig.

Clean Manufacturing in the Process Industries	Technologische und ökonomische Grundlagen für nachhaltiges Wirtschaften in der verfahrenstechnischen Industrie
Global Concurrent Engineering	Produktentwicklung in weltumspannenden Netzwerken
Globeman 21	Globales Netzwerk von Produktionssystemen
Holonic Manufacturing Systems	Autonome, adaptionsfähige Produktionseinrichtungen
Rapid Product Development	Methoden und Verfahren zur Beschleunigung von Produktentwicklungsprozessen
Systematization of Functional Knowledge	Wissensmanagement für Produktentwicklung und Produktion

Bild 30: Systemdesign und Konfigurationsmethoden im IMS-Projekt

Im Vergleich zur Konzeption der «bionischen Fertigung» fällt die starke Technikorientierung des Programms auf. Auch im Fernen Osten wird die Strategiedebatte also kontrovers geführt. Interessant ist die Vision, ein quasi «ultimatives» Produktionssystem für das 21. Jahrhundert zu entwickeln. An dessen Existenz beziehungsweise Realisierbarkeit sind Zweifel angebracht.

In Japan exi-- stiert die Vision eines letztgülti- gen Produk- tionssystems im 21. Jahrhundert

Die Resonanz in der westlichen Welt, insbesondere deren Industrie, ist eher verhalten, nicht zuletzt aufgrund der Befürchtung, daß der Informationsfluß einseitig erfolgt. Ob dieses Phalanxdenken allerdings noch zeitgemäß und durchzuhalten ist, erscheint eher zweifelhaft. Letztlich ist das Wissen um Denk- und Vorgehensweisen anderer Länder überlebenswichtig. Daraus sind dann aber kreativ eigene Schlüsse zu ziehen und Maßnahmen konsequent umzusetzen. Weiterhin gibt es Problemstellungen – denken wir an umweltschonende, rohstoff- und energiesparende Produktion –, die in globaler Zusammenarbeit entwickelt und durchgesetzt werden

Kreatives Umsetzen ist erfolgreicher als Mißtrauen

Zentrale Herausforderungen
– Globalisierung
– Dynamische Märkte
– Kundenorientierung
– Ressourcenschonung
– Gesellschaftliche Rahmenbedingungen, soziale Bedürfnisse
– Neue Technologien und Produktionsparadigmen

Projektinhalte
– Strategiefindung und Umsetzung
– Gestaltung von Produkten und Produktionssystemen
– Organisationsgestaltung
– Wirtschaften in Kreisläufen
– Humanfaktoren
– Fertigungstechnologien

Bild 31: Systemkomponenten und Prozeßtechnologie im IMS-Projekt

könnten. Nur so – und dies wird in der japanischen Initiative betont – sei es überhaupt möglich, den im weltweiten Durchschnitt niedrigen Lebensstandard anzuhe-
ben.

Kulturfolgen sind schwerwiegender als Technikfolgen

Bevor wir zum eigentlichen Gegenstand unserer Überlegungen – einem neuen Paradigma zugehörig – überge-
hen, sollten wir einen Blick auf die möglichen Folgen
eines derart radikalen Wandels werfen. Philosophie-,
Ideologie- und Soziologiefolgen, hier zusammenfassend
als Kulturfolgen bezeichnet, wiegen in der Gesamtschau
weit schwerer und wirken, wie die Geschichte lehrt,
durchgreifender als die Folgen von Naturwissenschaft
und Technik.

Es geht letztendlich darum, die technische und soziale
Welt interdisziplinär zu integrieren – oder besser: zu
reintegrieren, denn das Auseinanderdriften der «zwei
Kulturen» ist Kennzeichen der modernen technisch-wis-
senschaftlichen Zivilisation unserer Tage. Es geht um die
Wiedervereinigung der beiden Welten Kultur/Kunst und
Naturwissenschaft/Technik. Ihre Trennung in Wissenschaft und praktischem Leben, in Aus- und Weiterbildung ist eine Katastrophe.

Sehr einseitig ist die Haltung, Technikfolgenabschät-
zung zu fordern und zu institutionalisieren, gleichzeitig
aber Kulturfolgen als nicht existent anzusehen. Beides
steht in enger Wechselbeziehung! Der Ingenieur wird
mehr ethisch bestimmt ausgebildet werden und handeln,
wenn sich umgekehrt auch die geistige Welt mit der Bedeutung technischen Handelns qualifiziert auseinander-
setzt und damit ein qualifizierter Gesprächspartner sein
kann. Dann ist auch bereits in der Ausbildung eine Kommunikation zwischen den beiden Welten möglich. Die
gegenwärtig verstärkte Forderung nach nichttechnischen

Marginalien:

Die zwei getrennten Welten von Kultur und Technik werden für uns zu einer Katastrophe

Der Ingenieur braucht nicht den «Kontrolleur», sondern den Gesprächspartner, bereits in der Ausbildung

Nichttechnische Fächer dürfen nicht einfach «addiert» werden

Fächern in der Ingenieurausbildung darf nicht einfach additiv, sondern muß integrativ sein.

Die alten Kulturen in Ägypten und Griechenland haben große wissenschaftliche und technische Leistungen hervorgebracht. Im Römischen Reich und christlichen Abendland setzte sich diese Tradition zunächst nicht fort. Viele Beispiele von Unterdrückung wissenschaftlicher Erkenntnisse sind aus dieser Zeit bekannt. Im Mittelalter scheint China in der Wissenschaft führend gewesen zu sein. Wegen der unterschiedlichen Kultur und Denkweise war aber eine Übertragung schwer möglich, leichter war es bei rein technischen Lösungen. Wenn es sicher auch parallele Erfindungen gab, so ist doch eine erhebliche Wanderung zugunsten Chinas als Erfindungsort festzustellen (Bild 32).

Bis zum späten Mittelalter hielt China die technische Führerschaft

Das kulturelle Umfeld dafür bildeten der Thang-Taoismus und der Sung-Neokonfuzianismus. «Tao» ist die Struktur aller Dinge, dazu kommt das «Li», die feinen Strukturen einzelner natürlicher Objekte. Materie vermag Bewußtsein hervorzubringen, wenn sie einen genügend hohen Struktur- und Organisationsgrad erreicht. Diese Philosophie hätte zu einem Durchbruch der chinesischen Wissenschaft führen können, wenn die Mathematik entwickelt und in die Theorien einbezogen worden wäre. Dies blieb aus, und eine rein humanistische Gelehrsamkeit schob sich in den Vordergrund. So wurden im Westen von Galilei, Descartes und Newton mit Hilfe mathematischer Formulierungen die Grundlagen für die weltweite Führung der europäischen Wissenschaften und Technologie geschaffen. Leibniz versuchte – durch chinesische Denkweisen beeinflußt –, den Widerspruch zwischen dem Idealismus der Theologie und dem Materialismus der entstehenden Wissenschaft zu überbrücken, was aber nie zufriedenstellend gelang.

Die technologische Führerschaft des Westens wurde durch analytisches Denken und die Entwicklung der Mathematik begründet

Heute wird immer deutlicher, daß wir unser Weltbild ergänzen müssen. Gerade auf dem Gebiet der Produktionswissenschaft bringen asiatische Kulturen gegenwär-

Mit der erfolgreichen Denk- und Handlungsweise der vergangenen dreihundert Jahre kommen wir an Grenzen

tig teilweise bessere Ergebnisse schneller hervor. Ihr kultureller und historischer Hintergrund ermöglicht ihnen anscheinend ein – zumindest unter den gegenwärtigen Randbedingungen – besseres Zusammenspiel von Mensch, Technik und Organisation. Die noch recht junge Industriegeschichte ist voller Beispiele für strukturellen Wandel. Technologien, Berufsbilder und ganze Branchen kommen und gehen. Niemand kann diesen Prozeß aufhalten. Die Erfahrungen aus der Vergangenheit machen deutlich, wie töricht es ist, sich mit hohem Energieaufwand gegen diesen Prozeß zu sträuben. Sicherlich wird eine wettbewerbsfähige deutsche Industrie im 21. Jahrhundert anders aussehen als heute. Alle zu

Wir müssen unser Weltbild ergänzen

Von China in den Westen:

	Zeitdifferenz in Jahrhunderten
Pockenimpfung	1 – 7
Armbrust	13
Tiefbohrung	11
Eisenguß	10 – 12
Kardanaufhängung	8 – 9
Uhrwerkshemmung	6
Segmentbogenbrücke	7
Kanalschleusen	7 – 17
Nautische Konstruktionsprinzipien	>10
Schießpulver	4
Magnetkompaß	11
Papier	12
Buchdruck (mit beweglichen Lettern)	4
Porzellan	11 – 13

Vom Westen nach China:

	Zeitdifferenz in Jahrhunderten
Schraube	14
Kraftpumpe für Flüssigkeiten	18
Kurbelwelle	3

Quelle: Needham 1988

Bild 32: Wanderung technischer Lösungen zwischen Ost und West

entwickelnden Ansätze müssen sich notwendigerweise am kulturellen Hintergrund orientieren. Auf welche Ansätze sie sich dabei stützen kann, soll im weiteren beschrieben werden.

3 Strukturbildung – eine strategische Schlüsselaufgabe

Strategie: Die Wahrscheinlichkeit erhöhen, ein bestimmtes Ergebnis zu erreichen

Ein Unternehmen, das sich langfristig in einem komplexen Handlungsumfeld behaupten will, braucht dazu als fundamentale Voraussetzung eine geeignete Strategie. Eingedenk ihrer militärischen Herkunft ursprünglich als Feldherrenkunst bezeichnet, befaßt sich die Strategie im Wirtschaftsleben primär mit der Anwendung von Regeln, um die Wahrscheinlichkeit eines gewünschten Ergebnisses zu steigern. In der Regel handelt es sich hierbei um die dauerhafte Existenzsicherung des Unternehmens. Die richtigen, fundierten Entscheidungen, die es zu treffen gilt, sind Gegenstand des Prozesses der strategischen Planung, für die vier Basisfunktionen identifiziert werden können:

Verschiedene planende und ausführende Funktionen sichern die Existenz des Unternehmens

Die *Leistungsfunktion* soll einen höheren Grad der Zielerreichung, eine höhere Effizienz menschlichen Handelns beziehungsweise des Einsatzes knapper Ressourcen gewährleisten. Die *Innovationsfunktion* befaßt sich mit der Änderung von Denkinhalten, Verhaltensweisen oder Dingen. Im Rahmen der *Koordinationsfunktion* erfolgt die Abstimmung zeitlich und materiell voneinander abhängiger Einzelentscheide. Die *Motivationsfunktion* schließlich kümmert sich um die Übereinstimmung aller Beteiligten mit den Planungsinhalten.

Alle Funktionen der Planung sind auf das oben genannte Basisziel der Existenzfähigkeit gerichtet, aus dem sich wiederum Teilziele ableiten lassen, die der Sicherung der Ertragskraft, der Verteidigungsfähigkeit gegenüber dem Wettbewerb und dem Erhalt des innovativen Überlebenspotentials dienen.

Strategie heute: Revolutionierung der Unternehmenskultur

Gegenwärtig bedeutet Strategie mehr denn je, tiefgreifende Veränderungen in allen Lebensfunktionen eines Unternehmens auszulösen: die Unternehmenskultur muß revolutioniert werden. Ein wesentliches Ziel jedes

Unternehmens ist es, Gewinn zu erwirtschaften. Diese Aussage ist und bleibt richtig. Sie allein kann aber nicht Maxime erfolgreichen Unternehmertums sein. Die Einbettung in ein gesellschaftliches Umfeld findet ihren Ausdruck in der vorherrschenden Lebensphilosophie und Kultur des Zusammenlebens. Jede Firmenphilosophie und -kultur sollte sich als deren Teilmenge verstehen. Nur so ist auf Dauer Widerspruchsfreiheit und Erfolg sicherzustellen.

Jede Firma muß sich an das wandelnde Umfeld anpassen

Daraus folgt, daß sich Fabriken nicht ohne weiteres in einen fremden Kulturkreis verpflanzen lassen. Ich sehe dabei keinen Widerspruch zu den Berichten über japanische Unternehmen, deren europäische Fabriken nach fernöstlichem Vorbild strukturiert und geführt werden. Entweder nutzen sie Tugenden, die auch in der westlichen Hemisphäre – vielleicht unentdeckt und ungenutzt – existieren, oder sie basieren auf psychischem Druck, was sich auf Dauer rächen muß. In den Transplants auf der Britischen Insel – das ist kein Geheimnis – wird mit eiserner Hand regiert, schon bei der Rekrutierung von Arbeitern.

Die Kultur in einem Unternehmen muß der des gesellschaftlichen Umfeldes entsprechen

Das allein ist sicher kein langfristig tragfähiges Konzept. Eher schon – um mit einer Metapher zu sprechen – schlägt damit das Pendel in die andere Richtung aus, nachdem das alte System vor der «englischen Krankheit» kapituliert hat.

Der Produktionsleiter einer unter fernöstlicher Regie arbeitenden deutschen Fabrik für Unterhaltungselektronik berichtet, daß er das Konzept der Qualitätszirkel in seiner ursprünglichen Form außerhalb der Arbeitszeit wieder fallengelassen hat, und liefert auch gleich eine Erklärung: In der Konzernmutter arbeiten viele Arbeiter fernab des Wohnortes ihrer Familie, bei der Unterbringung in Wohnheimen fallen Qualitätszirkel in der Freizeit quasi als Nebenprodukt ab. Die Grenze zwischen Arbeit und Freizeit ist nicht scharf gezogen.

Bereits an anderer Stelle haben wir gefolgert: Eine Entmystifizierung fremder Kulturkreise tut not und lenkt die

Wir müssen uns auf die eigenen Stärken besinnen und diese mit Nachdruck durchsetzen

Aufmerksamkeit auf das Notwendige: die Besinnung auf das eigene Umfeld und die Nutzung der daraus abzuleitenden Potentiale. Die Nutzung von Potentialen setzt deren Kenntnis voraus. So banal dieses Postulat ist, so schwer lassen sich kulturelle Umweltfaktoren fassen. Hier kommt man um einen Blick in die abendländische Geistes- und Wissenschaftsgeschichte kaum herum. Vorrangiger Zweck einer Betrachtung kultureller Aspekte ist es, optimale, auf einem festen Untergrund ruhende Un-

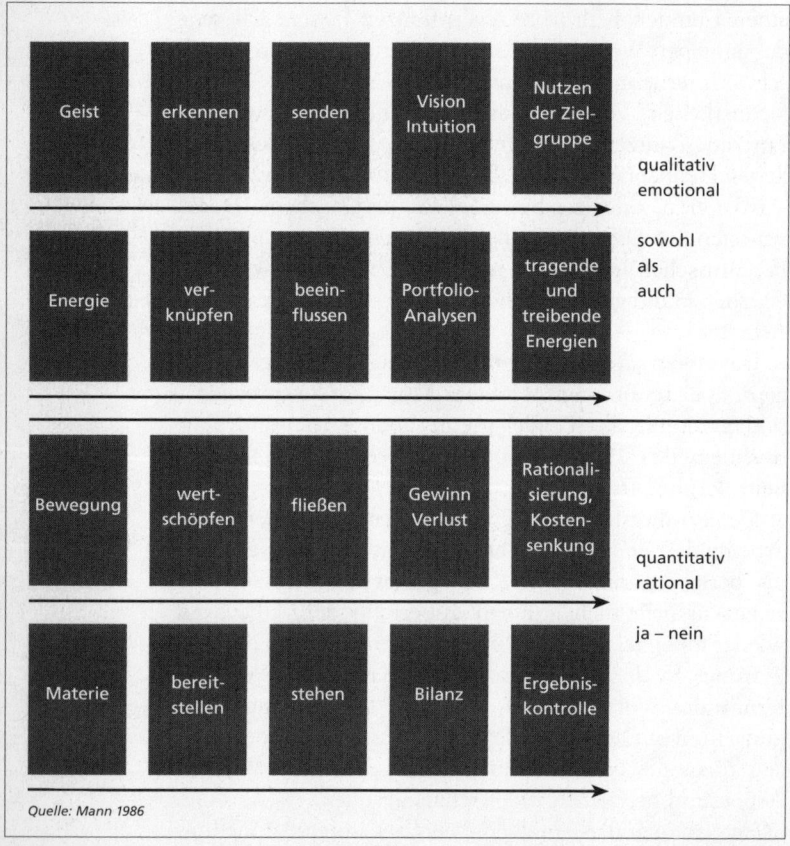

Quelle: Mann 1986

Bild 33: Unternehmensmodell: vier Betrachtungsebenen

ternehmensstrukturen zu finden – ein entscheidendes strategisches Potential.

Um ein komplexes Gebilde, wie es ein Unternehmen nun einmal darstellt, organisatorisch in den Griff zu bekommen, bedient man sich meist eines modellhaften Bildes von den Zuständen und Abläufen. Schon in diesem ersten Schritt können Fehler gemacht werden, die den Nutzen in Frage stellen. Zunächst einmal erfolgt die Modellierung von «oben» oder außen, das heißt von Personen, deren Detailkenntnisse über Abläufe und Gegebenheiten meist eher gering sind. Das Modell repräsentiert deshalb die Vorstellung dessen, was als geeignete Struktur vorgedacht worden ist. Es darf dann nicht überraschen, wenn – auch unter Anwendung rechnerunterstützter Verfahren, zum Beispiel der Simulation – die bereits vorher favorisierte Lösung als optimal hergeleitet wird. Ein Modell nämlich, das sich an der vorhandenen oder üblichen Aufbauorganisation eines Unternehmens orientiert, kann nicht zu Lösungen führen, die eben diese Organisation in Frage stellen: ein typisches Beispiel für sich selbst erfüllende Prophezeiungen.

Die Modellvorstellung von Unternehmen entspricht vielfach nicht mehr den Realitäten

Bei der Strukturierung folgen wir häufig herkömmlichen Mustern und Vorstellungen; damit wird keine Optimierung erreicht

Weiterhin wird bei der Modellierung aus Aufwandsgründen oft ein grobes Raster verwendet. Die Systemelemente selbst sind ebenfalls komplexe Gebilde, ihre Abgrenzung erfolgt anhand traditioneller Vorstellungen und mit starken Vereinfachungen. Auch hier kann ein noch so hoher Aufwand bei der Weiterverarbeitung nicht zu Lösungen führen, die feiner strukturiert sind als die kleinsten abgebildeten Systemelemente.

Das Raster bei der Strukturierung ist zu grob

Ein nicht minder signifikanter Schwachpunkt bei der Modellbildung liegt in der Formulierung der Beziehungen zwischen den Systemelementen und der Identifikation von Kontrollparametern. Ein Beispiel möge diesen Gedanken verdeutlichen:

In vielen Betrieben wird die Mengenleistung der Mitarbeiter über Leistungsvorgaben geregelt, üblicherweise Zeit pro Leistungseinheit. Dieser Parameter beeinflußt somit nur die Quantität. Weitere Ziele wie zum Beispiel

Die Beziehungen zwischen den Systemelementen werden nicht richtig formuliert und gemessen

Die Ordnungsparameter für die Beziehungen sind falsch zugeordnet

Verwenden wir für Regelungsvorgänge im Unternehmen die richtigen Stellgrößen?

Wir müssen beachten, daß das Verhalten im Regelkreis meist nicht linear ist

Zu beantwortende Frage: wie führt *sich* ein Unternehmen?

Qualität bleiben unberücksichtigt. Die logische Folge ist dann eine suboptimale Gesamtfertigung. So unlogisch es klingt, dieser Zustand ist heute eher die Regel als die Ausnahme. Über 10 Prozent des Montageaufwands in deutschen Automobilwerken werden auf die Beseitigung von Fehlern verwendet [Womack 1990]. In manchen Fällen werden aufgrund des Ablaufzwanges in der Serienmontage sogar wissentlich fehlerhafte Teile eingebaut. Starre Steuerungsmaschinen lassen keine Alternative zu. Systemtheoretisch stehen wir damit vor einem krassen Beispiel falscher Ordnungsparameter. Die gewählten Steuerungsgrößen sind im Hinblick auf die Produktionsaufgabe völlig ungeeignet.

Der prinzipielle Nachteil von Steuerungen gegenüber Regelungen wird auch im Unternehmen deutlich. Eine Steuerung kann auf Störungen nicht reagieren. Sie ist nur in sehr stabilen Umgebungen sinnvoll einsetzbar. Wird eine Rückkopplung des Systemverhaltens realisiert, erhält man eine Regelung. Damit ist die Frage aber noch nicht beantwortet, ob geeignete Parameter zur Rückkopplung verwendet werden. Leider ist die Tendenz zu beobachten, leicht erfaßbare, aber nicht immer entscheidende Stellgrößen zu verwenden.

Die Regelungstechnik als solche bietet ein gut ausgebautes Instrumentarium. Sie erfordert aber zur Vereinfachung eine Linearisierung des Systemverhaltens. Wir haben jedoch bereits gesehen, daß reale Systeme immer nichtlineares Verhalten zeigen, wenn sie nicht in engen Grenzen betrachtet und betrieben werden. Die Vorstellung, ein Unternehmen aus autonomen Regelkreisen aufzubauen, findet hier ihre Grenzen. Die Instabilität eines solchen Systems darf dann nicht überraschen.

Die Schlüsselfrage ist somit, wie der Strukturierungsprozeß eines Unternehmens idealerweise ablaufen soll. Aus der Analogie zu natürlichen Systemen könnte man schließen, daß er sich von selbst vollziehen sollte. Diese Überlegung – «Wie führt *sich* ein Unternehmen?» anstatt «Wie *wird* ein Unternehmen geführt?» – ist im

Grunde durchaus richtig, allerdings nur in engen Grenzen. Bei Unternehmensneugründungen kann dies oft beobachtet werden: Eine kleine – meist homogene – Gruppe Gleichgesinnter arbeitet in einer hierarchiefreien Atmosphäre, verbunden durch eine gemeinsame Vision. Schon nach kurzer Zeit bildet sich eine Aufgabenteilung heraus, mit der die anfallenden Arbeiten optimal gelöst werden können. Dies geschieht auf informeller Basis in einem kontinuierlichen Lernprozeß, ohne Organisationspläne und Stellenbeschreibungen. Nur mit diesem Vorsprung gegenüber etablierten Konkurrenten ist es Einsteigern überhaupt möglich, sich durchzusetzen.

Neue Unternehmen haben zunächst den großen Vorteil einer lernenden Selbstorganisation

Dieser Zustand hält aber in der Regel nur kurze Zeit an. Beispiele wie der Computerhersteller Apple zeigen, daß nach wenigen Jahren der Weg in Richtung einer eher traditionellen Unternehmensführung beschritten wird. Dieser Prozeß ist offenbar unvermeidlich. Gleichwohl sollten wir uns bewußt machen, daß damit oft auch ein Stück Wettbewerbskraft verlorengeht.

Mit zunehmender Größe wächst die Erstarrung in traditionellen Auffassungen

Ein in neuerer Zeit vorgestellter Strukturierungsvorschlag ist das Konzept der Fertigungssegmentierung. Es beinhaltet vor allem die Reorganisation bestehender Produktionsstrukturen, namentlich der Ablauforganisation. Als wesentliche Kennzeichen einer Segmentierung werden die Stichworte Markt- und Zielausrichtung, Produktorientierung sowie Kostenverantwortung genannt. Der Ansatz fordert die Verlagerung zusätzlicher Funktionen in die zu bildenden Einheiten, zudem werden mehrere Stufen der Produkterstellung organisatorisch zusammengefaßt.

Mit dem Ansatz «Segmentierung» werden ausgelagerte Funktionen wieder in die Wertschöpfungskette integriert

«Die Fertigungssegmentierung ermöglicht ebenfalls eine neuartige Ablauforganisation und die Veränderung des Kontrollkonzeptes. Es wird eine Gruppenorganisation angestrebt, die für ein Produkt beziehungsweise für ein bestimmtes Segment die gesamte Kostenverantwortung trägt. Die Änderung der Ablauforganisation ermöglicht die Anwendung einfacher Informations- und Planungssysteme und damit die Übertragung dispositiver Tätigkeiten auf die Organisationseinheit.»
WILDEMANN 1988

Marc S. Blaxill und Thomas M. Hout, Vizepräsidenten bei der Boston Consulting Group, berichten vom Turnaround eines Nischenanbieters von Hochdruckschläuchen und -leitungen:

Das Kennzeichen vieler Produktionsstrukturen – hohe Gemeinkosten, lange Durchlaufzeiten – wird häufig nur «technisch» bekämpft

«Man versuchte das Problem – hohe Gemeinkosten, lange Durchlaufzeiten – zunächst mittels Einführung eines neuen MRP II-(Materialbedarfsplanungs-)Systems zu lösen. Aber dadurch wurde alles nur noch schlimmer, weil das System zudeckte, wie unzulänglich das Unternehmen die Fertigungsabläufe beherrschte. So gab es zum Beispiel bei einem bestimmten maschinellen Bearbeitungsvorgang zahlreiche überflüssige Materialpufferbestände. Statt das Verfahren zu vereinfachen und diese Vorratslager abzubauen, wurden die existierenden Bestandsbedürfnisse völlig unbesehen mit der MRP II-Einführung in die EDV einbezogen.

Die erhofften Verbesserungen bleiben aus

Weil die erhoffte Verbesserung ausblieb, nahm das Management einen weiteren Anlauf. Es untersuchte sämtliche Verfahren – von Kundenbetreuung, Auftragseingang, Fertigung und Montage bis zur Arbeitsvorbereitung und Produktionsplanung. Dabei stellte sich dann heraus, daß es hinsichtlich der Produkte für die Luft- und Raumfahrtindustrie und für die gewerblichen Abnehmer jeweils ganz besondere Kundenanforderungen gab. Die Aerospace-Produkte wurden üblicherweise in relativ kleinen Losgrößen hergestellt, dagegen die Produkte für die Industriekunden in Großserien; nur sie entsprachen dem Modell einer hochvolumigen Fertigung auf Lager.

Markt- und Produktbereiche erkennen; diese in getrennten Geschäftseinheiten bearbeiten

Das Unternehmen trennte die beiden Geschäftsbereiche voneinander und verwendete Flußdiagramme, um die Fertigungsverfahren in beiden Einheiten zu verändern. Um die Abstimmung zwischen den einzelnen Verfahrensschritten zu verbessern, wurden die beiden Produktionsprozesse in Fertigungszellen organisiert; Produktteams bekamen die Verantwortung dafür übertragen, Produkte durch Entwicklung und Herstellung hindurch zu begleiten.

Diese physische Trennung funktionierte bestens. In nur zwei Jahren nach Beginn des Veränderungsprogramms sanken die Vorlaufzeiten für die an die Luft- und Raumfahrtindustrie gehenden Produkte von zwanzig auf zwölf Wochen, während bei den Produkten für die gewerblichen Nachfrager diese Zeiten von mehreren Wochen auf nur noch drei Tage reduziert werden konnten. Die Termintreue nahm von 15 auf 80 Prozent der Fälle zu, Ausschuß und Retouren fielen um 42 beziehungsweise 60 Prozent, und der Umsatz erhöhte sich um 30 Prozent. Durch die Verfahrensänderungen, die auch die Auflösung eines aus 23 Mitarbeitern bestehenden Teams zur Qualitätssicherung er-

In überschaubaren Geschäftseinheiten werden bessere Ergebnisse erzielt

möglichten, wurden die Gemeinkosten um 20 Prozent vermindert. Die gleichen Prinzipien lassen sich bei allen Nischenanbietern anwenden, unabhängig von ihrer Struktur oder Wachstumsrate. In der Tat können es gerade die erfolgreichsten unter ihnen sein, die den meisten Grund haben, sich einmal mit ihren Fertigungsverfahren zu befassen. Wenn sie sich eines raschen Wachstums erfreuen, aber nicht mit der Bedrohung durch robuste Wettbewerber rechnen, setzen sie ihre Zukunft aufs Spiel.»   *BLAXILL / HOUT 1992*

Es stellt sich die Frage, ob eine Reorganisation, die bestimmte Zielgrößen wie Durchlaufzeitreduzierung, Flußoptimierung oder Marktausrichtung betrifft, langfristig tragfähig sein kann – vor allem im Hinblick auf die beobachtbare Dynamisierung der Produktionsbedingungen. Ein veränderter Zielraum aber kann die statisch reorganisierten, also festgeschriebenen Strukturen zu einem fatalen Hemmschuh werden lassen, zumal dann, wenn ein hoher Aufwand in die Optimierung investiert wurde. Deshalb bleibt die entscheidende Frage: Welche Vorstellungen sollten wir der Strukturbildung zugrunde legen?

Strukturen sind statisch – wie können wir aber die notwendige Dynamik erreichen?

Zunahme des Wissens – sinkende Planbarkeit

Der sprunghafte Anstieg des verfügbaren Wissens der Menschheit seit Mitte des 20. Jahrhunderts sprengt jeden Maßstab. Die Zeitspanne zur Verdoppelung dieses Wissens schrumpfte von einstmals hundert auf nur noch sechs Jahre (Bild 34). Verständlich wird diese explosionsartige Entwicklung, wenn man bedenkt, daß 90 Prozent aller jemals forschenden und lehrenden Wissenschaftler in der Gegenwart leben. Im Detail betrachtet, leisten diese in der Tat Erstaunliches: In jeder Minute wird eine neue chemische Formel, alle drei Minuten ein neuer physikalischer Zusammenhang und alle fünf Minuten eine neue medizinische Erkenntnis gewonnen und publiziert.

Das Wissen steigt progressiv an, da noch nie soviel Kapazität zur Erkenntnisgewinnung verfügbar war

Im Jahre 1665 erschien auf der Welt eine einzige wissenschaftliche Zeitschrift: die *Philosophical Transactions der Royal Society in London*. Zweihundert Jahre später, 1865, waren es bereits tausend. Und in den hundert Jahren von 1865 bis 1965 stieg deren Zahl auf hunderttausend mit mehr als fünf Millionen Fachbeiträgen an. Die genaue Zahl der heute erscheinenden wissenschaftlichen Zeitschriften ist nicht bekannt. Aber es wird geschätzt, daß pro Jahr zwischen 15 und 20 Millionen wissenschaftlicher Veröffentlichungen erscheinen, wobei allerdings viele nicht wirklich neu sind.

Neues Wissen entwertet Bekanntes

Mit jeder neuen Veröffentlichung wird natürlich bereits vorhandenes Wissen entwertet, also überholt und unbrauchbar. Alte, nicht selten durchaus lange Zeit als absolut unumstößlich angesehene Erkenntnisse und Wissensinhalte werden durch den rasant fortschreitenden Wissenszuwachs wertlos und führen alle, die dann noch mit ihnen weiterarbeiten, in die Sackgasse. Dieser Effekt läßt sich auch in der «Halbwertszeit» von Naturwissenschaftlern und Ingenieuren ausdrücken: Nach Meinung von Experten sind sie fünf Jahre nach Beendigung des Studiums nur noch halb soviel wert, wenn das

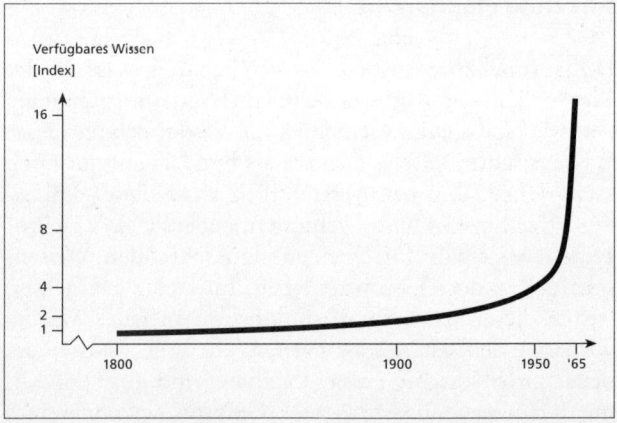

Bild 34: Zunahme verfügbaren Wissens

Wissen in der Zwischenzeit nicht ständig ergänzt wurde. Die Notwendigkeit lebenslangen Lernens ist damit eine Herausforderung nicht nur für jeden einzelnen im Berufsleben, sondern auch für die Unternehmen und deren Organisation. Für jeden Anbieter stellt sich immer wieder die Frage: Ist ausreichend Know-how im Leistungsangebot, in den Produkten und/oder in der Leistungserstellung, der Produktion im Vergleich zu den Wettbewerbern vorhanden? Bei in der Regel begrenzten Ressourcen sind diese entsprechend zu konzentrieren.

Die «Halbwertszeit» von Wissenschaftlern und Ingenieuren sinkt und muß durch ständigen Lernaufwand kompensiert werden

Unterscheidet man in erster Näherung zwischen den beiden Stoßrichtungen «besser» und «billiger», sind beispielsweise die Hersteller wissenschaftlicher Instrumente oder Nischenanbieter in der Fahrzeugindustrie zu identifizieren, deren Überleben primär vom Produkt-Know-how, weniger vom Produktions-Know-how abhängt. Andere Fahrzeughersteller wie VW, Opel und Fiat können dagegen ohne führendes Produktions-Know-how, zum Beispiel in der Automatisierung, nicht überleben. Wegen der Zunahme ist es immer schwieriger und aufwendiger, das Know-how in der Breite des Unternehmens zu erhalten. Zwangsläufig ergibt sich daraus die Notwendigkeit, sich auf Schlüssel- oder Kerngebiete zu konzentrieren. Dann ist es aber für das Sichern des Betriebes unabdingbar, die Zukunft dieses Gebiets am Produktionsstandort einzuschätzen. Ist also ausreichend Potential für Produkt- und/oder Produktionsinnovation vorhanden (Bild 35)?

Überleben durch Produkt- oder Produktions-Know-how?

Das erforderliche Wissen kann in einem Unternehmen nicht mehr in der Breite erhalten werden

Das Geschehen ist häufig nichtlinear und multikausal. Zum Erfassen grenzen wir einfach den Betrachtungsraum ein und Einflüsse aus. Damit wird das Geschehen erfaßbar, beschreibbar, gar berechenbar. Lineare Extrapolationen in die Zukunft weichen aber sehr schnell vom realen Geschehen ab. Der Mensch scheint nur lineare Variablen eindeutig miteinander verknüpfen zu können, vorstellungsmäßig vermutlich nicht mehr als drei. Bei Beratern ist das ganz eklatant, denn sie reduzieren die Welt

Wir können vorstellungsmäßig nicht mehr als drei Variablen miteinander verknüpfen

bei Portfolio-Analysen vielfach auf zwei Einflußgrößen, wenn sie sehr in die Tiefe gehen, auf drei.

Wissen und Lernen haben bekanntlich kaum eine Auswirkung, wenn keine Umsetzung stattfindet. Gerade im Betrieb bietet sich aber die Chance, Lernen, Planen und Umsetzen zu integrieren. Das Lernen als solches wird dadurch zwar verlangsamt, da alle Beteiligten einbezogen werden müssen; dafür steigt aber die Wahrscheinlichkeit, konkrete Lernergebnisse zu erzielen. Vor allem die betrieblichen Entscheidungsträger müssen ihre mentalen Vorstellungen entsprechend korrigieren. Sie müssen be-

Das gemeinsame Lernen im Unternehmen zum Lösen der unternehmensspezifischen Aufgaben gewinnt an Bedeutung

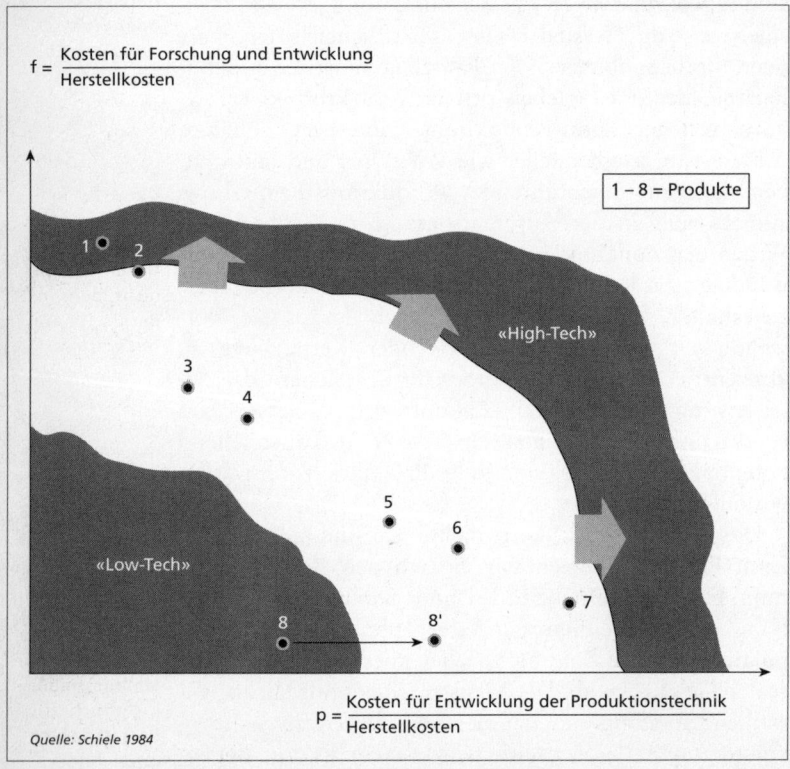

Bild 35: Produktqualifikationsdiagramm

greifen, daß Wissende, Planende und Machende über Gruppenarbeit, Workshops usw. gleichzeitig einzubeziehen sind. Dabei stehen immer konkrete Probleme des Unternehmens als Aufgabe im Mittelpunkt. In einem sicher aufwendigen Lernprozeß – der Betroffene und Macher gleichermaßen betrifft – muß eine neue und eigene Unternehmenskultur wachsen, in der interne Reibungen und Verschwendungen vor allem auch menschlicher Energie abgebaut werden.

Dienstleistung im Wettbewerb – alle sind Lieferanten und Kunden

Produktionsstrukturen mit Perspektiven für die Zukunft haben eine Reihe fundamentaler Randbedingungen zu berücksichtigen. Einige wichtige Aspekte sollen kurz angesprochen werden – sie sind einfach unverzichtbar, wenn man im weltweiten Wettbewerb weiterhin eine Rolle spielen will.

Als ein wesentliches Merkmal für zukunftssichere Produktionsstrukturen muß die konsequente Kundenorientierung gelten, oder kurz und prägnant:

Wir müssen Produzieren als Dienstleistung begreifen

Produzieren ist Dienstleistung.

Unter «Dienstleistungen» lesen wir im Lexikon:

«Dienstleistungen können allgemein als ökonomische Güter aufgefaßt werden, die wie Waren (Sachgüter) der Befriedigung menschlicher Bedürfnisse dienen... Sie werden oft auch als immaterielle Güter bezeichnet. Diese allgemeine Definition ist nicht unumstritten, da z. B. die Nutzungsleistungen von Diensten mit Hilfe von Sachgütern dauerhaft, lagerfähig und fast unbegrenzt nutzbar gemacht werden können und die Definitionsmerkmale der Vielschichtigkeit von Dienstleistungen nicht immer gerecht werden.» BROCKHAUS 1988

Der Begriff «Dienstleistung» ist nicht klar definiert

Die hier zum Ausdruck kommende Definitionsunsicherheit setzt sich in statistischen Werken fort. Im Rahmen der volkswirtschaftlichen Gesamtrechnung erfolgt die

Abgrenzung der Wirtschaftsbereiche (primärer, sekundärer und tertiärer Sektor) über Beispiele.

Die Anwendung des Begriffs «Dienstleistung» auf das Innen- und Außenverhältnis eines Produktionsbetriebes ist in jüngerer Zeit immer häufiger anzutreffen. Eine einfache Überlegung läßt dies sinnvoll erscheinen: Viele Unternehmen vergeben betriebliche Aufgaben an Fremdfirmen. Dies geht längst über die Kantinenbewirtschaftung hinaus. Als Beispiele seien Betriebe genannt, die ihr Werkzeugwesen oder die Datenverarbeitung einem Fremdunternehmen übertragen haben. Dabei handelt es sich um klassische Dienstleistungen. Folgerichtig kann und muß man eine entsprechende Leistung, firmenintern erbracht, ebenfalls als Dienstleistung auffassen. Bedeutender als die Begriffsbildung aber ist die dahinterstehende Philosophie. Ihre Anwendung auf betriebliche Abläufe kann wertvolle Hinweise zur Optimierung liefern.

In international operierenden Unternehmen gehört er bereits seit langem zum Alltag, vielen kleineren Unternehmen steht er noch bevor: uneingeschränkter überregionaler Wettbewerb. Das Fallen der Handelsschranken im Prozeß der europäischen Einigung wird Folgen haben, derer sich viele Betroffene noch nicht bewußt sind. Ausländische Konkurrenten werden sehr schnell auch die letzten Domänen und Refugien systematisch «bearbeiten». Schon bald werden Barrieren wie Kommunikation und Logistik abgebaut sein. Wer in dieser Umgebung die Nase vorn haben will, muß einen echten Wettbewerbsvorteil sein eigen nennen.

Die bessere Dienstleistung für den Kunden macht den Wettbewerbsvorsprung aus. Eine Erfahrung aus den neuen Bundesländern sollte zu denken geben: Nach der Öffnung des Marktes wurden einige Betriebe und Produkte regelrecht boykottiert. Nicht nur die Neugierde auf das bis dahin Unbekannte und der Drang zum Besseren waren hierfür verantwortlich. Auch die in Jahrzehnten entstandene Arroganz eines Monopolanbieters war

---

Wichtiger als die Definition ist aber die Dienstleistungsphilosophie: Die Leistung muß sofort fehlerfrei erbracht werden – der Kunde wartet nicht, und man kann nicht nachträglich reparieren

Produzenten, die sich als Dienstleister verstehen und Nutzen für den Kunden erbringen, haben einen klaren Wettbewerbsvorteil

Für den Dienstleister gilt auch tendenziell: Das Betriebsmittel wartet auf den Auftrag und nicht umgekehrt

Grund genug, sich bei der Konkurrenz zu bedienen. Wenngleich sich die Verhältnisse in dieser Beziehung inzwischen beruhigt haben, kann als Grundsatz gelten: «*Biete deinem Kunden die objektiv bessere Leistung als der Konkurrent. Damit ist auch langfristig dein Erfolg gesichert.*»

Die Leistung – dies sollte sich inzwischen herumgesprochen haben – wird nicht nur gemessen am Preis. Nicht einmal objektivierbare Meßgrößen wie Fehlerrate und Termintreue reichen zu ihrer Beschreibung aus. Hinzu tritt auch ein psychologisches Moment: der Umgang mit dem Kunden, das Auftreten als Dienstleister. Erfolgreiche Verkäufer wissen dies natürlich. Viel Lehrgeld ist hier aber noch zu zahlen.

Nicht nur der Preis, sondern auch Psychologie entscheidet über den Markterfolg

Das Anliegen dieses Buches ist jedoch nicht die Frage der optimalen Produktvermarktung. Es geht vielmehr darum, wie der Prozeß der Leistungserstellung betriebsintern zu gestalten ist. Die These lautet, daß auch hier dem Dienstleistungsprinzip konsequent zum Durchbruch verholfen werden muß. Dies ist nicht nur eine Frage der Umstrukturierung des Unternehmens von Funktionsbereichen in Geschäftsprozesse, sondern vor allem der Unternehmenskultur. In diesem Bereich liegen die größten Versäumnisse und Hemmnisse, aber auch die größten Möglichkeiten.

Dem Dienstleistungsprinzip muß zum Durchbruch verholfen werden

Aus der Erfahrung heraus behaupte ich, daß in herkömmlichen Organisationsstrukturen nur 10 bis 20 Prozent der Mitarbeiter ihr volles Leistungspotential einbringen. Dies ist den Führungskräften durchaus bewußt. Sie erkennen es daran, daß ihnen beim Auftreten eines neuen Problems immer nur wenige Mitarbeiter – und meist immer nur dieselben – einfallen, die sie mit der Lösung beauftragen können. Sie nehmen dies als unabänderliche Folge der Vielfalt menschlicher Charaktere und des weiten Spektrums menschlichen Verhaltens hin. Die Nutzung *aller* Potentiale *aller* Mitarbeiter, deren Kreativität, Wissen und Können muß aber unbedingtes Ziel sein.

Nur 20 Prozent der Mitarbeiter bringen ihr volles Leistungspotential ein

Die größten Hemmnisse sind Führungs- verhalten und bürokratische Organisation

Bei allem erkennbaren Wandel im Führungsverhalten der Vorgesetzten: nach wie vor scheinen etliche Füh- rungskräfte der festen Überzeugung zu sein, daß die Mit- arbeiter untereinander «*ein Übereinkommen getroffen haben, dem Unternehmer die Arbeitsleistung vorzuent- halten*». So hat es Taylor seinerzeit formuliert und auf Abhilfe gesonnen. Das Ergebnis war die «wissenschaft- liche Betriebsführung» mit genauer Leistungsbeschrei-

Arbeitsleistung wird nicht be- wußt vorent- halten

bung, -forderung und -kontrolle (vgl. Seite 59 ff). Mit den hierzu entwickelten ausgefeilten Verfahren mag sich eine Organisation steuern lassen, ihre maximale Lei- stungsfähigkeit erreicht sie aber nicht.

Häufig wird diese Art der Betriebsführung damit be- gründet, daß die Mitarbeiter entweder nicht willens oder nicht fähig sind, wirklich engagiert und qualifiziert mit- zuarbeiten. Diese Einschätzung trifft aber sicher nur auf einen geringen Prozentsatz zu. Es wäre auch eine Illu-

Sicher wird man nicht alle Mitar- beiter errei- chen, aber die wirksamen Energien im Unternehmen lassen sich ver- doppeln und verdreifachen

sion, alle Mitarbeiter in gleicher Weise erreichen und ein- binden zu können. Ist eine zu große Diskrepanz zwischen Unternehmens- und persönlichen Zielen festzustellen, müßte man sich jedoch eigentlich konsequent voneinan- der trennen. Wird diese Diskrepanz aber in unseren Be- trieben überhaupt aufgedeckt? Ohne dies weiter vertie- fen zu müssen, ist sicher: Lassen sich durch bessere Führung und Organisation nur 50 Prozent der Mitarbei- ter erreichen und einbeziehen, verdoppeln bis verdreifa- chen sich die Potentiale und Energien des Unternehmens.

Halten wir noch einmal fest: Das Zielsystem für inno- vative Produktionsstrukturen muß auf zwei Grundprin- zipien aufbauen:

Die Zielsetzung muß sein: innere und äußere Kunden- orientierung, Mitarbeiter- potentiale frei- setzen

• *konsequente Kundenorientierung im Innen- und Außenverhältnis des Unternehmens sowie*
• *Weckung und Nutzung aller Mitarbeiterpotentiale.*

Vor etwa achtzig Jahren begannen Industriebetriebe, Ab- teilungen für die Forschung und Entwicklung aufzu- bauen, um systematisch Erkenntnisse für neue Produkte und – in der verfahrenstechnischen Industrie eng damit verbunden – für Prozesse zu gewinnen. Erst in den sechziger Jahren entstand in der fertigungstechnischen Industrie ein Bewußtsein dafür, daß Produkt- und Prozeßinnovationen von gleichrangiger Bedeutung sind. Damit begann der Aufbau von zentralen Abteilungen für Produktionstechnologie oder Verfahrensentwicklung. Diese haben ständig an Bedeutung gewonnen, ein Problem ist aber immer die richtige Auslegung ihrer Kapazität. Auch sie müssen «marktorientiert» nach innen und außen gestaltet werden. Das bedeutet heute, daß ihr jährliches Budget zu 20 Prozent zentral und zu 80 Prozent von den auftraggebenden Bereichen finanziert wird, also ebenfalls aus der Einschätzung als Dienstleistung heraus, die abgerufen werden kann und muß. Die in einem derart zentralen Bereich vorhandene Kapazität darf nur so groß sein, daß dort besondere Kenntnisse und Fähigkeiten angeboten werden, die von einem wertschöpfenden Bereich allein nicht ausgelastet werden können, sondern für mehrere interessant sind. Die Tendenz zur Dezentralisierung muß aber immer überwiegen, um zentrale Kapazitäten möglichst klein zu halten. Es ist falsch anzunehmen, beim Vermeiden jeder Redundanz an, effektivsten zu sein, denn man unterbindet damit wiederum Freiräume und einen gewissen internen Wettbewerb. Geringe Überschneidungen – zumindest im geistigen Horizont – sind unbedingt erforderlich, wenn Teamarbeit und Kooperation erfolgreich sein sollen.

Für die Zahl der Zulieferer gilt die bekannte 80/20-Regel («20 Prozent der Eingangsgrößen bewirken 80 Prozent des Resultats und umgekehrt»). Die Mehrzahl von ihnen hat nur einen kleinen Anteil am Einkaufsvolumen. Im Sinne einer möglichen Integration des Lieferanten als Know-how-Partner muß die Zahl beträchtlich reduziert werden. Dies wird besonders in der Automobilindustrie als Ziel ausgegeben und muß zu Systemlieferanten führen, die wiederum die Lieferanten von Einzelkomponenten integrieren müssen. Die Zulieferer werden dann in ein periodisches Monitoringpro-

Produkt- und Prozeßinnovation sind von gleichrangiger Bedeutung

Die verschiedenen Bereiche eines Unternehmens müssen sich zu einem hohen Prozentsatz aus abgerufener Dienstleistung selbst tragen

Redundanz ist keine Verschwendung, sondern notwendig: als Wettbewerbsstimulans und zur Verständigung

Das Bestreben, jede Redundanz zu vermeiden, unterbindet Freiräume und kreativen Wettbewerb

Auch in Zukunft bleibt die «Chemie» zwischen Menschen wichtig für effiziente Lieferbeziehungen

gramm des Abnehmers eingeschlossen. Am wichtigsten dabei wird auch in Zukunft die «Chemie» zwischen den Partnern bleiben. Die Einstellung des Partners ist wichtiger als die Güte seines Anlagevermögens. Diese Basis ist aber sehr schwer zu finden und muß ständig gepflegt werden.

Komplexität und Spezialisierung

Der Kunde ist König. Das ist richtig. Die daraus oftmals gezogenen Schlußfolgerungen sind hingegen nicht richtig: Die Steigerung der Variantenvielfalt ist in den vergangenen Jahren als Merkmal der sich wandelnden Marktverhältnisse hervorgehoben worden. Als Schlüssel zur Wettbewerbsfähigkeit gilt die Beherrschung der sich daraus herleitenden Komplexität des Produktionsprozesses. Neue Informationstechnologien scheinen beste Voraussetzungen zu bieten, diese Aufgabe zu bewältigen. Scheinbar folgerichtig fand eine Fokussierung auf technikorientierte Lösungen wie CIM (Computer Integrated Manufacturing) statt. Wie sich aber gezeigt hat, läßt sich damit die Komplexität keineswegs sicher und wirtschaftlich beherrschen. Daß diese Komplexität auch gar nicht immer erforderlich ist, verlieren auf technische Höchstleistungen fokussierte Forschungs- und Entwicklungsabteilungen bisweilen aus dem Auge. Schauen wir uns einmal an, welche fatalen Prozesse sich hier abspielen:

Die Beherrschung der Komplexität allein durch Technik gelingt nicht. Im ersten Ansatz also vermeiden

Die Marketingabteilung meldet nach intensiver Marktbeobachtung den zunehmenden Kundenwunsch nach einer Sonderausstattung und fordert, eine solche Variante in das Angebot aufzunehmen. Die Entwicklungsabteilung wird beauftragt, eine technische Problemlösung zu erarbeiten. Die marktreife Sonderausstattung wird nun kostenrechnerisch behandelt. Aufgrund höherer Materialkosten und zusätzlicher Bearbeitungs- und Montagevorgänge wird hieraus ein Aufpreis kalkuliert. Auf diese Weise entsteht ein weiteres Leistungsangebot.

Vertrieb und Kalkulation treiben uns in die Komplexität durch Vielfalt

Einige Zeit später meldet der Verkauf, die Produkte seien infolge ihres hohen Preises nur schwer abzusetzen. Die Folge sind Kostensenkungsprogramme. Beliebtes Objekt sind dabei die Lieferanten. Oft wird auch erheblicher Aufwand darauf verwendet, minimale Einsparungen bei Material- und Bearbeitungsaufwand zu realisieren. Weil der Erfolg zu wünschen übrigläßt, studiert man noch einmal die Produkte des Wettbewerbers: hochwertige Produktmerkmale bei geringem Verkaufspreis. Die eigene Kalkulation konstatiert, ein solcher Preis sei keinesfalls kostendeckend. Die Folgen sind Ratlosigkeit und eine teilweise irrationale Suche nach Patentlösungen. Die Unzulänglichkeit der Kostenrechnung verhindert jedoch eine Aufdeckung der wahren Misere, die in der Komplexität der Produktion begründet ist: Viele Varianten erfordern auch entsprechend höheren Aufwand

Der Aufwand für Vielfalt wird meist unterschätzt, da er sich aus einer Summe von Einzelaktivitäten ergibt

• konstruktiver und planerischer Art mit allen Folgekosten,

• logistischer Art für die Teilebewirtschaftung, auch der Ersatzteile,

• informationstechnischer Art für die Produktionssteuerung,

• technischer Art für die zusätzlichen Produktionseinrichtungen,

• in bezug auf Servicekosten wegen Qualitätsproblemen.

Was von vielen Beteiligten geahnt wird – gelegentlich sogar auf der Hand liegt –, aber folgenlos bleibt: Material- und Bearbeitungskosten machen nur einen Bruchteil des Mehraufwandes aus. Viel schwerer zu Buche schlagen die Kosten zur Bewirtschaftung weiterer Varianten (Bild 36).

Die direkten Prozeßkosten sind der kleinere Anteil, eine handlungsbezogene Kostenbetrachtung macht uns dies bewußt

Die Lösung kann hier nur in der Verringerung der Komplexität liegen, also im Verzicht auf aufpreispflichtige Sonderausstattung. Nun braucht sich der Kunde keineswegs in puristischer Weise mit einem Minimalangebot zu bescheiden. Die neue Offerte beinhaltet die höherwertige Variante als Grundausstattung, der neue

Aufpreispolitik für Varianten kann ein Eigentor werden

Basispreis steigt allein in Höhe der zusätzlichen Kosten für Material und Fertigung, also meist nur geringfügig. Unter diesen Bedingungen greifen die Kunden erfreut zu. Der kundige Leser weiß, daß sich dieses Szenario am Beispiel des Automobilbaus verfolgen läßt: Die Aufpreispolitik mancher europäischer Hersteller wirkt mehr und mehr als Eigentor.

Vereinfachung und Spezialisierung sind *ein* Weg, der andere: Komplexität beherrschen, wenn der Markt sie erfordert

Komplexität verringern scheint also die Devise zu sein. Eilfertige Berater bieten ihre Mithilfe an, dieses Ziel möglichst schnell zu erreichen. Dabei sind es meist die gleichen Leute, die noch vor wenigen Jahren die Ausweitung des Leistungsangebotes als Absicherung gegen die Fährnisse des Marktes gepredigt haben. Die rasche Abfolge derartiger Strategieänderungen ist Folge einer unzulässigen Vereinfachung: Komplexität und – als deren

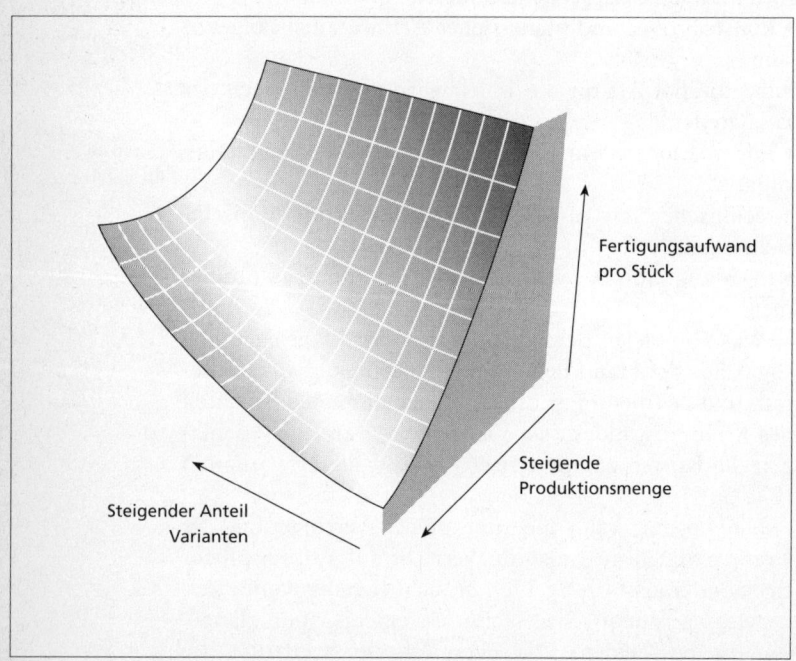

Fertigungsaufwand pro Stück

Steigende Produktionsmenge

Steigender Anteil Varianten

Bild 36: Das Variantendilemma

Gegenpart – Spezialisierung und Vereinfachung sind beides zukunftsträchtige Ausprägungen angepaßter Produkt- und Produktionsstrukturen.

Es kann gezeigt werden, daß sich auch ohne vielfältiges Angebot die Kundenwünsche – als oberstes Ziel – erfüllen lassen. Daß ein solches Produkt keineswegs der kleinste gemeinsame Nenner, also eine Minimallösung sein muß, sollte klar geworden sein. Diese Lösung ist aber bei hohem Differenzierungsbedürfnis der Käuferschaft nicht anwendbar: ein Statussymbol soll sich abheben und verlangt nach Individualität. Aber die darf dann auch etwas kosten.

Der Trend zur Individualität muß ebenfalls genutzt werden

Die möglichen Ausrichtungen des Betriebs auf Menge und Vielfalt des Leistungsangebotes stehen somit gleichberechtigt nebeneinander. Ihre Anwendung ist keine Frage des jeweiligen «Techniktrends», sondern muß sich aus der spezifischen Marktsituation heraus entscheiden. Wie wir noch sehen werden, ist die Ausrichtung auf eine dieser Zielgrößen ein wesentliches Moment bei der Gestaltung von Elementen der Fabrik mit Zukunft.

Menge und Vielfalt sind die zwei bestimmenden Einflußgrößen für die Gestaltung eines Betriebs

Sicher vollziehen wir jetzt die weiter oben kritisierte

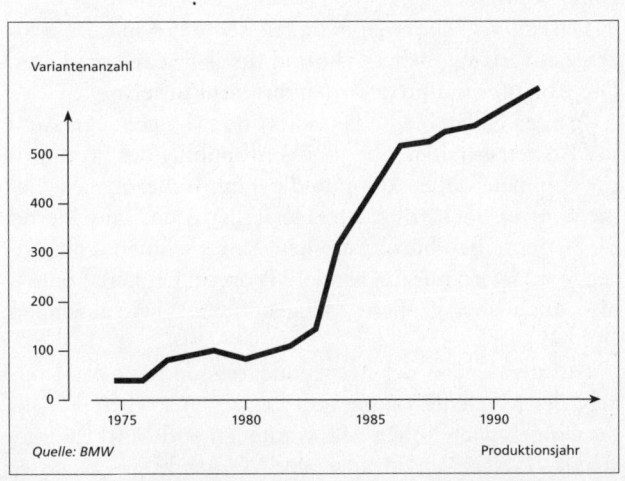

Bild 37: Variantenzahl im Automobilbau (Beispiel: BMW)

Vereinfachung der Reduktion einer komplexen Situation auf zwei wesentliche Einflußgrößen. Zur Verdeutlichung sei es aber erlaubt, und weiterhin wissen wir, daß *Menge* einen geradezu gesetzmäßigen Einfluß auf die Herstellkosten hat: die Lern- und Erfahrungskurve wird voll ausgenutzt (vgl. Seite 61); der einmalige Aufwand für Entwicklung, Planung, Sonderbetriebsmittel, Werbung usw. wird auf viele Leistungseinheiten verteilt. Daraus resultiert die Daumenregel: doppelte Menge gleich 80 Prozent der Herstellkosten pro Einheit.

Im Hinblick auf die Kostendegression bei steigender Produktionsmenge unterscheiden Blaxill und Hout drei Klassen von Unternehmen.

Das *bürokratische Unternehmen* mit zentralisierter Organisationsstruktur, in der spezialisierte Abteilungen wichtige Unterstützungsfunktionen ausüben. Sein Kostenrechnungssystem ist komplex und – formalisiert – hierarchisch strukturiert.

Das *Nischenunternehmen*, das eine kleine Zahl an Produktgruppen hat und relativ schnell bei wenigen Hierarchieebenen auf veränderte Marktnachfrage reagieren kann.

Das *robuste Unternehmen*, das seine Produktionsprozesse zuverlässig beherrscht und flexibel reagieren kann. Die Abläufe sind prozeßorientiert strukturiert.

In allen Fällen bleibt das Gesetz der Mengendegression der Kosten erhalten, aber bei Verdopplung des Produktionsvolumens fallen die auf die Einheit bezogenen Gemeinkosten bei robusten Herstellern um annähernd 30 Prozent, bei bürokratischen Unternehmen und Nischenanbietern nur um rund 20 Prozent. Letztere können also auch über größere Mengeneffekte nicht gewinnen (Bild 38).

Auf dem Effekt der Mengendegression baut das Konzept der Massenfertigung auf; deswegen streben die Unternehmen nach hohen Marktanteilen und Marktführerschaft. Tatsächlich ist auch der Marktführer – wenn er entwicklungs- und kostenbewußt bleibt – nicht mehr hinsichtlich Kosten beziehungsweise Preis zu schlagen, es sei denn, man will alle Wettbewerber in einen unsinnigen Preisverfall und Preiskampf mit hohen eigenen Verlusten hineinzwingen, in der Hoffnung, der alleinige Überlebende zu sein.

In der *Vielfalt*, die durch das Bestreben entsteht, möglichst viele Kundenwünsche individuell zu erfüllen und auf diese Weise auch Marktanteile zu erhalten,

- wird Information und Kommunikation der Engpaß,
- kann das Potential der Lern- und Erfahrungskurve nicht mehr voll ausgeschöpft werden,
- ist immer zusätzlicher Aufwand zu betreiben, der von wenigen Produkten zu tragen ist,
- müssen die Entwicklungs- und Fertigungsprozesse besser beherrscht werden,
- ist «Zeit» ein wesentlicher Wettbewerbsfaktor,

In der Vielfalt sind Information und Kommunikation der Engpaß. Sie müssen beherrscht werden

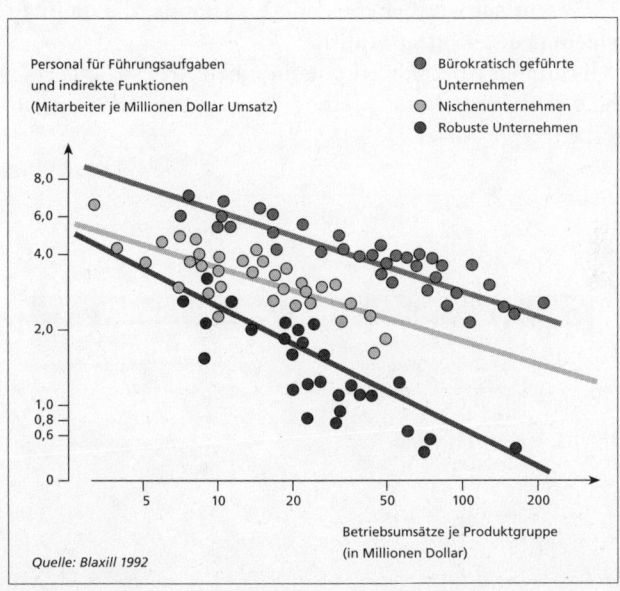

Bild 38: Fertigungsgemeinkosten in Abhängigkeit vom Unternehmenstyp

• werden An- und Auslaufvorgänge entscheidender als der eigentliche Prozeß.

Allerdings ist auch in der Mengenfertigung die gleichbleibende Menge häufig nur eine planerische Forderung, die eine Wunschvorstellung bleibt. Die der Planung zugrundeliegende Menge tritt in der Realität nur ganz selten über einen längeren Zeitraum ein. Das gestalterische Problem liegt darin, daß die beiden Extrema Menge oder Vielfalt grundsätzlich andere Denkweisen und Lösungen für den Betrieb erfordern, bedingt durch den unterschiedlichen Informations- und Kommunikationsaufwand.

Die fiktive Stabilität der Mengenfertigung beherrscht noch das Denken in der Planung

Im ersten Ansatz wird man Varianten vermeiden, im zweiten muß man sie beherrschen: technisch und organisatorisch, indem sie im Prozeß der Leistungserstellung so spät wie möglich entstehen, betriebswirtschaftlich durch Trennen von Prozeß- und Logistikkosten.

Vielfalt darf erst so spät wie möglich im Wertschöpfungsprozeß entstehen

Wesentlich ist aber folgende Erkenntnis, die dann zu einem neuen Konzept führt:

• Es gibt *eine* beste Methode für einen Arbeitsgang.
• Es gibt *keine* beste Methode für die Produktionsaufgabe.

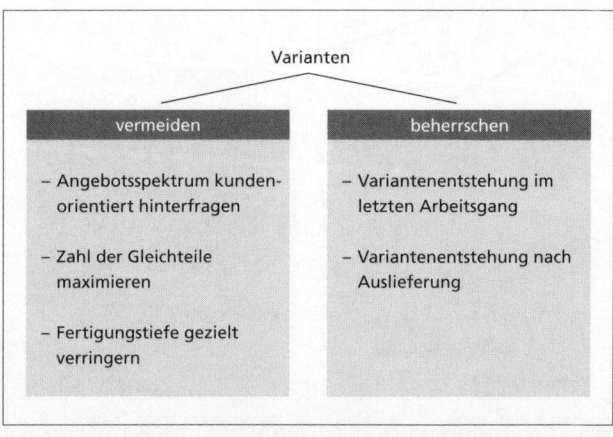

Bild 39: Umgang mit dem Variantendilemma

• Nur bei ausgeprägten Merkmalen *Menge* oder *Vielfalt* gibt es eine beste Lösung für Abläufe, Methoden und Einrichtungen.

• Eine Fabrik muß demnach so strukturiert sein, daß jedes Teilsystem seinen Schwerpunkt in *Menge* oder *Vielfalt* hat.

Eine weitere sehr wichtige Erkenntnis daraus ist: Es ist falsch, über einen Betrieb oder gar über einen Konzern *eine* Methode oder *ein* System in Führung, Organisation oder technischen Lösungen stülpen zu wollen. Das führt im jeweiligen Einzelfall zu Zwängen und keiner optimalen Lösung. Man muß allein dafür Sorge tragen, daß an Schnittstellen die Kommunikation horizontal und vertikal durch abgestimmte Datenstrukturen und Informa-

Es ist falsch, ein Unternehmen oder gar einen Konzern nach nur einer Methode der Führung sowie Aufbau- und Ablauforganisation gestalten zu wollen

Wirtschaftlichkeit durch beherrschte	
Menge (Economy of Scale)	*Vielfalt* (Economy of Scope)
Spezialist	Generalist
Mengenkonzentration	Organisationskonzentration
Know-how-Konzentration	Informationskonzentration
Spezialisierte Arbeitsstationen	Komplettbearbeitung
Starre Automatisierung	Flexible Automatisierung
Fertigungsprozeß (Logistik)	(Fertigungsprozeß) Logistik
Stabile Produktion	An- und Auslauf
Qualität durch Inspektion	Qualität durch Prozeßregelung
Hierarchische Strukturen	Netzwerkstrukturen
Bürokratische Strukturen	Gruppenstrukturen
Ein großer Regelkreis	Viele kleine Regelkreise
Nacheinander	Miteinander

Bild 40: Wirtschaftlichkeit durch Menge oder Vielfalt

Die Vielfalt der Lösungen, zum Beispiel zur Produktionssteuerung, muß auch in einem Betrieb angewandt werden. Die gewählte Lösung muß dann allerdings periodisch auf ihre Güte geprüft werden

tionsinhalte in Realzeit, also zum Beispiel tagesaktuell, funktioniert. Als kleines Beispiel dazu: Niemand steuert heute seine Produktion sowie seinen Werkzeug- und Vorrichtungsbau nach der gleichen Methode der Fertigungssteuerung. Die unterschiedlichen Anforderungen sind jedem bewußt. In der Produktion wird aber meist nach *einer* Methode zur Fertigungssteuerung gesucht, obwohl auch dort in den verschiedenen Fertigungsabschnitten unterschiedliche Anforderungen und Lösungsmöglichkeiten bestehen (Bild 41).

Wenn Produktionseinheiten möglichst «rein» nach den beiden Prinzipien gestaltet sind, heißt dies:
- Menge: Konzentration auf Markt-, Produkt- oder Prozeß-Know-how – der interne Logistikaufwand ist unbedeutend;
- Vielfalt: Konzentration auf Kommunikation der Einheiten – der Prozeßaufwand ist unbedeutend.

Die Ausrichtung auf Menge oder Vielfalt hat auch eine zeitliche Dynamik. An dem bereits im zweiten Kapitel vorgestellten Beispiel läßt sich die Verschiebung des Schwerpunktes über das gesamte industrielle Zeitalter verfolgen (vgl. Seite 62). Darüber hinaus verdeutlicht dieses Beispiel noch einmal die wachsende Geschwindigkeit in der Organisationsentwicklung der Unternehmen.

Gemeinkosten-Wertanalyse beschäftigt sich nur mit Symptomen, der Erfolg ist nicht durchgreifend

Die funktionsorientierte arbeitsteilige Organisation führt in einer komplexer werdenden Situation zwangsläufig zu immer mehr Gemeinkosten. Hierauf zielende Kostensenkungsprogramme (zum Beispiel durch Gemeinkosten-Wertanalyse) bekämpfen jedoch nur Symptome, packen das Übel aber nicht an der Wurzel. Meist erreicht man die ermittelte Senkung von indirektem Personal und damit Gemeinkosten nicht, da «viertel und halbe Köpfe» als Einsparungspotential addiert worden sind, die man ja bekanntlich nicht freisetzen kann.

Wir müssen den Prozeß der Wertschöpfung neu gestalten

Besser ist ein Ansatz, der die Produktionsprozesse und deren Auswirkung auf die Gemeinkosten eingehend beleuchtet. Indirektes Personal ist nur dann erforderlich, wenn es um Aufgaben geht, die nicht direkt innerhalb der Wertschöpfungskette erledigt werden können.

Blaxill und Hout weisen in ihrer weltweiten Studie von über hundert Produktionsunternehmen nach, daß die Wettbewerbsfähigkeit nicht ursächlich durch die Höhe der Gemeinkosten, sondern durch die Produktionsprozesse bestimmt wird [Blaxill 1992]. Ineffiziente Umstände, Aktivitäten und Abläufe vor, während und nach der eigentlichen Wertschöpfungsphase bestimmen die erforderlichen Aufwendungen. Die Beherrschung eines Produktionsprozesses führt zur Vermeidung jedes redundanten oder zusätzlichen Informationsaufwandes und senkt damit Personalaufwand und Gemeinkosten. Nach Meinung der Autoren werden in «robusten Fertigungsverfahren» nicht nur die Gemeinkosten verringert, sondern auch die Durchlaufzeiten kürzer und die Qualität höher. Dazu sind allerdings alle Abläufe von der Entwicklung bis zu den Lieferanten- und Kundenbeziehungen zu betrachten, sonst kommt es zu Fehlentscheidungen:

Die Beherrschung des Produktionsprozesses vermeidet unnötigen Informationsaufwand und bestimmt die Wettbewerbsfähigkeit

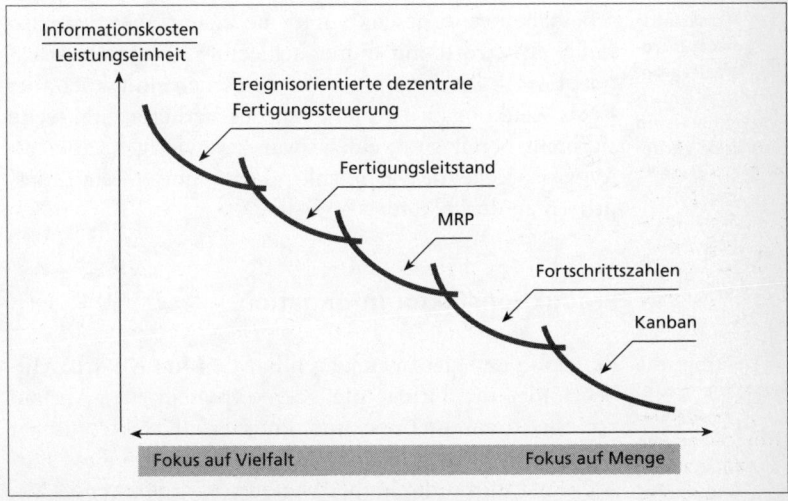

Bild 41: Angepaßte Methoden zur Ablaufsteuerung

Eine nicht durchdachte Senkung der Fertigungstiefe kann katastrophale Folgen haben

Als Negativbeispiel geben sie ein Unternehmen in den USA an, das einige Modelle aus seiner Produktpalette von Lieferanten bezieht, um Gemeinkosten zu senken. Da die Fremdbezüge aber wieder in die Arbeitsprozesse des Unternehmens einlaufen müssen, steigen in einem gegenläufigen Effekt die Gemeinkosten. Sie steigen weiter durch einen zunehmenden Logistikaufwand im Einkauf.

Darüber hinaus kommt man zu Überschußkapazitäten und vernachlässigt eigene Innovationen in der Fertigungstechnik. So verliert das Unternehmen seine Wettbewerbsfähigkeit, da es letztlich einen schlechteren Technologiestand und einen höheren Logistikaufwand erreicht hat.

Als Positivbeispiel wird Toyota genannt, das weniger als einen Beschäftigten je eine Million Dollar Umsatz einsetzt, also nur ein Fünftel im Vergleich zu amerikanischen Konkurrenten.

Beispiele zeigen das große Potential der Integration indirekter Tätigkeiten in den Wertschöpfungsprozeß

Das Unternehmen Haschimoto Forming Industries beherrscht seine Walzverfahren für laminierte Formteile so, daß die Anzahl der indirekt Beschäftigten und Gehaltsempfänger weniger als 50 Prozent eines entsprechenden US-Mitbewerbers beträgt. Dabei ist aber sicher nicht nur der eigentliche Fertigungsprozeß die Ursache, sondern die Integration der Fertigung in den gesamten Ablauf.

Ein Umdenken ist also erforderlich mit grundsätzlich neuem Ansatz. Sonst werden die Kosten *und* die Leistung scheibchenweise gesenkt, und die eigene Wettbewerbsfähigkeit wird damit immer schlechter. Funktionsorientiert bürokratisch geführte Unternehmen sind trotz aller Kostensenkungsprogramme auf der Verliererseite, wenn sie nicht bereit sind, einen zwar langwierigen, aber erfolgversprechenden Umdenk-, Lern- und Gestaltungsprozeß zu durchlaufen.

Funktionsorientiert bürokratisch geführte Unternehmen sind auf der Verliererseite

Produktionsfaktor Information

Elektronische Bauelemente: rapide Leistungszunahme bei starkem Preisverfall

Bereits in den siebziger Jahren hat Gordon Moore, Mitbegründer der Firma Intel, den exponentiellen Verlauf von Leistungszunahme und Preisverfall elektronischer Bauelemente vorhergesagt. Ermöglicht wurde diese Entwicklung durch die immer weiter voranschreitende Miniaturisierung – Feinstrukturen heutiger Chips liegen bereits unterhalb von 10^{-6} Metern (Bild 42). Von den dadurch ausgelösten Entwicklungen in der Produktionstechnik war bereits die Rede.

Auch die konservativste Firma kann sich dem heute nicht mehr entziehen, weder in bezug auf das Produkt noch auf die Produktion.

Trotz fehlender betriebswirtschaftlicher Erfassung müssen wir begreifen:

• Das Unternehmen ist ein informationsverarbeitendes System.

Unternehmen sind informationsverarbeitende Systeme

• Der Informationsaufwand ist entscheidend für die Gestaltung der Produktion.

Wir können zwei wesentliche Aufwandsbereiche unterscheiden:

Wesentliche Aufwandsbereiche: technischer und logistischer Informationsfluß

• technischer Informationsfluß (produkt- und prozeßorientiert),

• logistischer Informationsfluß (ablauforientiert).

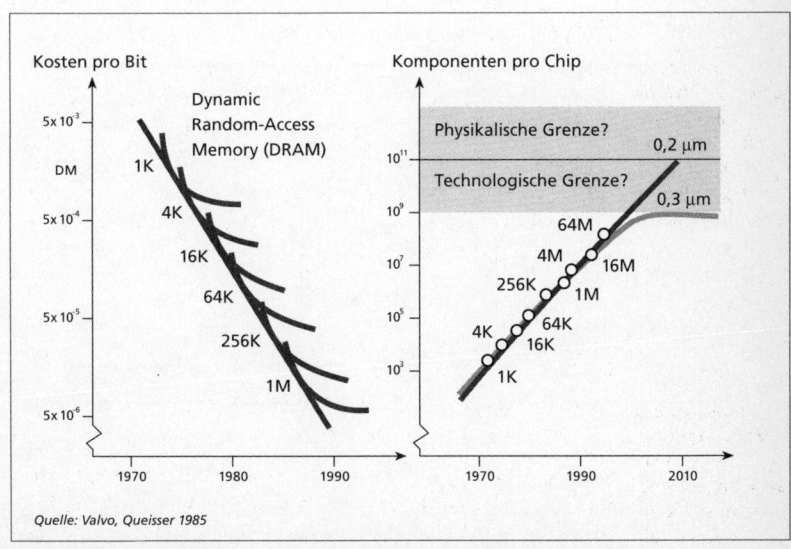

Quelle: Valvo, Queisser 1985

Bild 42: Leistung und Kosten von elektronischen Bauelementen

Der technische Informationsfluß von der Entwicklung und Konstruktion über die Planung zum Prozeß ist vielfach noch durch wiederholte Ermittlung identischer Daten und entsprechende Redundanz gekennzeichnet.

CAD ist der Ausgangspunkt der Rationalisierung des technischen Informationsflusses

Dabei sind im CAD-System alle Informationen zur geometrischen Beschreibung des Produktes enthalten, um damit zum Beispiel die Bewegungsbahnen für Werkzeuge von Industrierobotern generieren zu können. Parallel dazu sind die technologischen Daten für die erforderlichen Bearbeitungs- und Fügevorgänge abgespeichert.

Integration von Teillösungen durch ein übergreifendes Datenmodell

Ein gemeinsames Datenmodell sowie geeignete Datenstrukturen machen die Teillösungen integrierbar. Durchgängigkeit muß aber auch rückwärts gewährleistet werden, damit später erworbene Kenntnisse beziehungsweise Daten zur direkten Korrektur und Aktualisierung in die Entwicklung und Konstruktion zurückgeführt

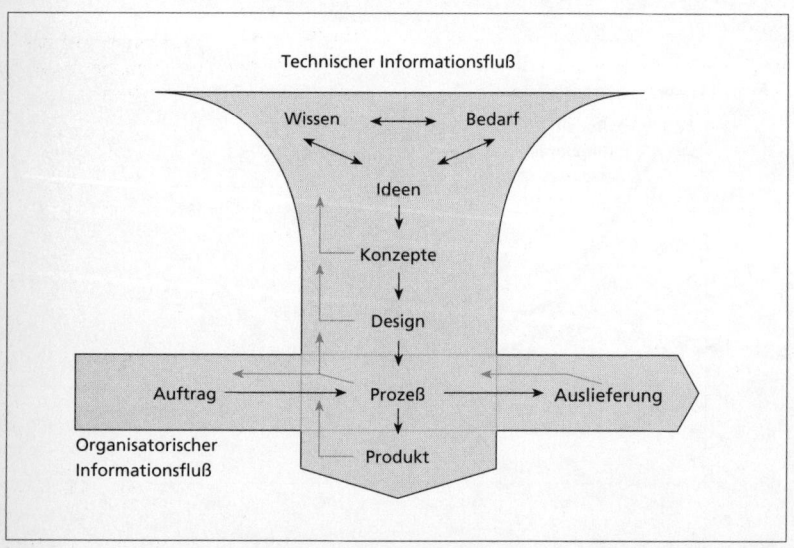

Bild 43: Technischer und logistischer Informationsfluß im Produktionsbetrieb

werden können, sei es auch nur zum Soll-Ist-Vergleich für die Qualitätssicherung. Dieser kurze und schnelle Regelkreis muß geschlossen werden, da die Toleranz der Kunden und des Gesetzgebers gegenüber Fehlern immer mehr abnimmt.

Totale Qualität bei geringem Informations- und Prozeßaufwand ist wirtschaftlich

Gelingt es, die Fertigungstoleranzen zuverlässig innerhalb der zulässigen Grenzen zu halten, minimiert sich auch der informationstechnische Aufwand für die Qualitätssicherung. Bei einer Prozeßtoleranz von sechsfacher statistischer Streuung verringert sich der Anteil der Fehlteile auf $3,4 \times 10^{-6}$. Anzustreben ist eine Prozeßfähigkeit $C_p \geq 2$ (Bild 44). Während die Prozeßsteuerung im Verantwortungsbereich der Fertigung liegt, wird die Entwurfstoleranz von der Produktentwicklung bestimmt. Die «totale Qualität» wird somit wirtschaftlich erreichbar, da Informations- und Prozeßaufwand gleichzeitig sinken. Ein neues Produkt muß sofort, wenn es auf den Markt kommt, besser sein als das Produkt, das es ersetzt. Eine stabile, unter Qualitätsgesichtspunkten einwandfreie Produktion muß deshalb möglichst schnell nach Produktionsbeginn erreicht werden. Auf diese Weise wird der kostspielige Zeitverzug zwi-

Das Streben nach Null-Fehler führt zum Sechs-Sigma-Programm, drei Fehler je Million, zum robusten, beherrschten Prozeß

Fehler vermeiden, nicht beseitigen

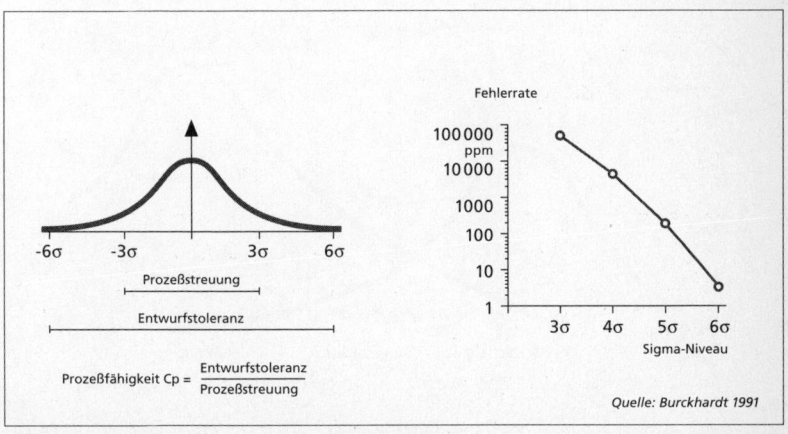

Fehlerrate

Prozeßstreuung

Entwurfstoleranz

$$\text{Prozeßfähigkeit } C_p = \frac{\text{Entwurfstoleranz}}{\text{Prozeßstreuung}}$$

Sigma-Niveau

Quelle: Burckhardt 1991

Bild 44: Prozeßfähigkeit als statistische Größe

schen Auftreten und Erkennen von Fehlern minimiert (Bild 45).

Das PPS-System ist Ausgangspunkt der Rationalisierung des organisatorischen Informationsflusses

Der logistische oder organisatorische Informationsfluß hat den Weg von der Bestellung des Kunden oder dem Vertriebsprogramm über den Herstellprozeß zur Anlieferung einschließlich der Fakturierung zum Inhalt. Er wird durch das Produktionsplanungs- und -steuerungssystem rationalisiert. Extrem arbeitsteilige Strukturen, wie sie Taylor als scheinbar optimale Lösung hergeleitet hat, sind gekennzeichnet durch einen geringen

Arbeitsteilige Organisation der Mengenfertigung benötigt geringen Informationsaufwand

Informationsaufwand zur Steuerung des Prozesses. Diese Informationen sind zwar vorhanden, werden als solche aber kaum noch wahrgenommen, da sie – vorab in der Arbeitsvorbereitung – einmalig festgelegt wurden: die Kurvenscheibe als mechanisch verschlüsselte Weginformation oder die Anordnung einer Fertigungslinie als Ausdruck der Abfolge von Arbeitsgängen.

Kundenorientierte Produktion führt zu hohem Logistik- und Kommunikationsaufwand

Durch die Brille der Informationstechnik betrachtet, steigt bei einer auf Vielfalt fokussierten Produktion der Logistik- und Kommunikationsaufwand an, da zum Beispiel weder die Gestalt des Werkstücks noch die Bearbei-

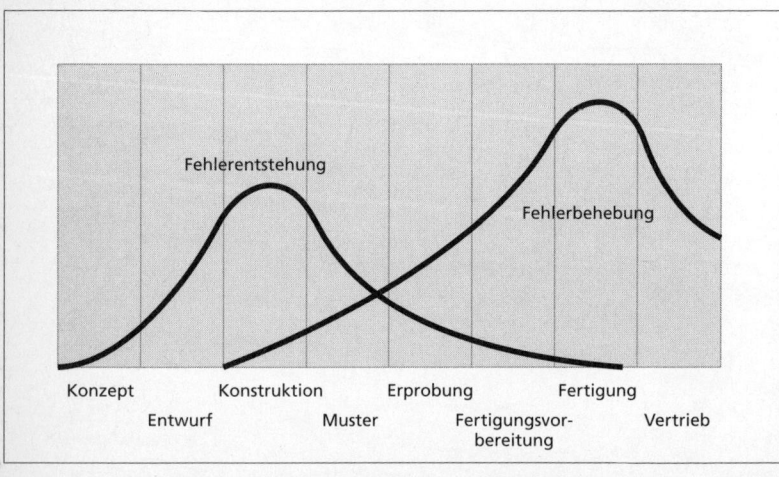

Bild 45: Fehlerentstehung und -behebung

tungsfolge in Werkzeug und Fertigungseinrichtung gespeichert sind. Die Informationen sind in einer Zeich-
nung enthalten oder elektronisch verschlüsselt und müssen jeweils neu umgesetzt werden. Zur Gestaltung der
Produktion steht uns heute ein Baukastensystem unterschiedlicher Methoden zur Verfügung, die sinnvoll zu **Fehlerentste-**
kombinieren und anzuwenden sind. Jede Methode – ge- **hung durch**
nau wie jede Maschine - hat ihren begrenzten Anwen- **Simultaneous**
Engineering
dungsbereich und macht gezielte Auswahl und Substitu- **bekämpfen,**
tion beziehungsweise Methodenauswahl bei Änderung **Methoden sind**
der Randbedingungen erforderlich (Bild 47). **verfügbar**

Produzieren ist Umwandeln von Informationen in ge-

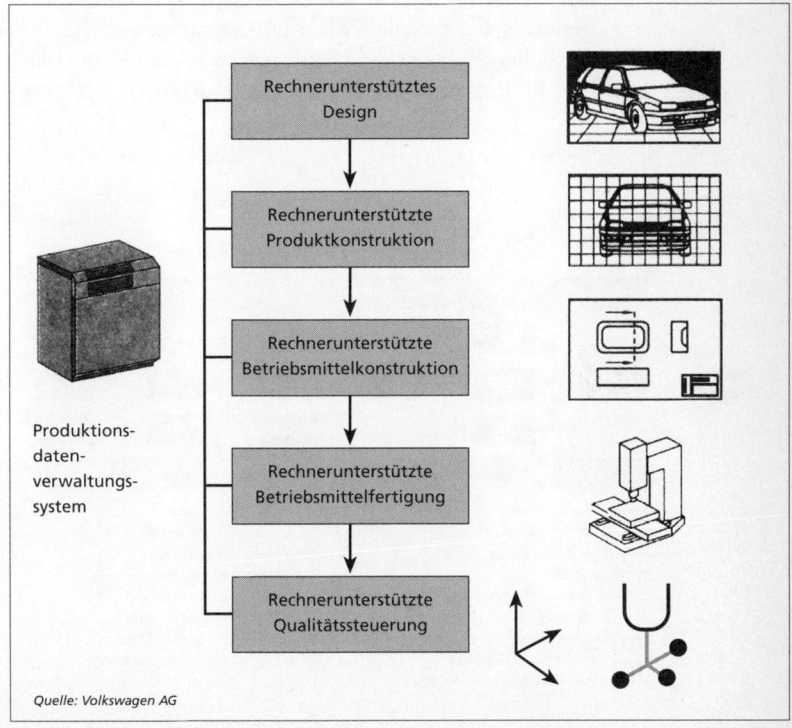

Quelle: Volkswagen AG

Bild 46: Rechnerunterstützte Prozeßkette im Karosseriebau

Produzieren ist Umwandeln von Informationen

staltete Materie über gesteuerte Energie. Die gestiegenen Kosten für die Datenverarbeitung führen zu einem immer stärker werdenden Kostenbewußtsein der Anwender auf diesem Gebiet. Der Wert des Produktionsfaktors Information als vierte Ressource wird in seiner Bedeutung mehr und mehr erkannt. Die Sinnfälligkeit und Notwendigkeit der elektronischen Datenverarbeitung dafür wird nicht in Frage gestellt. Lösungen werden aber immer umfassender und komplexer, der technische Fortschritt erfordert eine ständige Anpassung und damit sehr viel Aufwand zur Erhaltung der Qualifikation von EDV-Spezialisten.

Information gewinnt als Produktionsfaktor an Bedeutung

Das Controlling mit Hilfe von Vollkostenbetrachtungen wird damit auch den EDV-Bereich erfassen. Aus der Erkenntnis heraus, daß die EDV-Leistungen nicht zum eigentlichen Kerngeschäft gehören, wird die Frage nach ihrem Fremdbezug mehr und mehr diskutiert. Zumin-

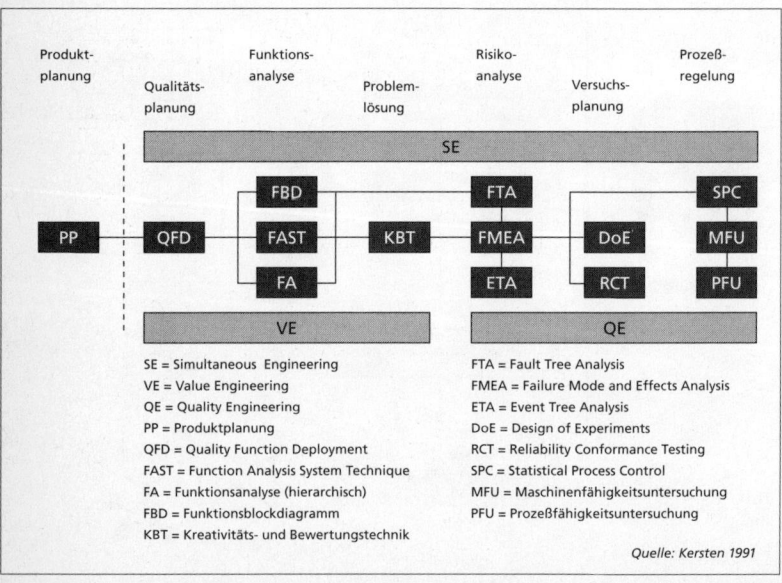

Bild 47: Integriertes Methodensystem

dest muß man intern den Dienstleistungscharakter dieses Bereiches durch definierte Ein- und Ausgänge zur Geltung bringen. Denn sicher ist, daß Information und Kommunikation in einer Firma als entscheidende Wettbewerbsfaktoren unternehmensintern beherrscht und eingesetzt werden müssen. Das schließt aber nicht aus, auswärtige Hardwarekapazität im Netzverbund bedarfsbezogen einzukaufen und damit auch das Know-how qualifizierter hauptamtlicher EDV-Spezialisten zu nutzen.

EDV-Leistungen sind Dienstleistungen oder einfach eine Hilfsfunktion

Wenn Information als Produktionsfaktor zu betrachten ist, dann ist mit ihr genauso rationell umzugehen wie mit den Produktionsfaktoren Arbeit, Kapital und Material. Die Ansicht, wegen des immer günstiger werdenden Preis-Leistungs-Verhältnisses der Hardware könne man

Wir müssen mit der Ressource Information sparsam umgehen

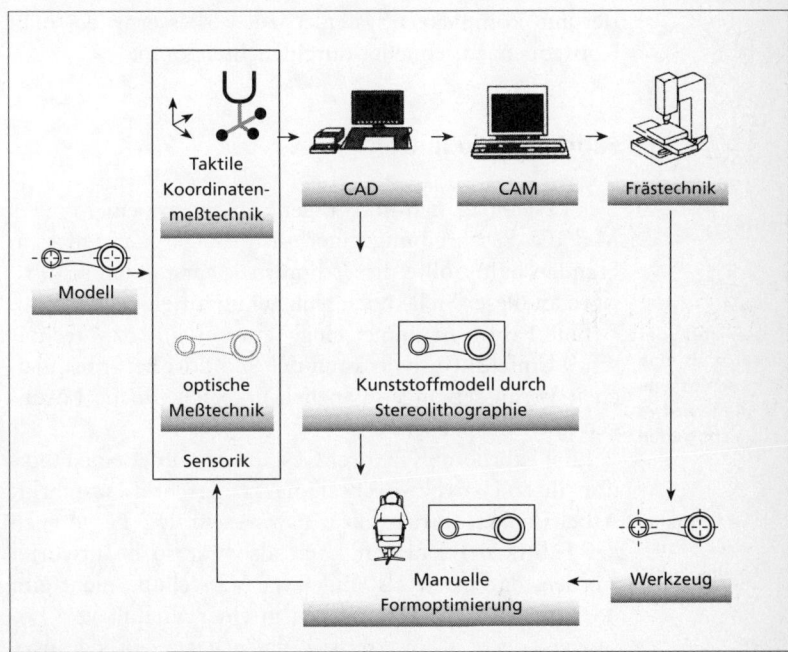

Bild 48: CAQ-Informationsverbund

Der Informationsaufwand zum Erfüllen einer Produktionsaufgabe ist zu minimieren

großzügig mit Informationsverarbeitung und -speicherung umgehen, führt in die falsche Richtung. Das Gegenteil muß geschehen: Es gilt, den Informationsaufwand zur Erfüllung einer Produktionsaufgabe zu minimieren.

Leider scheint es wohl nicht zu gelingen, «Information» als Kostenart zu erfassen wie Material oder Lohn. Wir können zwar die Menge feststellen, zum Beispiel belegte Speicherkapazität, aber den Daten beziehungsweise Informationen in der Regel keinen Wert zuweisen. So

Informationskosten sind nicht quantifizierbar

bleiben gegenwärtig nur die qualitative Einschätzung und die Forderung, Abläufe und Systeme so zu gestalten, daß sie möglichst wenig Informationsverarbeitung erfordern.

Entsprechend kritisch müssen wir in Zukunft Experten- oder besser wissensverarbeitende Systeme betrachten. Sie können aber helfen, unser Problem, die Strukturierung komplexer Systeme, zu verbessern, da man Konsequenzen schneller durchleuchten kann.

Fabrik der Zukunft?

Der Leser mag sich nun fragen, ob er jetzt ein weiteres Mal die Beschreibung einer «Fabrik der Zukunft» in Händen hält. Sollte dieser Eindruck entstanden sein, so ist es an dieser Stelle noch früh genug für eine Korrektur.

Die Fabrik der Zukunft als eine geschlossene Lösung wird es nicht geben

Eine Fabrik ist immer eingebettet in ein sozio-technisches Umfeld. Deshalb kann der Standort bei sonst gleichen Voraussetzungen gänzlich unterschiedliche Lösungen nach sich ziehen.

Die Fabrik ist in ihrer Gestaltung eine Funktion der Umwelt

Eine Fabrik muß in ihrer Gestaltung immer eine Funktion ihrer Umwelt – Absatzmarkt, Beschaffungsmarkt, Arbeitsmarkt, Infrastruktur usw. – sein. Die Frage nach der Fabrik der Zukunft kann also nur so beantwortet werden, daß es sie als eindeutige Vorstellung nicht gibt oder geben wird. Wir bleiben in einer Vielfalt von Lösungen, deren Charakteristik darin liegt, daß sie angepaßt sind und durch Dynamik, also ständige interne und externe Innovationen, in der turbulenter werdenden Umwelt sicherstellen, daß wir «Fabriken *mit* Zukunft» haben.

Wie im bisherigen Verlauf unseres Gangs durch die Welt der industriellen Produktion hinlänglich deutlich wurde, steht einer wachsenden Zahl von Aufgaben und Problemen eine sehr bescheidene Zahl langfristig erfolgversprechender Lösungsansätze gegenüber. Die Richtigkeit dieser Aussage zeigt sich besonders deutlich im strategisch so immens wichtigen Bereich der Strukturbildung. Es scheint, als sei der Ingenieur hier an einer Grenze seines wissenschaftlichen Erkenntnisvermögens angelangt.

Hochkomplexe Strukturen in einer turbulenten Umgebung bedürfen einer adäquaten, wissenschaftlichen Beschreibung und Erklärung: Mit dieser Wahrheit sind nicht nur die Ingenieurwissenschaften konfrontiert. In einigen Wissenschaftsbereichen wird bereits seit geraumer Zeit an der Schaffung neuer Paradigmen gearbeitet, die sich mit Zuständen und Verhaltensweisen solcher «chaotischer Systeme» auseinandersetzen. Diese Aktivitäten zielen auf beschreibungs- und erklärungsadäquate Modelle und Theorien.

Die folgenden Abschnitte sollen einen Einblick in diese Arbeiten vermitteln, wobei wir unser ureigenes Interesse nicht aus den Augen verlieren wollen: die Frage der Strukturbildung! Vorschläge anderer Wissenschaften sollten von uns sehr ernst genommen, ihre Übertragbarkeit auf unsere Probleme sorgfältig geprüft werden – auch die kybernetische Systemtheorie, Grundlage vieler ökonomischer und technologischer Theorien, entstammt ursprünglich einem gänzlich anderen Forschungsfeld: der Biologie. Wir haben die Forderung nach dem Blick über den Zaun unserer Disziplin so weit verinnerlicht, daß sie Eingang in die Nomenklatur unseres Experiments gefunden hat. Wir reden über die **Fraktale Fabrik**.

Aber: Neue
Konzepte brau-
chen Zeit, bis
sie sich be-
währen

«*Fraktale werden Darstellungsmittel und Forschungsmethoden
für Untersuchungen liefern, die eben erst begonnen haben. Sie
können vielleicht... ein neues Bild der Ganzheit schaffen. Im
kommenden Jahrzehnt werden die Fraktale zweifellos immer
mehr über das Chaos offenbaren, das innerhalb der Ordnung
verborgen liegt, sowie auch darüber, wie Stabilität und Ordnung aus zugrundeliegender Turbulenz und Zufälligkeit geboren werden können. Und sie werden uns mehr über die Bewegungen der Ganzheit enthüllen.*» BRIGGS / PEAT 1990

Ordnung und Chaos –
zwei sich ergänzende Weltbilder

Im Jahre 1892 machte der französische Mathematiker
Henri Poincaré (1854–1912) eine seltsame Entdeckung.

Der Psychologe
Edward de
Bono: Sie kön-
nen nicht ein
anderes Loch
graben, wenn
Sie immer nur
dasselbe Loch
tiefer graben.
Sie müssen an-
fangen, ganz
woanders zu
buddeln

Beim Versuch, Planetenbahnen unter Berücksichtigung
der gegenseitigen Beeinflussung vorauszuberechnen,
kam er zu interessanten Ergebnissen: Eine minimale
Abweichung bei den Eingangsgrößen der Berechnung
führte schließlich zu gänzlich unterschiedlichen Resul-
taten. Diese Entdeckung machte den Gelehrten rat-
los, weil sie das Weltbild seiner Zeit zu erschüttern
schien.

«*Die Dinge sind so bizarr, daß ich es nicht aushalte, weiter darüber nachzudenken.*» HENRI POINCARÉ

Bereits seit der Antike beherrscht eine von Kausalitätsprinzip und dualer Logik ausgehende deterministische
Weltanschauung Denken und Handeln der abendländi-
schen Wissenschaft. Grundlegend waren die Erkenntnis-
weisen des logisch-rationalen Denkens, die Abkehr vom
Mystizismus der vorsokratischen Zeit, untrennbar mit
den Namen zweier griechischer Philosophen verbunden: des Sokrates-Schülers Platon (427–347 v. Chr.)
und vor allem des Platon-Schülers Aristoteles (384–322
v. Chr.). Die philosophischen Grundlagen des Rationa-
lismus, im Mittelalter teilweise unter den Ausflüssen
christlicher Mystik verschüttet, erlebten ihre Renais-

Unsere Denktra-
dition: analysie-
ren, auf seinem
Standpunkt be-
harren, Fehler
suchen

sance im Zeitalter des Humanismus und kulminierten in der radikalen Erkenntnistheorie des Aufklärers René Descartes (1596–1650): «Cogito, ergo sum – ich denke, also bin ich». Pierre Simon Laplace (1749–1827) proklamierte die prinzipielle Berechenbarkeit der Zukunft, sofern zu einem beliebigen Zeitpunkt der Zustand und alle Gesetzmäßigkeiten des Universums bekannt seien.

Mit diesem Ansatz hat die Naturwissenschaft große Erfolge gefeiert, und nicht zuletzt die Technik hat hiervon profitiert. Die letzten Geheimnisse der Natur schienen vor der Aufklärung zu stehen, der Optimismus der Gelehrten war grenzenlos. Es gab sogar Stimmen, die das Ende ganzer Wissenschaftsdisziplinen vorhersagten, weil alle Zusammenhänge in absehbarer Zeit geklärt seien

Der Glaube an die Berechenbarkeit hat große Erfolge möglich gemacht

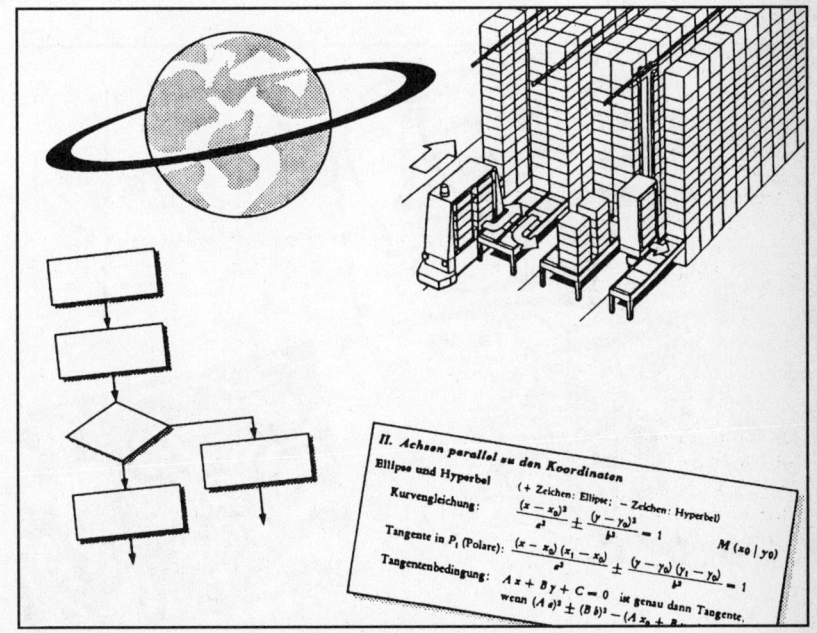

Bild 49: Deterministisches Weltbild

Die reale Entwicklung weicht sehr schnell von unserer linearen Extrapolation ab

(dem Primaner Max Planck wurde deshalb von einem Physikstudium abgeraten! [Sexl 1984]).

Frederic Winslow Taylor, der Begründer der Produktionstechnik als Wissenschaftsdisziplin, gehört eindeutig dieser Denkschule an:

Linearität kann immer nur in engen Grenzen vorausgesetzt werden

In begrenzten Systemen werden wir die Berechenbarkeit weiter vorantreiben können

«Mit Hilfe von vier Rechenschiebern, die speziell zur Feststellung der Leistungsfähigkeit von Metallbearbeitungsmaschinen hergestellt waren, bestimmte man sorgfältig die Beziehungen zwischen den charakteristischen Eigenschaften der Maschine und der zu leistenden Arbeit: Ihre Durchzugskraft bei verschiedenen Geschwindigkeiten, der größte bei ihr mögliche Vorschub und die entsprechenden Tourenzahlen wurden mit Hilfe der Rechenschieber ermittelt. Dann änderte man Zahnräder- und Riemenvorgelege so, daß die Maschine mit der richtigen, das heißt günstigsten Geschwindigkeit lief. Werkzeuge aus Schnelldrehstahl wurden nach unseren Angaben in den richtigen Formen und mit den richtigen Schneidewinkeln hergerichtet, gehärtet und geschliffen.» *TAYLOR 1919*

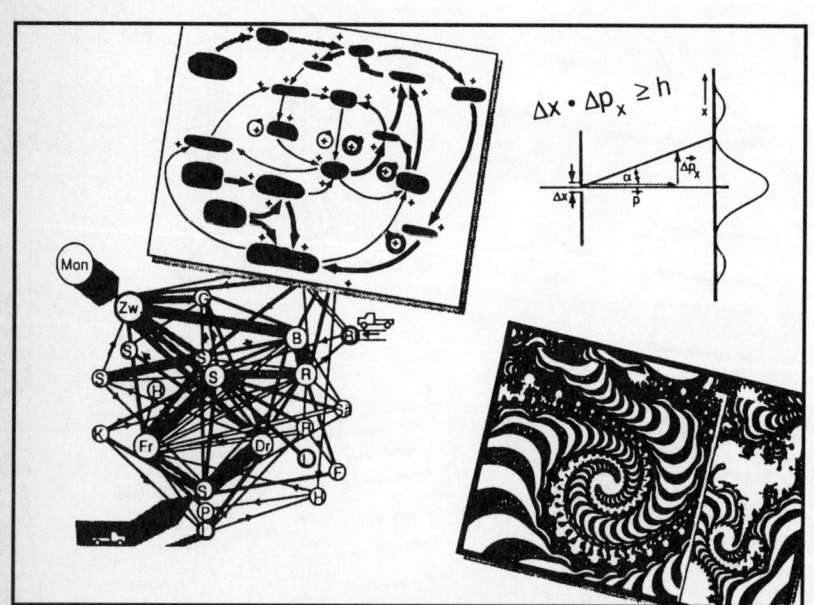

Bild 50: Chaotisches Weltbild

Während die Ingenieurwissenschaft bis in unsere Zeit an dieser Fiktion festhält, haben sich die Naturforscher angesichts überraschender Beobachtungen schon vor Jahrzehnten von ihr lösen müssen. Relativitätstheorie und Quantenmechanik markieren den Abschied vom Kausalitätsprinzip. Wenn Zustände prinzipiell nicht eindeutig beschrieben werden können und aus dieser Unsicherheit die Unmöglichkeit der Vorhersage des Systemverhaltens folgt, muß das Weltbild neu geordnet werden. Bekanntlich wurden die damaligen Gelehrten in eine tiefe Sinnkrise gestürzt, weil das neue Weltbild auch starke Rückwirkungen auf philosophische Fragestellungen hatte.

Von der Kausalität, dem Erfolg der Logik als einzigem Prinzip, müssen wir uns verabschieden

Wie zwei Gelehrte früherer Zeit über Zufall und Determinismus dachten, wird im folgenden verdeutlicht.

Laplace, 1776:

«Der momentane Zustand des ‹Systems› Natur ist offensichtlich eine Folge dessen, was er im vorherigen Moment war, und wenn wir uns eine Intelligenz vorstellen, die zu einem gegebenen Zeitpunkt alle Beziehungen zwischen den Teilen des Universums verarbeiten kann, so könnte sie Orte, Bewegungen und allgemeine Beziehungen zwischen all diesen Teilen für alle Zeitpunkte in Vergangenheit und Zukunft vorhersagen... Die Einfachheit der Gesetze, nach denen sich die Himmelskörper bewegen, und die Beziehungen zwischen ihren Massen und Abständen erlauben der Analysis, ihren Bewegungen bis zu einem gewissen Punkt zu folgen; und um nun den Zustand dieses Systems großer Massen für zukünftige und vergangene Jahrhunderte zu bestimmen, genügt es dem Mathematiker, daß ihre Orte und Geschwindigkeiten zu einem Zeitpunkt durch Beobachtung gegeben sind: Die Menschheit verdankt diese Möglichkeit den leistungsfähigen Instrumenten, die sie benutzt, und den wenigen Beziehungen, die man zur Berechnung braucht.»

Ordnung und Determinismus: berechenbare Beziehung Ursache–Wirkung

Poincaré, 1903:

«Eine sehr kleine Ursache, die wir nicht bemerken, bewirkt einen beachtlichen Effekt, den wir nicht übersehen können, und dann sagen wir, der Effekt sei zufällig. Wenn die Naturgesetze und der Zustand des Universums zum Anfangszeitpunkt exakt bekannt wären, könnten wir den Zustand dieses Universums zu einem späteren Moment exakt bestimmen. Aber selbst wenn es kein Geheimnis in den Naturgesetzen mehr gäbe, so könnten wir die Anfangsbedingungen doch nur annähernd be-

Chaos und Wahrscheinlichkeit: unberechenbare Beziehung Ursache–Wirkung

stimmen. Wenn uns dies ermöglichen würde, die spätere Situation in der gleichen Näherung vorherzusagen – dies ist alles, was wir verlangen –, so würden wir sagen, daß das Phänomen vorhergesagt worden ist und daß es Gesetzmäßigkeiten folgt. Aber es ist nicht immer so; es kann vorkommen, daß kleine Ab-

Vorhersagen können unmöglich werden: Das Ergebnis ist «zufällig»

weichungen in den Anfangsbedingungen schließlich große Unterschiede in den Phänomenen erzeugen. Ein kleiner Fehler am Anfang wird später einen großen Fehler zur Folge haben. Vorhersagen werden unmöglich, und wir haben ein zufälliges Ereignis.»   *CRUTCHFIELD 1987*

Die Entdeckung Poincarés geriet fast ein Jahrhundert lang in Vergessenheit. Mühselige Handrechnungen setzten der weiteren Untersuchung dieser Phänomene enge Grenzen. Erst der Computer erlaubte es schließlich, einen neuen Ansatz zur Behandlung komplexer Systeme zu entwickeln. Anstoß hierzu gab unter anderem eine

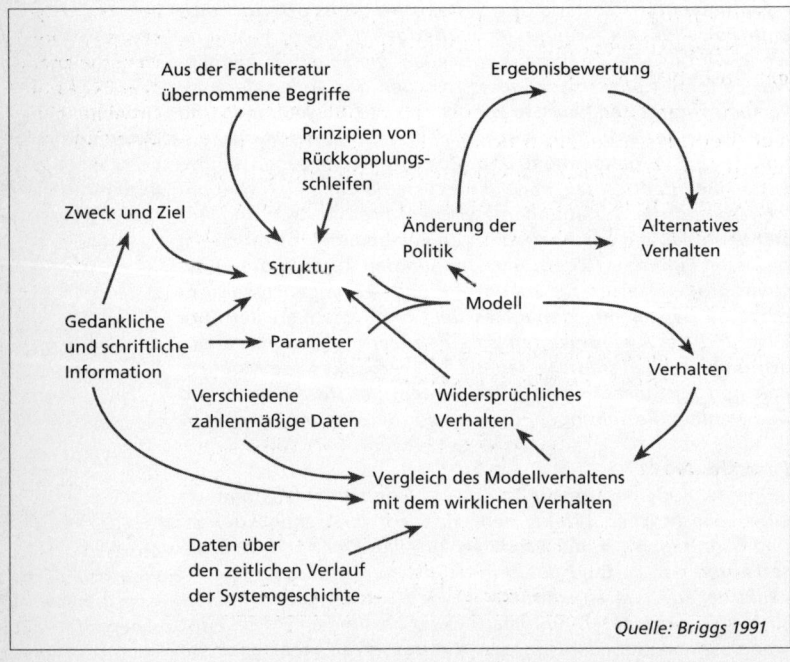

Quelle: Briggs 1991

Bild 51: Nichtlineare Rückkopplungen bei der Modellbildung

eher zufällige Entdeckung: In mathematischen Modellen zur Beschreibung des Wettergeschehens zeigte sich, daß minimale Abweichungen bei scheinbar unbedeutenden Parametern das Ergebnis in sein Gegenteil verkehren können. Bekannt geworden ist dieses Verhalten als der sogenannte Schmetterlingseffekt: Modellrechnungen zeigen, daß der Flügelschlag eines Schmetterlings schließlich einen Wirbelsturm auf einem anderen Kontinent zur Folge haben kann. Wenn dieser Effekt in der Realität auch niemals nachzuweisen sein wird, er vermittelt eine Vorstellung davon, was Chaos eigentlich ist und wo die Unterschiede zum allgemeinen Sprachgebrauch liegen.

Der Schmetterlingseffekt: eine minimale Störung kann an anderer Stelle einen Wirbelsturm verursachen

In der unternehmerischen Praxis werden derartige Effekte schon seit einiger Zeit mit einer gewissen Ratlosigkeit zur Kenntnis genommen. Man spricht in diesem Zusammenhang von der Extrapolationsfalle, ohne eine schlüssige Antwort auf die dadurch aufgeworfenen Fragen zu haben (Bild 52).

Das Verhalten komplexer Systeme läßt uns immer wieder in eine Extrapolationsfalle hineinlaufen

Das Wettergeschehen in unserer Atmosphäre eignet sich hervorragend als Studienobjekt für das Verhalten komplexer Systeme. Obwohl jedes Luftteilchen allein strengen physikalischen Gesetzmäßigkeiten gehorcht, bilden sich Strukturen höherer Ordnung wie zum Bei-

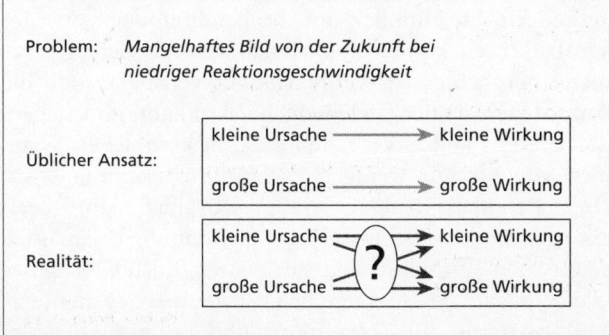

Bild 52: Die Extrapolationsfalle

Wir müssen unsere Denkmuster – Vorurteile – überwinden. Diese Schablone ist nur reaktiv, ja negativ und heute gefährlich zerstörerisch

Komplexe Systeme werden transparent, wenn wir die entscheidenden Ordnungsparameter finden und erfassen

Ordnungsparameter lassen immer wieder Ordnung aus dem Chaos entstehen. Sie ermöglichen Selbstorganisation

spiel Hoch- und Tiefdruckgebiete. Nun kann man sich fragen, wie solche Strukturen – quasi aus dem Nichts – in äußerst komplexen Systemen entstehen können. Antworten auf diese Frage bringen uns auch der Lösung unseres eigentlichen Anliegens – der Schaffung zukunftsweisender Produktionsysteme – näher. Die Symptome sind durchaus vergleichbar.

Ein komplexes System wird beschrieben durch seine Elemente mit all ihren Eigenschaften und Wechselwirkungen untereinander. Darüber hinaus treten Wechselwirkungen mit der Umgebung auf, reale Systeme können nicht als abgeschlossen behandelt werden. Eine vollständige Beschreibung des Systems muß selbstverständlich bis in atomare Dimensionen reichen. Das zeitliche Verhalten der Systemelemente in Abhängigkeit von den Umgebungseinflüssen (Kontrollparametern) findet seinen Ausdruck in einer entsprechenden Anzahl nichtlinearer Differentialgleichungen. Diese Tatsache ist einigermaßen erschreckend und entmutigend für denjenigen, der damit das System beschreiben oder gar beeinflussen möchte. Die Tatsache jedoch, daß sich in solchen Systemen trotzdem Strukturen höherer Ordnung bilden, findet auch ihren Ausdruck in der mathematischen Ableitung:

Einige Zustandsparameter unterliegen schnellen zeitlichen Änderungen, während andere sich nur langsam verändern. Im Hinblick auf die Beschreibung von Makrostrukturen können die schnell veränderlichen Parameter vernachlässigt werden. Somit verringert sich die Anzahl zu lösender Gleichungen. Man kann nun zeigen, daß dieses Langzeitverhalten auch in komplexen Systemen von oft nur wenigen Parametern bestimmt wird. Diese Parameter heißen Ordnungsparameter. Ihre Gleichungen sind der Schlüssel zur Beschreibung der makroskopischen Ordnung. Die stationären Lösungen dieser Gleichungen beschreiben eine eventuell vorhandene Makrostruktur. In Bestimmung und Beeinflussung der Ordnungsparameter – nicht der Kontrollparameter –

liegt der Schlüssel zum Verständnis und zur Steuerung komplexer Systeme. Dies gilt nicht nur für natürliche Strukturen, sondern läßt sich auch auf Phänomene der Organisationsentwicklung anwenden. In diesem Zusammenhang interessiert uns ganz besonders ein Phänomen, das allgemein als Selbstorganisation bezeichnet wird.

Strukturbildung durch Selbstorganisation

Die Herausbildung von geordneten Systemstrukturen läßt sich anhand zahlreicher Beispiele schildern. Naheliegend sind in diesem Zusammenhang zweifellos lebende Organismen. Es handelt sich um äußerst komplexe, vernetzte Ordnungsgefüge, die man statisch überhaupt nicht verstehen kann. Systeme dieser Art entziehen sich jedenfalls einem einfachen Ursache-Wirkungs-Schema. Leben organisiert sich selbst. Friedrich Cramer bezeichnet die Selbstorganisation von Materie zu Leben als ein physikalisches Prinzip.

Die Ordnung im Leben: dynamischer Aufbau und Zerfall mit ständiger Selbstorganisation

«Um diese Ordnung im dynamischen System aufrechterhalten zu können, müssen ständig Aufbauprozesse ablaufen, die den das Leben ebenso ständig begleitenden Zerfall kompensieren.»
«Strukturbildung durch ‹Selbstorganisation› findet man zum Beispiel, wenn man einen Wasserpolypen in zwei Teile zertrennt oder ein Stück seiner Mitte herausschneidet. In 48 Stunden entsteht in einem Teilbereich des anfangs ziemlich einförmigen Gewebes wieder ein neuer Kopf. Der erste Vorgang bei der Kopfentstehung ist die Bildung eines ‹morphogenetischen Feldes›: In wenigen Stunden wird die künftige Kopfregion ‹aktiviert› ... und diese zunächst noch unsichtbare Aktivierung bewirkt in der Folge die Bildung eines neuen Kopfes.»
CRAMER 1989

Weitere Analogien für die Strukturbildung können anhand synergetischer Prozesse veranschaulicht werden.

Der Laser hat sich seit seiner Entwicklung Anfang der sechziger Jahre ein bemerkenswertes Anwendungsspektrum erschlossen und ist inzwischen zu einem unverzichtbaren Produktionswerkzeug geworden. Nicht aber seine Anwendung soll uns an dieser Stelle interessieren, sondern seine physikalischen Grundlagen.

Ein Laser unterscheidet sich von der üblichen Gasentladungsröhre durch zwei Spiegel, die dafür sorgen, daß die Lichtwellen möglichst lange in der Röhre verbleiben, ehe sie durch einen der etwas durchlässigen Spiegel ausgestrahlt werden. Die Lichtwellen zwingen angeregte Leuchtelektronen, mitzuschwingen und so die Welle zu verstärken, bis sie ihre ganze Energie an die Welle abgegeben haben. Die Wellen unterschiedlicher Frequenz treten miteinander in Konkurrenz, um die Energie der Elektronen zu übernehmen. Letztere aber «bevorzugen» Wellen, die ihrem eigenen «inneren Tanztakt» am nächsten kommen. Die bevorzugte Welle wird nunmehr lawinenartig verstärkt und gewinnt schließlich die Oberhand. Einmal in der Rolle des «Ordners», zwingt sie alle neu angeregten Elektronen, im gleichen Takt mitzuschwingen.

Synergetik beim Laser: Wechselspiel zwischen Zufall, der Bildung vieler Wellen, und Notwendigkeit: die bevorzugte Welle vereinnahmt die schwächeren im Wettbewerb

«Damit die Elektronen gleichmäßig im Takt schwingen, muß ein Ordner, nämlich die Lichtwelle, vorhanden sein. Die Lichtwelle entsteht aber erst durch das gleichmäßige Schwingen der Elektronen. Es sieht so aus, als müßten wir hier eine höhere Macht bemühen, die erst einmal den Ordnungszustand anfänglich schafft, damit sich dieser dann von allein aufrechterhalten kann. Dem ist aber, wie wir eben sahen, nicht so. Es hat ja zuvor ein Wettkampf, ein Ausleseprozeß stattgefunden; alle Elektronen sind dabei Sklave einer bestimmten Welle geworden. Interessant dabei ist, daß anfänglich die verschiedenen Wellen rein zufällig, spontan von den Elektronen erzeugt, dann aber aufgrund der Gesetze des Wettbewerbs ausgesondert, selektiert werden. Wir haben hier das für die Synergetik typische Wechselspiel zwischen Zufall und Notwendigkeit vor uns, wobei der ‹Zufall› durch die spontane Ausstrahlung dargestellt wird, während die ‹Notwendigkeit› durch das unerbittliche Gesetz des Wettbewerbs verkörpert wird.» HAKEN 1995

Bild 53 verdeutlicht die unterschiedlichen Vorgänge bei der Entstehung von Lichtwellen in einer Glühlampe einerseits und im Laser andererseits: An einem Kanal stehende Männchen regen die Wasseroberfläche durch das Eintauchen von Stöcken zu Wellenbewegungen an. Tun sie dies unabhängig voneinander, entsteht eine wildbewegte Oberfläche, was der Lichtwelle einer Lampe entspricht. Bei gleichförmiger Anregung hingegen entsteht eine ebenso gleichförmige Wasserwelle in Analogie zum kohärenten Laserlicht.

Laserlicht: Beispiel für ein selbstorganisierendes System

Der Vergleich mit den Prozessen und Vorgängen in einer Fabrik drängt sich geradezu auf: Nach bisheriger Vorstellung arbeitet die Produktion nach dem Kohärenzprinzip, allerdings – und darin liegt der entscheidende Unterschied – auf zentrale Kommandos hin. Während dieses Prinzip auf einer antiken Galeere zwangsläufig gut funktionierte (oder zum Beispiel auf einem Ruderboot kurzzeitig möglich ist), entspricht die Realität in der Fabrik wohl eher der oberen Darstellung: ungetakteten Einzeltätigkeiten.

Synergetik, angewandt auf die Produktion: Die Fabrik muß sich von der Galeere zum Verband von Schnellbooten entwickeln

Muß demgegenüber die Vision der Fabrik mit Zu-

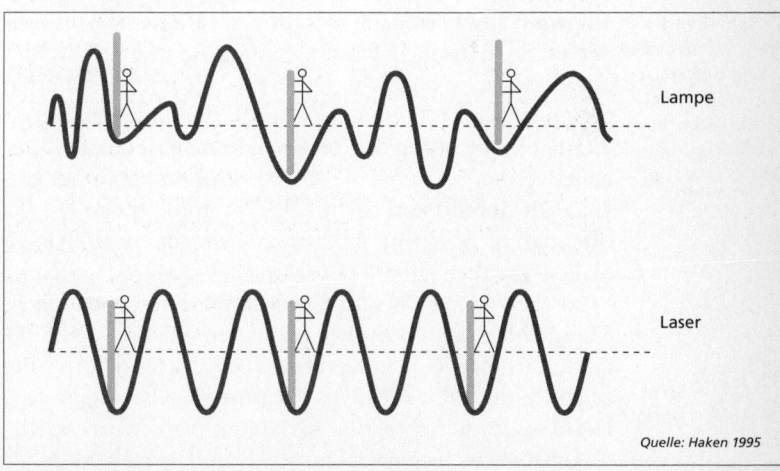

Lampe

Laser

Quelle: Haken 1995

Bild 53: Analogie zur Selbstorganisation im Laser

Fabrik mit Zukunft basiert auf Selbstorganisation

kunft nicht eher dem unteren, auf Selbstorganisation basierenden Prinzip entsprechen? Alle Elemente wirken, lediglich über Ordnungsparameter gelenkt, zusammen und erzeugen so einen wirtschaftlichen Output.

Die Welt der Fraktale

Fraktal: ein Maß für Strukturen hoher Komplexität

Seit man die Gesetze des dynamischen Wandels, die Phänomene der Selbstorganisation, zu erforschen begann, wurde versucht, qualitative Instrumente für dieses turbulente Feld zu kreieren. Der Durchbruch gelang der Mathematik. Sie entdeckte ein Maß für Strukturen hoher Komplexität: das Fraktal.

Das Problem der Beschreibung und Analyse von geometrischen Objekten in mehrdimensionalen Räumen beschäftigt die Mathematiker seit zweihundert Jahren. Die Differentialgeometrie beschreibt diese – global gesehen oft sehr komplexen – Strukturen in kleinen Regionen mittels einfacher Gebilde, beispielsweise Linien oder Ebenen [vgl. Müssigmann 1992].

Skalenverhalten: Wie ist das Bild der Struktur bei zunehmender Vergrößerung im Detail?

Viele natürliche Strukturen schienen sich lange Zeit aufgrund ihrer irregulären und zerklüfteten Formen einer mathematischen Beschreibung zu entziehen. Weder die euklidische noch die Differentialgeometrie lieferten geeignete Werkzeuge zu ihrer Behandlung. Deutlich wird dies bei Betrachtung des Skalenverhaltens: «Glatte» Objekte werden bei zunehmender Vergrößerung immer einfacher, während natürliche Objekte immer neue Details offenbaren. Man spricht hier von einem nichttrivialen Skalenverhalten (Bild 54).

Fraktale Strukturen: Im Detail spiegelt sich die Gesamtstruktur wider

Solche Strukturen sind Gegenstand der von Benoit B. Mandelbrot (geb. 1925) begründeten Theorie der fraktalen Geometrie [Mandelbrot 1987]. Mandelbrot bezeichnet die Objekte dieser Geometrie als «Fraktale». Der Begriff leitet sich vom lateinischen Wort *fractus* (= gebrochen, fragmentiert) ab. Damit erschließt Mandelbrot Möglichkeiten zur mathematischen Behandlung fraktaler natürlicher Formen, deren Rauheit und Aufbau im wesentlichen unverändert bleiben, wenn die Auflösung verfeinert wird. Kennzeichen dieser Strukturen ist also, daß jedes ihrer Teile die Gesamtstruktur enthält.

Beispiele fraktaler Formen begegnen uns in großer Mannigfaltigkeit: Bruchflächen von Metallen, Gebirgsformationen, Küstenlinien. Selbst Phänomene wie das Auf und Ab der Börsenkurse erscheinen aus fraktaler Sicht unter völlig neuem Licht. Mandelbrot wurde erst durch die Beobachtung solcher Formen zu seinen Arbeiten angeregt. Auf den Punkt gebracht, kann der Nutzen dieser Betrachtungsweise folgendermaßen umschrieben werden:

Die fraktale Geometrie ermöglicht eine mathematische Beschreibung komplexer natürlicher Gestalten

«Die fraktale Geometrie stellt eine neue Sprache dar. Wenn man sie beherrscht, kann man die Form einer Wolke genauso präzise beschreiben wie ein Architekt ein Haus.»

BARNSLEY/DEMKO 1988

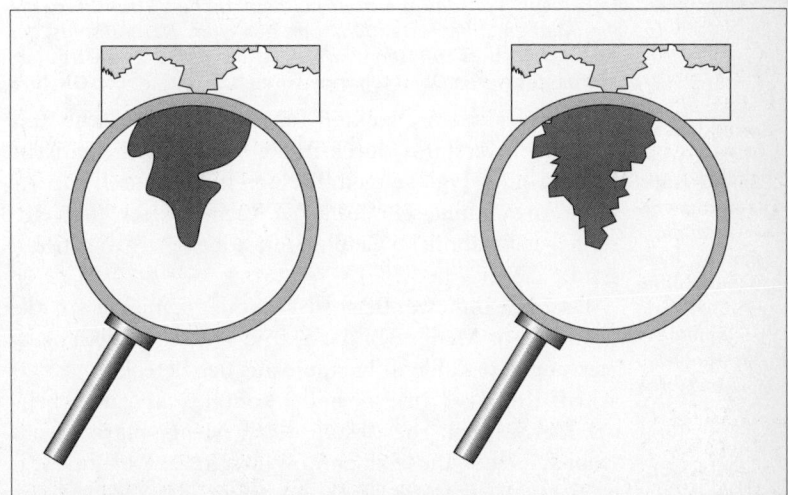

Bild 54: Triviales und nichttriviales Skalenverhalten

Der Physiker Freeman J. Dyson faßt die Entwicklung der fraktalen Geometrie in folgender Weise zusammen:

«*Das Wort ‹Fraktal› wurde von Mandelbrot erfunden, um eine umfangreiche Klasse von Objekten unter einem Begriff zu vereinen, die in der Entwicklung der reinen Mathematik eine historische Rolle gespielt haben. Eine große Revolution der Ideen trennt die klassische Mathematik des 19. Jahrhunderts von der modernen Mathematik des 20. Jahrhunderts. Die Wurzeln der klassischen Mathematik liegen in den regulären geometrischen Strukturen von Euklid und den stetigen Dynamiken von Newton. Mit der Mengentheorie von Cantor und den raumfüllenden Kurven von Peano begann dagegen die moderne Mathematik. Historisch wurde die Revolution von der Entdeckung mathematischer Strukturen erzwungen, die nicht in die Muster von Euklid und Newton paßten. Die Mathematiker benutzten die von ihnen geschaffenen komplexen mathematischen Formen zum Nachweis, daß der Variantenreichtum der reinen Mathematik weit über die einfachen, in der Natur sichtbaren Strukturen hinausgeht, und die Mathematik des 20. Jahrhunderts lebte im Glauben, die von ihren natürlichen Ursprüngen abgesteckten Grenzen vollständig überschritten zu haben. Doch die Natur hat – wie Mandelbrot herausarbeitet – mit den Mathematikern ihren Spaß getrieben. Vielleicht fehlte es den Mathematikern des vorigen Jahrhunderts an Vorstellungskraft, der Natur jedenfalls nicht. Von den gleichen mathematischen Strukturen, die die Mathematiker erfanden, um sich vom Naturalismus des 19. Jahrhunderts zu lösen, erweist sich nun, daß sie vertrauten, uns umgebenden Objekten innewohnen.*»   *DYSON 1978*

Auch in der Mathematik hat im 20. Jahrhundert eine Revolution stattgefunden

Theoretisch entwickelte mathematische Strukturen finden sich auch in natürlichen Objekten wieder

Der von fraktalen Objekten ausgehende ästhetische Reiz wird noch verstärkt durch ihre einfache mathematische Beschreibung [vgl. Peitgen/Richter 1986]. Durch wiederholte Anwendung sehr einfacher Rechenvorschriften entstehen selbstähnliche Gebilde mit hohem Organisationsgrad.

Relativ einfache Rechenvorschriften ergeben bei ihrer wiederholten Anwendung komplexe selbstähnliche Strukturen

Das bekannteste Beispiel fraktaler Objekte ist die Mandelbrot-Menge (Bild 55). Sie entsteht durch Auswertung von Zahlenfolgen, die aus der Berechnungsvorschrift $z(n+1) = [z(n)]^2 + c$ in der komplexen Zahlenebene gebildet werden. Die Gestalt dieser Menge markiert das Gebiet, in der die Zahlenfolge beschränkt bleibt. Vergrößerte Ausschnitte zeigen immer wieder ähnliche, nie jedoch gleiche Strukturen.

Für die Erzeugung solcher Bilder sind im Regelfall sehr viele Iterationen notwendig. Damit ist der Computer nicht nur prädestiniert für diese Aufgabe, vielmehr ist er zu einem unverzichtbaren Werkzeug geworden. Ohne Computer wäre die Aussagekraft dieser neuen Beschreibung von Phänomenen nie erkannt und nachgewiesen worden.

Erst der Computer hat die Aussagekraft der fraktalen Geometrie erkennbar gemacht

Aufgrund der angesprochenen engen Beziehung zwischen Fraktalen einerseits und der Struktur vieler natürlicher Erscheinungen andererseits ist es nicht verwunderlich, daß die fraktale Geometrie bereits in vielen anderen Wissenschaftsbereichen Eingang gefunden hat. Dazu zählen Physik, Chemie, Biologie, Statistik, Astronomie, Meteorologie und auch Ökonomie [vgl. Müssigmann 1992].

Die fraktale Geometrie wird heute in vielen Wissenschaftsbereichen als Werkzeug benutzt

Wir können zwei vorrangige Eigenschaften fraktaler Objekte herausarbeiten: *Selbstorganisation* und *Selbstähnlichkeit*. Des weiteren haben wir gesehen, daß die

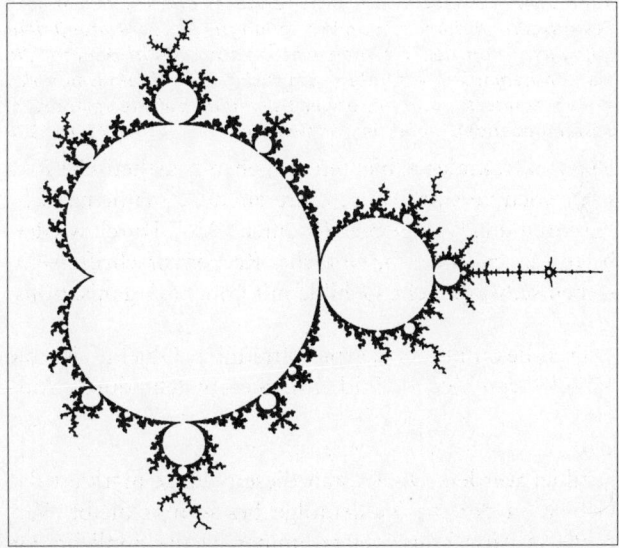

Bild 55: Mandelbrot-Menge

Merkmale fraktaler Objekte: Selbstorganisation, Selbstähnlichkeit und Dynamik

Rückkopplungsmechanismen bei der Fraktalbildung eine erstaunliche Formenvielfalt erzeugen, worin ihre große *Dynamik* zum Ausdruck kommt.

Nach der Bestandsaufnahme im ersten und zweiten Kapitel liegt es nahe, aus diesen Strukturen ein Grundmuster auch für die Gestaltung von Industriebetrieben abzuleiten.

4 Die Fraktale Fabrik – ein integrierender Ansatz

Wirklich neue Ideen öffnen den Blick für neue Lösungsmöglichkeiten, führen aber auch zu neuen Problemen. Wir haben davor keine Angst: Wer *sich* nicht bewegt, bewegt nichts. Und es wurde hinlänglich gezeigt, daß wir alle uns bewegen *müssen*. Wir greifen also über die Grenzen unserer bisherigen ingenieurwissenschaftlichen Vorstellungen hinaus in die komplexe und faszinierende Welt der Fraktale. Ihre Eigenschaften und Potentiale werden in unseren Gegenstandsbereich übertragen: die Fabrik *mit* Zukunft.

Was wir bisher gedacht und gemacht haben, war «perfekt», aber laßt uns nun nach etwas Besserem suchen

Die Fraktale Fabrik ist ein integrierender Ansatz, darin kommt ihre Vieldimensionalität zum Ausdruck. Technik und Organisation, da fühlen wir uns stark. Den Menschen als Träger dieser Potentiale haben wir hingegen vernachlässigt oder nicht richtig bewertet. Damit wurden die Unternehmen als sterile Objekte behandelt. Mit dieser Grundeinstellung sind die Karten ausgereizt. Deshalb benötigen wir jetzt einen «New Deal».

Korrekturen am Vorhandenen reichen nicht mehr aus, und Fehlersuche ist nicht die Lösung. Wir brauchen neue kreative Ansätze aus geänderten Denkweisen heraus

Die nachfolgende Definition faßt Wesensmerkmale der neuen Fraktalen Fabrik zusammen, wie wir sie verstehen. Anschließend werden wir zeigen, welche Schlußfolgerungen für konkretes Handeln hieraus abzuleiten sind.

Definition

Ein Fraktal ist eine selbständig agierende Unternehmenseinheit, deren Ziele und Leistung eindeutig beschreibbar sind.
• Fraktale sind selbstähnlich, jedes leistet Dienste.
• Fraktale betreiben Selbstorganisation:
    Operativ: Die Abläufe werden mittels angepaßter Methoden optimal organisiert.

Selbstähnlichkeit

Selbstorganisation

Taktisch und strategisch: In einem dynamischen Prozeß erkennen und formulieren die Fraktale ihre Ziele sowie die internen und externen Beziehungen. Fraktale bilden sich um, entstehen neu und lösen sich auf.

• Das Zielsystem, das sich aus den Zielen der Fraktale ergibt, ist widerspruchsfrei und muß dazu dienen, die Unternehmensziele zu erreichen.

• Fraktale sind über ein leistungsfähiges Informations- und Kommunikationssystem vernetzt. Sie bestimmen selbst Art und Umfang ihres Zugriffs auf die Daten.

• Die Leistung des Fraktals wird ständig gemessen und bewertet.

Das Fraktal wird somit zum zentralen Gestaltungselement im Unternehmen. Dem unbefangenen Besucher wird sich die Fraktale Fabrik jedoch kaum durch äußerliche Merkmale zu erkennen geben. Ihr Potential liegt eher in inneren Werten, in der Unternehmenskultur, wie wir später noch sehen werden.

Der Autor setzt sich damit der Kritik aus, die Fachwelt mit einem neuen Begriff zu konfrontieren. Gerade in jüngerer Zeit ist in dieser Beziehung durch das schnelle Aufkommen und Vergeben von Schlagworten eine Verunsicherung zu spüren, die fatalerweise Tendenzen zu einer ablehnenden Haltung gegenüber allen neuen Ansätzen zur Folge hat.

Deutlich vor Augen habe ich noch die wegwerfende Geste eines gestandenen Produktionsleiters, als die Rede auf eine der – vornehmlich aus Fernost stammenden – Wortschöpfungen kam. Dabei ist die Scheu vor Neuem in keiner Weise gerechtfertigt. Allenfalls hat sich die Wissenschaft dem Vorwurf zu stellen, sich nicht immer in der Sprache des Praktikers auszudrücken, wenn sie ihn direkt ansprechen will, oder aber nicht ihrer Aufgabe gerecht zu werden: Vordenker zu sein.

Trotz all dem also der neue Begriff, weil die Fraktale Fabrik sich nicht in der Erweiterung bestehender Modelle erschöpft, sondern einen Wandel des Selbstverständnisses aller Beteiligten erfordert. Der Versuch, die

Selbst-optimierung

Zielorien-tierung

Dynamik

Wir brauchen eine neue Unternehmens-kultur

Unser übliches kritisches Denken ist reaktiv und zerstört häufig Kreativität, unsere eigentliche Stärke

Gerade intelligente Leute neigen dazu, ihre Vorgehensweise zu verteidigen, anstatt zuzuhören

Gemeinsam das Erreichte durch Besseres ablösen

im folgenden erläuterten Eigenschaften mechanisch zu übertragen, führt nicht zum Erfolg. Leider muß jedes Unternehmen über die allgemeinen Grundsätze hinaus seinen eigenen adäquaten Weg suchen.

Merkmal: Selbstähnlichkeit

Das Merkmal der Selbstähnlichkeit bezieht sich nicht nur auf strukturelle Eigenschaften der organisatorischen Gestaltung; es umschreibt zudem die Art und Weise der Leistungserstellung sowie die Formulierung und Verfolgung von Zielen. Damit wird deutlich, warum die Fraktale Fabrik ein integrierter Ansatz sein *muß*: Sie ist vieldimensional.

Jeder muß seine Aufgabe umfassend erfüllen wie das Unternehmen selbst

Eine der wesentlichen Forderungen, die wir an zukunftsträchtige Produktionsstrukturen gestellt haben, ist die Fähigkeit zu unternehmerischem Denken und Handeln aller Bereiche, bis hin zum einzelnen Mitarbeiter. Wenn das hieraus abgeleitete Bild von selbständig agierenden Einheiten zutrifft, muß jedes Fraktal seinerseits eine (kleine) «Fraktale Fabrik» sein. Dies ist bis zu einem gewissen Grad tatsächlich der Fall. Selbst*ähnlichkeit* läßt Abweichungen zu, auch in der fraktalen Geometrie gibt es immer nur ähnliche, nie jedoch gleiche Strukturen.

Komplexität bedingt, ständig das Wichtige vor dem Unwichtigen zu erkennen und dann zu handeln. Die Prioritäten ändern sich von Tag zu Tag

Aufgrund der Vielfalt denkbarer Lösungen für Einzelprobleme können sich Fraktale mit identischen Zielen sowie Ein- und Ausgangsgrößen intern doch unterschiedlich strukturieren (Bild 56).

Die neue Herausforderung: Netzwerkmanagement intern und extern

Des weiteren muß ein Fraktal nicht unbedingt *in* der Fabrik verbleiben, sondern kann sich auch gänzlich verselbständigen. Auf diese Weise entstehen kommunikativ eng miteinander verflochtene Unternehmnen, die wir als Fraktale auffassen.

Auf zentrale Funktionen können wir in der Fraktalen Fabrik selbstverständlich nicht verzichten: zum Beispiel auf eine zentrale Ressourcenplanung oder Planungsunterstützung, die fallweise und temporär tätig wird, sowie

Zentralisierte Funktionen an ihrer Dienstleistung für den Wertschöpfungsprozeß messen

auf die Konzentration von Spezialwissen, das in den Fraktalen nicht kontinuierlich vorgehalten werden kann.

Informationen sind nicht mehr monopolisiert, sondern verfügbar

Sämtliche die Organisation betreffende Hilfsmittel sind für alle Fraktale verfügbar. Insbesondere trifft dies auf die Verfügbarkeit von Informationen zu, die nicht mehr monopolisiert werden. Jedes Fraktal, letztlich jeder Arbeitsplatz, ist so zu betrachten wie das gesamte Unternehmen: Eine bestimmte Leistung ist komplett zu erbringen, eine Aufgabe möglichst eigenständig zu lösen. Dazu gehören Qualität, Menge, sparsamer Einsatz von Ressourcen, Zuverlässigkeit und Geschwindigkeit. Falls das Fraktal eigenständig dazu nicht in der Lage ist, wird es Unterstützung – im günstigen Fall nur kurzfristig – von «außen» suchen, also von anderen Fraktalen; diese können zum Beispiel auch eine zentrale Dienstleistungsfunktion darstellen beziehungsweise wahrnehmen. Im ersten

Erforderliche Dienstleistungen von «außen» sind im Sinne einer ganzheitlichen Aufgabenerfüllung zu minimieren

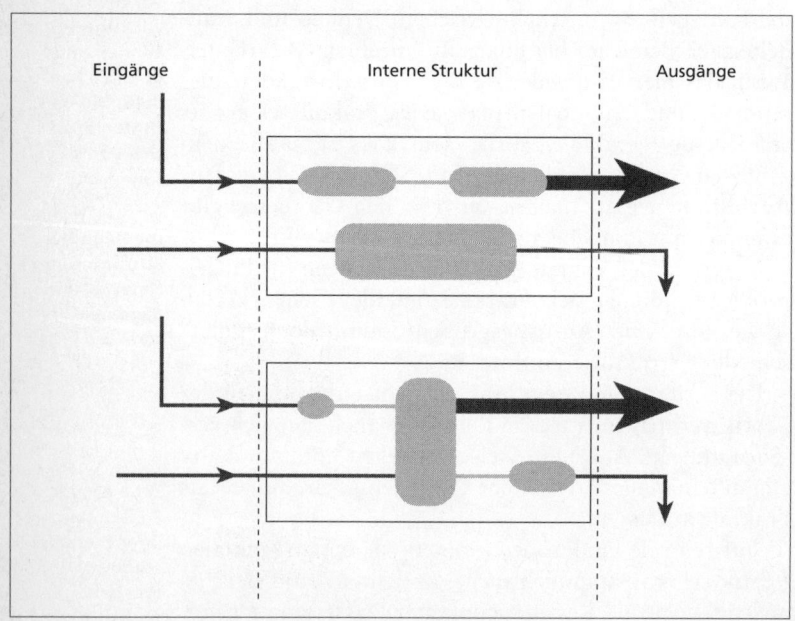

Eingänge   Interne Struktur   Ausgänge

Bild 56: Selbstähnliche Fraktale

Ansatz ist aber immer von ganzheitlicher Abwicklung von Aufgaben mit definierten Eingangs- und Ausgangsgrößen auszugehen.

«Fabriken in der Fabrik» zu schaffen, reicht aber keinesfalls aus, wenn nicht sichergestellt ist, daß sie – bildlich gesprochen – am selben Strang ziehen. Zäh verteidigte Einflußsphären sind leider nach wie vor eher die Regel als die Ausnahme in unseren Unternehmen.

Es reicht auch nicht aus, Unternehmensleitbilder zu schaffen, wenn deren Umsetzung im Alltagsgeschäft nicht unterstützt wird. Daher wenden wir den Begriff der Selbstähnlichkeit vor allem auch auf die Ziele des Unternehmens und seiner Fraktale an: Die sinnvollerweise allgemein formulierten Globalziele müssen zu konkretem Handeln werden. Damit dies in allen Fraktalen «synchron» geschieht, wird deren Zielsetzung weit konkreter gefaßt. Gerade bei weitgehender Autonomie ist es beispielsweise für den Maschinenführer nicht unmittelbar erkennbar, welche Auswirkungen seine Entscheidungen auf die Kundenorientierung des Unternehmens haben (Bild 57). Weil die Ziele aller Fraktale *ähnlich* sind, ist in der Tat gewährleistet, daß alle Einzelaktivitäten sich zu

Auch die Ziele des Unternehmens, wie die der Fraktale, sind selbstähnlich; sie unterscheiden sich in Detaillierung und Konkretisierung

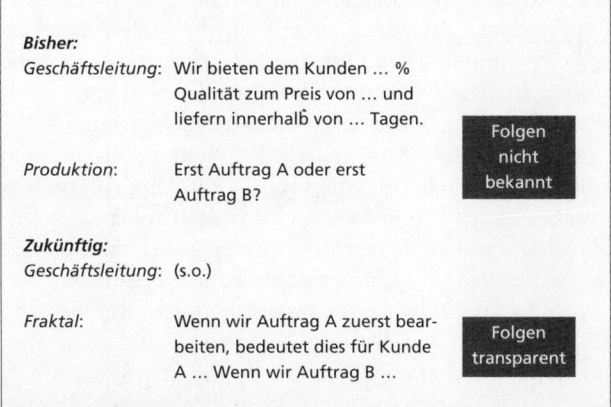

Bild 57: Zielvererbung

einem harmonischen Ganzen zusammenfügen können. Der zentrale Aspekt des Zielbestimmungsprozesses wird in einem eigenen Kapitel behandelt.

Merkmal: Selbstorganisation

Selbstorganisation in der Fraktalen Fabrik betrifft sowohl die operative als auch die taktische und strategische Ebene. Damit wird erreicht, daß sich gute Ideen – wo immer sie herkommen – durchsetzen können. Der Prozeß der ständigen Verbesserung wird direkt und schnell wirksam und bleibt damit am Leben.

Der Prozeß der ständigen Verbesserung muß direkt und sofort wirksam werden

Operative Selbstorganisation bedeutet die Anwendung angepaßter Methoden zum Beherrschen der Prozesse. Für den Bereich Fertigungssteuerung wurde diese Problematik bereits angesprochen (vgl. Seite 114). Selbstverständlich – darin liegt gerade eine Stärke der Fraktalen Fabrik – werden unterschiedliche Fraktale auch verschiedene Methoden einsetzen. Denken wir nur einmal an folgenden, häufig anzutreffenden Fall aus der Praxis: Der Umsatzträger eines Unternehmens wird in großer Menge produziert. Gleichzeitig ist aus Imagegründen eine exklusive Ausführung unerläßlich, deren Herstellung zusätzliche Operationen und insbesondere einen erhöhten individuellen Informationsaufwand mit sich bringt. Es liegt nahe, die Produktion in zwei getrennten Fraktalen weitgehend horizontal zu organisieren.

Selbstorganisation erfordert die Autonomie, geeignete Lösungsmethoden für die jeweilige Aufgabenstellung anzuwenden

Immer wieder ist die gängige Praxis zu beobachten, in solchen Fällen die Flexibilität des auf Massenfertigung ausgerichteten Produktionssystems zu erhöhen, mit entsprechend nachteiligen Auswirkungen auf die gesamte Wirtschaftlichkeit. Eine Fraktale Fabrik begünstigt hingegen die Trennung zwischen sogenannten «Renner- und Exotenlinien». Auf der anderen Seite verhindert sie aber nicht die Integration beider Fertigungsarten, wenn entsprechende technologische Lösungen, zum Beispiel durch Ausnutzung der Möglichkeiten flexibler Produk-

Häufig versucht man, mit derselben Lösung verschiedene Anforderungen zu erfüllen, so daß insgesamt unwirtschaftlich produziert wird

tionseinrichtungen, zur Verfügung stehen. Ansätze zu selbstorganisierten Systemen werden heute bereits vielfach in der betrieblichen Praxis angewandt. Einige Erfahrungsberichte sind im folgenden aufgeführt, beginnend mit dem Leiterplattenwerk von Hewlett-Packard in Böblingen:

Selbstorganisation hat bereits Eingang in die betriebliche Praxis gefunden

«Jeder Mitarbeiter vom Chef zum Lageristen begreift, daß alle Vorgänge im Unternehmen – Entscheidungen, Handlungen oder Unterlassungen – einander in permanenter Rückkopplung beeinflussen. Wirkungen werden zur Ursache neuer Wirkungen, die zum Ausgangspunkt wieder neuer Entwicklungen werden. Dabei können sich kleinste Störungen zu katastrophalen Ereignissen aufschaukeln. Wer dann nach der Ursache eines Effektes fragt, mißversteht den Prozeß. Und diese rätselvollen Wechselbezüge lassen sich nur innerhalb enger Grenzen wirklich beherrschen.

Kleinste Störungen können sich zu katastrophalen Ereignissen aufschaukeln

In diesem System bilden die Mitarbeiter ein weitgehend autonomes Kommunikationsgefüge, das sie steuern und von dem zugleich sie gesteuert werden... Die Vorgesetzten blickten ihren Leuten nicht mehr auf die Finger, sondern definierten Aufgaben und Ziele so, ‹daß jeder weiß, worauf es ankommt›. Für die 130 Beteiligten des Experiments sind Selbstregulation (‹Wie verteilen wir die Arbeit innerhalb der Gruppe?›), Selbstbestimmung (‹Welche Produktionsmethode wählen wir?›) und Selbstverwaltung (‹Wie gehen wir mit Gruppenmitgliedern um, die sich nicht an die Spielregeln halten?›) inzwischen selbstverständlich.» MANAGER MAGAZIN 1991

Da die Prioritätensetzung im komplexen Entscheidungsfall subjektiv ist, muß vor Ort, wo das Problem auftritt, entschieden und gehandelt werden

Die Mitarbeiter betreiben in Gruppen Selbstregulation, Selbstbestimmung und Selbstverwaltung

Ein anderes Beispiel zeigt auf, daß auch (und gerade) ein Fraktal «Produktentwicklung» durch das Prinzip der Selbstorganisation regelrecht aufleben kann:

«‹Wenn bei 3 M die Geistesblitze nicht ausbleiben, liegt das... am innovativen Klima.› So darf jeder Mitarbeiter der Entwicklungsabteilungen 15 Prozent seiner Arbeitszeit für eigene Forschungsprojekte verwenden – ohne dafür Rechenschaft geben zu müssen. Braucht der Mitarbeiter für ein eigenes Projekt Mittel, beispielsweise für die Anschaffung speziellen Laborgeräts, steht dafür ein Fonds von einer Million Dollar pro Jahr zur Verfügung (über dessen Vergabe ein Komitee entscheidet). Die selbstklebenden ‹Post-it›-Zettel – mit denen 3 M heute jährlich 300 Millionen Dollar umsetzt – sind Ergebnis solch eines ‹Eigenprojekts›. Ferner ist das Management nach den internen Richtlinien gehalten, ‹beträchtliche Toleranz› zu üben.

In der Forschungsabteilung darf jeder Mitarbeiter 15 Prozent seiner Zeit für eigene Projekte aufwenden

Innovativ sein heißt, ungewohnte Wege zu gehen

Es ist besser, um Verzeihung zu bitten als um Erlaubnis

‹*Schließlich... heißt innovativ sein, etwas Neues zu wagen, ungewohnte Wege zu gehen.*› *Ein weiterer Merksatz lautet:* ‹*Mitarbeiter machen Fehler. Aber auf lange Sicht macht der Manager den schlimmeren Fehler, der sich diktatorisch geriert und meint, jedem Untergebenen genau vorschreiben zu müssen, wie er seine Aufgabe zu erledigen hat.*› *Und schließlich:* ‹*Es ist besser, um Verzeihung zu bitten als um Erlaubnis.*›»

FAZ, 27. September 1991

Neben die operative Selbstorganisation tritt in der Fraktalen Fabrik auch die taktische und strategische Komponente. Es gilt, globale Ziele lokal durchzusetzen. Der heute übliche Strukturierungsprozeß in einer Fabrik oder einem Fertigungssystem wird immer von außen angestoßen. Ein solcher Planungsanstoß kommt in aller Regel erst bei nicht mehr zu übersehenden Mängeln und damit viel zu spät.

Auch die Strukturierung muß von «innen» angestoßen werden und bedarf hoher Dynamik

Wir müssen begreifen, daß nicht nur die Abläufe, sondern auch die Strukturbildungsprozesse einer hohen Dynamik bedürfen, um den sich wandelnden Anforderungen gerecht zu werden. Diesen Prozeß nennen wir dynamische Strukturierung.

Merkmal: Dynamik und Vitalität

Vitalität ist die Fähigkeit, unter veränderlichen Umgebungseinflüssen erfolgreich zu agieren

Die Fraktale Fabrik ist nicht der erste Strukturierungsansatz. Wir haben das herkömmliche Konzept der Fertigungssegmentierung bereits angesprochen, genauso wie seine entscheidende Schwäche: die Statik. Von einem Fraktal erwarten wir mehr als von einem Segment, einer Fertigungsinsel, oder wie immer die Basiseinheit der Struktur heißen mag. Ein Fraktal muß die entscheidende Eigenschaft der *Vitalität* aufweisen.

Hohe Reaktionsgeschwindigkeit ist lebenswichtig

Der aus der Biologie beziehungsweise Medizin stammende Begriff der Vitalität kann mit den Ausdrücken «Lebensfähigkeit», «Lebenskraft» oder «Lebendigkeit» umschrieben werden. Ursprünglich nur auf Lebewesen angewandt, läßt sich mit diesem Begriff aber auch die entsprechende Eigenschaft von intelligenten Systemen – Systeme, die adaptiv auf jeweilige Umgebungseinflüsse reagieren – beschreiben. So wird der Ausdruck neuerdings häufig im Zusammenhang mit Unternehmen verwendet. Grundlegend für diese Betrachtungsweise ist die Abkehr von eindimensionalen, von Bilanzkennziffern, Gewinn- und Verlustrechnung und Liquiditätsrechnung geprägten Betrachtungsweisen. Die Vitalität eines Unternehmens läßt sich über der Zeit auftragen, wobei man mehrere «Lebensphasen» unterscheiden kann: Konzeption – Realisierung – Reife – Optimierung – Alterung und Überalterung.

Kennzahlen des Finanzwesens sagen nichts über die Vitalität aus

Eine unzureichende Vitalität des Unternehmens drückt sich am Ende immer in stagnierenden oder sinkenden Gewinnen, verlorenen Marktanteilen und abnehmender Wettbewerbsfähigkeit aus – eine zentrale Aufgabe besteht also darin, das Unternehmen beziehungsweise dessen Struktur den gegebenen Anforderungen kontinuierlich anzupassen.

Marktsättigung heißt nur, daß keine Innovation des Produktangebotes stattgefunden hat

Einfluß auf die Vitalität wird ausgeübt durch interne Erfolgsfaktoren wie zum Beispiel

- Kostensituation,
- Produktionspotential,
- Forschung und Entwicklung,
- Führungseffizienz,
- Einkaufs-/Vertriebspotential,
- Finanzpotential,
- Logistik,
- Standort,
- Personal,
- Produktions-/Verkaufsprogramm

Vitalität bedeutet: ständiges Herausfinden und Nutzen von Erfolgsfaktoren

sowie durch äußere Erfolgsfaktoren der Umwelt wie

- Absatzmärkte,
- Beschaffungsmärkte,
- Wettbewerb und
- Gesetzgebung.

Wagen wir einen Vergleich mit einem Phänomen aus der Welt der Biologie: Die Körperfunktionen können

Kenntnisse und Fähigkeiten, die vorgehalten werden, müssen dem Nutzen durch Bedarfsdeckung entsprechen

noch so gut organisiert und aufeinander abgestimmt sein: mit einem kranken Organ kann das Gesamtsystem – je nach Schwere des Defekts – nur eingeschränkt oder gar nicht funktionieren.

Das Ziel: Organisationsformen, in denen vitale Elemente, die Fraktale, sich weitgehend selbständig strukturieren und gemeinsam dem Ganzen dienen

Für die Vitalität des Fraktals sind zwei Faktoren ausschlaggebend: Die Stärken der Einheit (Fähigkeiten, Fertigkeiten) fallen zusammen mit den Bedürfnissen, die von diesem Fraktal befriedigt werden sollen. Bild 58 zeigt mögliche Positionen in einem solchen Kenngrößenportfolio.

Bei der Beschreibung von natürlichen Prozessen der Strukturbildung wurde auf das Prinzip der Ordnungsparameter hingewiesen, die «wie von Geisterhand» das globale Verhalten individueller und unabhängiger Systemelemente steuern. Noch immer erscheint es uns rätselhaft, wie es der Natur gelingt, lauter ständig wandel-

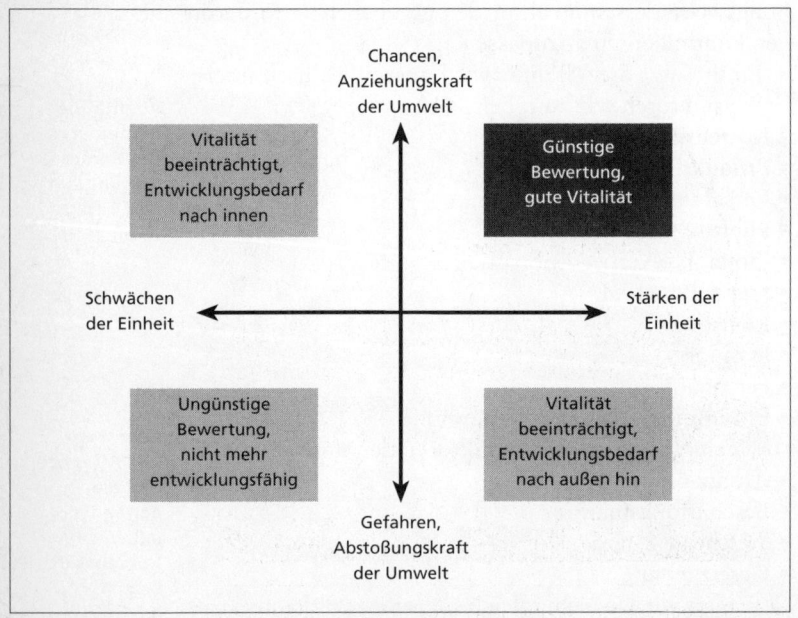

Bild 58: Positionen im Kenngrößenportfolio der Vitalität

bare Dinge zusammenzukoppeln, um dabei schließlich ein System zu erhalten, das effektiv äußeren Störeinflüssen widersteht. Genau das ist es aber doch, was wir uns auch für die Fabrik mit Zukunft wünschen: selbständige, vitale Elemente, die sich ohne äußeren Zwang gruppieren, um dem Ganzen zu dienen.

Der Mechanismus der dynamischen Strukturierung stützt sich im wesentlichen auf die Analyse des Beziehungsgeflechtes innerhalb der Fraktate und zwischen ihnen. Diese Beziehungen haben sehr unterschiedliche Ausprägungen. Bild 59 zeigt, nach welchen Kriterien sie strukturiert werden können. Es ist leicht zu erkennen, daß im Vergleich zu traditionellen Strukturierungsansätzen der Betrachtungshorizont erheblich erweitert wird. **Die dynamische Strukturierung geht vor allem vom Beziehungsgeflecht zwischen den Fraktalen aus**

Systemtheoretisch ist die Fraktalbildung so aufzufassen, daß die Beziehungen (Fluß von Material, Personal,

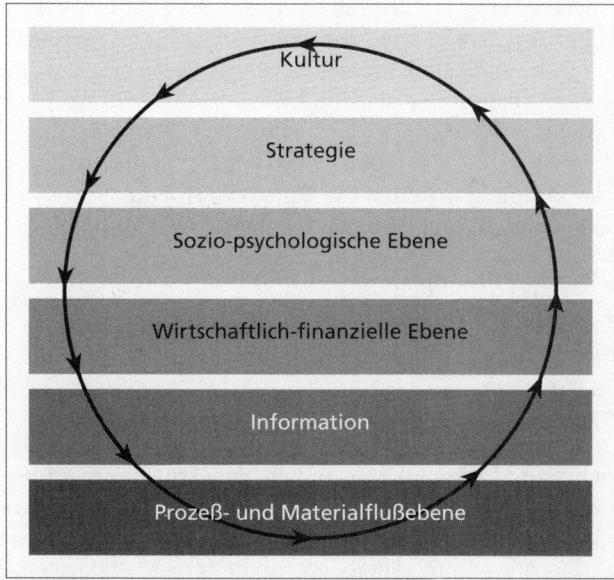

Bild 59: Ebenenbetrachtung und Prozeß zur Strukturentwicklung

Fraktalbildung:
Die internen
Beziehungen der
Fraktale sind en-
ger, intensiver als
die nach außen
gerichteten

Der Ansatz,
dezentrale
Geschäftsein-
heiten zu bilden
oder Funktionen
auszugliedern,
die nicht zum
Kerngeschäft
gehören, ist
bekannt.
Intern aber
bleibt meist eine
starre Organisa-
tion bestehen

Für die Struktur-
bildung gibt
es eine Vielzahl
von Ordnungs-
kriterien

Informationen) innerhalb des Fraktals stärker sind als nach außen hin. Trifft dies nicht mehr zu, liegt es nahe, die Strukturen entsprechend anzupassen (Bild 60). Beispielsweise macht die sich im Zuge neuentwickelter Technologien eröffnende Möglichkeit zur Verfahrensintegration eine Strukturanpassung erforderlich.

Die Bildung von überschaubaren Unternehmenseinheiten ist ein erfolgversprechender Ansatz, um marktnah und reaktionsschnell agieren zu können. Im Extremfall führt dies bis zur rechtlichen Verselbständigung, also der organisatorischen Auflösung des Unternehmensverbundes. In der Praxis beobachtet man dies in der Regel bei großen Konglomeraten, die durch Diversifikation oder Akquisition entstanden sind. Geht man zu dezentralen Organisations- und Führungsprinzipien über, ist dies die einzige Möglichkeit, einen nicht mehr steuerbaren Konzern wieder auf Erfolgskurs zu bringen. Dieser Ansatz ist einerseits radikal, bleibt aber andererseits meist vor dem Fabriktor stehen: Die Problematik des Zusammenspiels der notwendigen Unternehmensfunktionen wird nicht gelöst, sondern nur in einen kleineren Maßstab übertragen.

Innerhalb eines Unternehmens gibt es eine Vielzahl von Ordnungskriterien für die Strukturbildung. Als wesentlich können gelten:

• Produkt,
• Verfahren und Betriebsmittel,
• Informations- und Kommunikationsbedarf,
• Materialfluß,
• Personal,
• Lern- und Erfahrungserfordernisse.

Bei konsequenter, sukzessiver Anwendung dieser Gesichtspunkte kommt man zu bekannten Strukturen: Eine Orientierung an Betriebmitteln und Verfahren führt beispielsweise zur klassischen Werkstättenfertigung, bei der gleichartige Tätigkeiten im Sinne einer einfacheren Kenntnis- und Erfahrungskumulation zusammengefaßt werden. Die Nutzung der Kostendegression durch

Massenfertigung hat hingegen das Produkt als Ordnungskriterium. Die gesamte Fabrikstruktur ist auf dieses Produkt zugeschnitten. Eine Personal- und/oder Aufgabenorientierung kann ihren Ausdruck finden in der Bildung von Fertigungsinseln oder -segmenten. Die Ordnungsstruktur findet ihren sichtbaren Ausdruck in der räumlichen Anordnung der Funktionsbereiche. Darüber hinaus werden gleichzeitig Zuständigkeiten und Entscheidungswege bestimmt.

Auch in Zukunft gibt es eine Vielfalt von Strukturen, von sehr unterschiedlich gestalteten Fabriken

Der Leser hat längst bemerkt, daß wir uns hier auf vertrautem Gelände bewegen; aus dem Vorhergehenden ließen sich auch hergebrachte Strukturierungsansätze rechtfertigen. Der wesentliche Unterschied liegt in der Erkenntnis des veränderten Handlungsfeldes und der

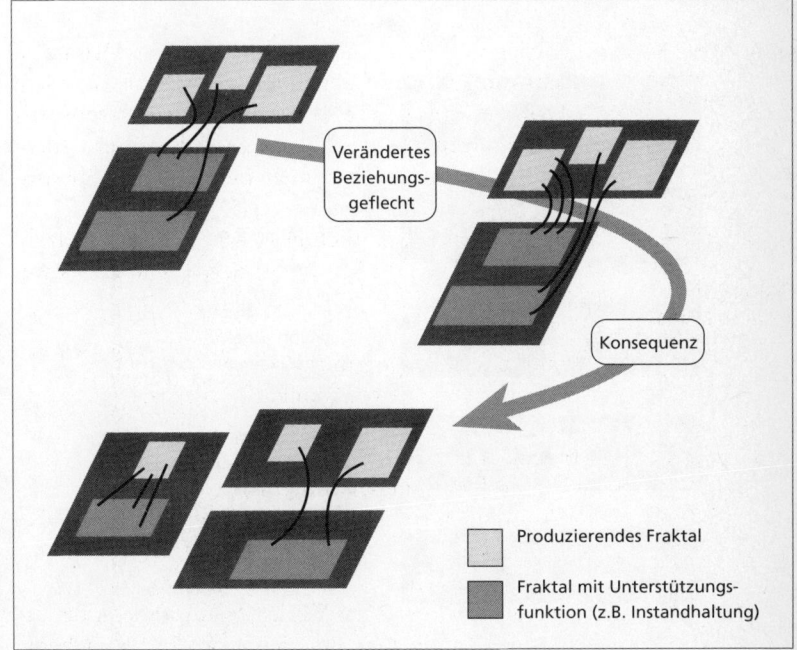

Bild 60: Dynamische Umstrukturierung eines Fertigungsbereiches

veränderten Ziele. Hier geben uns die Klassiker keine Hilfe mehr. Anders die Fraktale Fabrik.

Die Suche nach der richtigen Struktur ist nur teilweise objektivierbar. Dies bedeutet nicht, daß dafür keine Hilfsmittel und Methoden existieren: Beispielsweise mittels einer Clusteranalyse können die Elemente systematisch auf Ähnlichkeiten untersucht werden (Bild 61). Die Modellbildung selbst – also die Festlegung und Quantifizierung der Merkmale – beinhaltet dann aber schon eine wesentliche Vereinfachung der Problemstellung. Darüber hinaus beeinflußt die Skalierung, also Gewichtung der Merkmale das Ergebnis in entscheidender Weise.

Der Strukturierungsprozeß ist nur teilweise objektivierbar. Ein Hilfsmittel ist zum Beispiel die Clusteranalyse, die den Grad der Beziehungen aufzeigt

Dieser Effekt wird bei einer Implementierung des Verfahrens auf Computern allzuoft verdeckt. Anwender

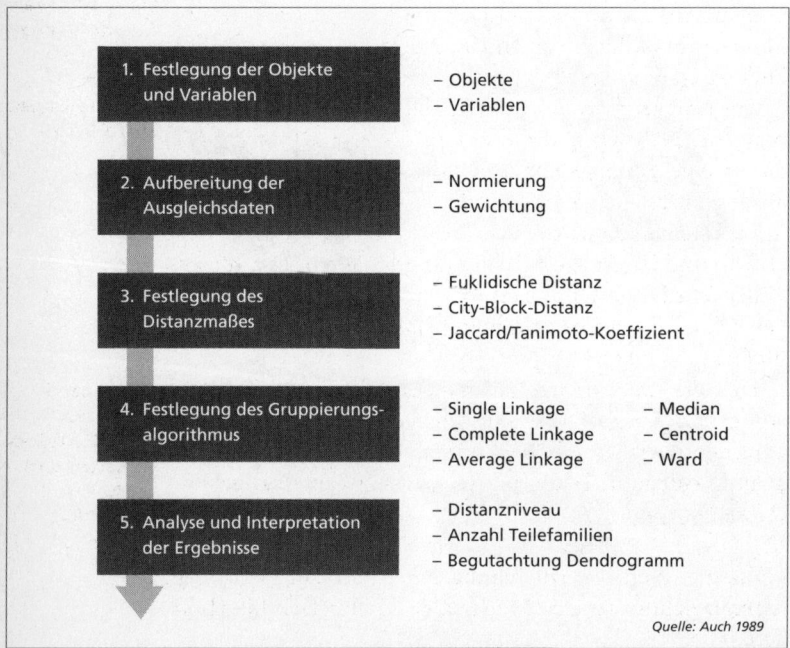

1. Festlegung der Objekte und Variablen
   – Objekte
   – Variablen

2. Aufbereitung der Ausgleichsdaten
   – Normierung
   – Gewichtung

3. Festlegung des Distanzmaßes
   – Fuklidische Distanz
   – City-Block-Distanz
   – Jaccard/Tanimoto-Koeffizient

4. Festlegung des Gruppierungsalgorithmus
   – Single Linkage   – Median
   – Complete Linkage   – Centroid
   – Average Linkage   – Ward

5. Analyse und Interpretation der Ergebnisse
   – Distanzniveau
   – Anzahl Teilefamilien
   – Begutachtung Dendrogramm

Quelle: Auch 1989

Bild 61: Ablauf einer Clusteranalyse

ohne Kenntnisse über Methode und Rechengang laufen Gefahr, das Ergebnis als objektiv «richtig» zu akzeptieren. Letztlich begegnen wir hier wieder dem Phänomen des deterministischen Weltbildes. Das Problem der Strukturschaffung ist in seiner ganzen Komplexität nicht algorithmierbar. Selbst wenn *die* Lösung gefunden wird, kann nicht ausgeschlossen werden, daß es sich dabei nur um ein relatives Optimum handelt, das außerdem nur für einen kurzen Zeitraum Gültigkeit hat.

Das Ergebnis der Clusteranalyse wird von der Gewichtung der Merkmale beeinflußt

Das Ergebnis hat nur eine kurze Zeit Gültigkeit

In der Praxis zeigt sich, daß in der Mehrzahl der Fälle das Produkt – oder besser: die Produktionsaufgabe – einen vielversprechenden Strukturierungsansatz liefert. Vor diesem Hintergrund findet der bereits angesprochene Segmentierungsprozeß als praktische Methode seine Berechtigung: Zunächst werden vertikale Segmente gebildet, innerhalb derer dann «Unterstukturen» entstehen können. Damit erhält der Praktiker eine leicht handhabbare Handlungsvorschrift, die in den meisten aller Fälle zu greifbaren Verbesserungen führt.

Die Produktionsaufgabe ist meist ein guter Strukturierungsansatz, kann aber umfassende Lösungen ausschließen

Ein umfassender Ansatz wie die Fraktale Fabrik vermeidet die Betonung des Produkts als Primärfaktor, weil damit eine ganze Reihe von Lösungen von vornherein ausgegrenzt wird: Betriebe, deren wichtigste Ressource in den Fähigkeiten der Mitarbeiter liegt, werden ihre äußere und innere Gestalt hierauf ausrichten. In anderen Fällen wird eine Duplizierung von extrem teuren Anlagen allein aus Segmentierungsgründen sicherlich unterbleiben.

Die Fraktale stehen zueinander in einer Dienstleistungsbeziehung. Diese müssen sich im internen und externen Wettbewerb behaupten, denn es steht jedem Fraktal offen, auch alternative Beziehungen einzugehen, um seine ganzheitliche Aufgabenstellung zu lösen. Damit wird allen Beteiligten marktwirtschaftliches Denken abverlangt. Auch die Entstehung und Auflösung von Elementen gehört zu den Merkmalen vitaler Gebilde (Bild 62).

Jedem Beteiligten wird Dienstleistungsverhalten und marktwirtschaftliches Denken abverlangt

Bild 63 faßt die Unterschiede zwischen Fraktalen und

Segmenten zusammen. Der dabei auftretende Navigationsbegriff wird noch näher zu behandeln sein.

Eine alte Regel: Vereinfachen und Ordnung aufrechterhalten

Die Aufgabe: vielfältige Aspekte integrieren

Wir stehen in der Fraktalen Fabrik vor der Aufgabe, vielfältige Aspekte integrieren zu müssen. Das kann nur gelingen, solange wir den Überblick behalten, sonst stochern wir im Nebel, ohne rechte Vorstellung davon, wie eine Ordnung im Chaos herzustellen ist. Diesem Gedanken tragen wir mit dem Rückgriff auf Bekanntes Rechnung.

Kaum ein Computernutzer kann heute nähere Angaben zum Innenleben seiner «Maschine» machen. Dies ist in aller Regel auch nicht nötig, wichtig ist nur das Ergebnis. Viele Zeitgenossen erinnern sich noch an mühsame und aufwendige Handrechnungen. Später konnte man sich zwar der Hilfe vielbewunderter Rechenanlagen bedienen, benötigte dazu aber fundierte Kenntnisse über deren Innenleben.

Diese Betrachtung spiegelt eine Entwicklung wider,

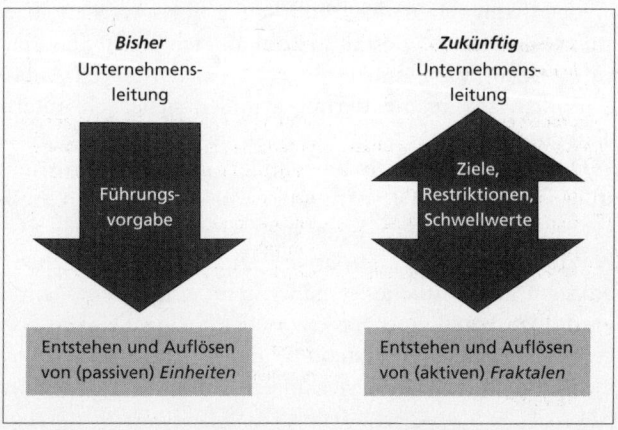

Bild 62: Entstehen und Auflösen von Fraktalen

die sich in vielen Bereichen der Technik nachvollziehen läßt: Beim Lösen einer neuen Aufgabe geht sie den Weg vom *Primitiven* über das *Komplizierte* zum *Einfachen*.

Der Lösungsweg geht immer vom Primitiven über das Komplizierte zum Einfachen

Vereinfachen vermindert den Lehr- und Lernaufwand, da die Menge an aufzunehmenden, zu verarbeitenden und zu speichernden Informationen verringert wird. «Einfach» bedeutet heute, daß sich der Anwender bei der Nutzung seines «Werkzeugs» – das kann eine Kamera, ein Kopierer, ein Automobil, eine Werkzeugmaschine oder ein Computer sein – auf das Lösen seiner Aufgabe konzentrieren kann, also zum Beispiel auf seine eigentliche Produktionsaufgabe und nicht auf die Bedienung seines «Werkzeugs». Damit geht zwangsläufig eine «Dequalifizierung» des Anwenders einher. Dafür werden die Produkte im Innern und damit für den Anbieter immer komplexer, der Entwicklungsaufwand steigt.

Einfach heißt nutzerfreundlich und auf die eigentliche Aufgabe konzentriert

Die Leistungsfähigkeit der Datenverarbeitung wird unter diesem Gesichtspunkt noch nicht ausreichend und konsequent genutzt. Der Anwender verwendet oftmals nur die Funktionen, die er ständig benötigt, also meist sehr viel weniger, als installiert wurden.

Nutzerfreundliche Produkte müssen dequalifizieren; damit steigen innere Komplexität und Entwicklungsaufwand

Wir müssen in allen Bereichen zu «einfachen» Lösun-

Segmente/Fabriken in der Fabrik	Fraktale
– produzieren	– leisten (im weitesten Sinne) Dienste
– werden einmalig, zeitpunktbezogen strukturiert (Antrieb von außen)	– unterliegen einem ständigen Wandlungsprozeß (dynamische Strukturierung)
– sind geeignet für stabile Umwelt	– sind geeignet für turbulente Umwelt
– arbeiten mit Zielvorgaben	– sind in den Zielbestimmungsprozeß integriert
– sind selbstverantwortlich	– organisieren und verwalten sich selbst
– werden ergebnisbezogen bewertet	– navigieren

Bild 63: Vergleich zwischen Fraktalen und Segmenten

Die Leistungsfähigkeit der Datenverarbeitung für zu komplex gestaltete Abläufe zu mißbrauchen, ist eine Fehlentwicklung

gen kommen, stehen aber allzuoft noch im Stadium des «Komplizierten» oder gar «Primitiven». Es ist eine totale Fehlentwicklung, die leistungsfähiger werdende Datenverarbeitung für zu komplex gebliebene Aufgaben und Abläufe zu mißbrauchen. Auf diese Weise bleibt der Aufwand unwirtschaftlich hoch. Dies gilt selbstverständlich auch für die Fraktale Fabrik. Ohne Vereinfachungen wären wir niemals in der Lage, die Ganzheit zu erkennen, geschweige denn, sie zu verbessern. Nicht Sisyphus liefert uns das Beispiel, sondern Mandelbrot, der unüberschaubare Komplexität auf simple Iterationen reduzierte.

Eine alte Regel: erst vereinfachen, dann automatisieren

Erst vereinfachen, dann automatisieren heißt: den Informationsaufwand zum Erledigen einer Produktionsaufgabe auf ein Minimum reduzieren. Als Menschen – das heißt aus der Sicht der leistungsfähigsten «Wissensverarbeitungsmaschine», die es gibt – werden wir uns des Informationsaufwandes beim Arbeiten nicht bewußt. Besonders deutlich wird dieser Sachverhalt aber, wenn wir einem Roboter Aufgaben übertragen wollen. Auf-

Der Mensch ist und bleibt der leistungsfähigste Informations- und Wissensverarbeiter

wendige Sensoren – tastende, optische und akustische – sind erforderlich, und die Programmierung ist auch nicht gerade einfach. Der technische Aufwand läßt dann häufig keine wirtschaftliche Lösung zu. Darum müssen Produkte und Abläufe erst vereinfacht, das heißt fertigungs- und montagegerecht gestaltet werden.

Wenn wir im Produktionsablauf Ordnung aufrechterhalten, zum Beispiel den «Griff in die Kiste mit den un-

---

Ordnung durchgängig aufrechterhalten:

– Fertigungseinheit
= Transporteinheit / Fördereinheit
= Lagereinheit / Einlagerungsgebinde
= Zuführeinheit / Kommissioniergebinde
= Montageeinheit
– Automatisches Handhaben an Materialflußschnittstellen

Bild 64: Gestaltung von Materialfluß und Transportkette

geordneten Werkstücken» vermeiden, dann reduzieren wir ebenfalls den Informationsaufwand für eine wirtschaftlichere Lösung. Ein eklatantes Beispiel dafür ist der Erfolg des weltweiten Containerverkehrs. Die erreichbare Produktivitätssteigerung und Beschleunigung rechtfertigte Investitionen in Container, neue Schiffe, neue Hafenanlagen und Fahrzeuge: Der Informationsaufwand an den Transportschnittstellen sank auf ein Minimum. Während ein konventionelles Frachtschiff mit Gütern wie Kisten, Säcken und Fässern mit fünf Tonnen je Mann und Schicht beladen werden kann, handhabt ein Mitarbeiter im Containerumschlag 200 Tonnen je Schicht, was einer vierzigfachen Produktivitätssteigerung entspricht.

Die Regel «Ordnung aufrechterhalten» minimiert den erforderlichen Informationsaufwand und ermöglicht wirtschaftliche Automatisierung

Hinter der genannten Regel steht also die Anweisung: Die Informationsaufgabe zur Erfüllung der Produktionsaufgabe auf das notwendige Minimum reduzieren, dann erst eine technische Lösung realisieren. Das Prinzip der «Einfachheit» in der ganzen Breite des Unternehmens umzusetzen, ist ein Grundbestreben der Fraktalen Fabrik. Während in Teilbereichen bereits nach dieser Maxime gehandelt wird, ist gerade in der Organisationsentwicklung noch ein erhebliches Defizit zu konstatieren. Um tatsächlich adäquat strukturieren zu können, muß man sich über den Soll-Zustand klar sein, der im Fall der Fraktalen Fabrik bekanntlich gar kein Zustand ist, eher ein dynamischer Prozeß.

Das Prinzip «Einfachheit» müssen wir in der ganzen Breite des Unternehmens umsetzen

Kommunikation und Information

Wie bereits mehrfach erwähnt, kommt der Informationsverarbeitung in der Fraktalen Fabrik eine zentrale Bedeutung zu. Keinesfalls aber darf sie zum Selbstzweck werden, wie gegenwärtig allzuoft zu beobachten ist.

Wenn wir in den letzten Jahren über die Fabrik der Zukunft sprachen, lag dem die Modellvorstellung eines Unternehmens zugrunde, das einer komplexen Maschine

Rechnerintegration ist auf ihre Machbarkeit und Wirtschaftlichkeit zu überprüfen

gleicht, die wir früher oder später mit den wachsenden Möglichkeiten der Informationstechnik automatisiert haben werden. Ausgehend von der automatisierten Materialbearbeitung wurden zur Gewährleistung kurzer Reaktionszeiten bei geringen Beständen durchgängige Kommunikations- und Informationssysteme entwickelt und teilweise bereits eingeführt. Ein solches durchgängiges Konzept wird als «Computer Integrated Manufacturing» (CIM) bezeichnet. Heutige CIM-Komponenten basieren auf der Dialektik einer funktions- und datenorientierten Sicht [Scheer 1990]. Ein integriertes CIM-Konzept kann somit nur für alle Funktionsbereiche gleichzeitig entwickelt werden. Die hierfür notwendigen enormen Aufwendungen können nur einmal aufgebracht werden und münden dadurch in starre, hierarchische Systemstrukturen, die durch unzählige Schnittstellen zwischen den Systemkomponenten gekennzeichnet sind. Dieser Sachverhalt wird anhand der in Bild 65 dargestellten externen und internen Informationsflüsse in einem Unternehmen verdeutlicht.

Fälschlicherweise wird häufig davon ausgegangen, daß durch den Einsatz dieser rechnergestützten Informationssysteme die Organisationsstruktur und die betrieblichen Abläufe automatisch verbessert werden könnten. Dies ist ein Trugschluß. Die vorhandenen Abläufe und Strukturen des jeweiligen Unternehmens werden dadurch eher zementiert statt verbessert. Eine Neuanpassung oder kontinuierliche Verbesserung der Abläufe wird auf lange Sicht unbezahlbar. Um dies zu vermeiden, werden heute vielfach die Analyse und Optimierung der betrieblichen Abläufe und Strukturen vor einer CIM-Realisierung propagiert. Kurzfristig mag dieser Ansatz sicherlich den optimierten Einsatz eines CIM-Systems ermöglichen. Allerdings wird auch hiermit nur die zum Realisierungszeitpunkt optimale Struktur abgebildet. Heutige CIM-Komponenten unterstützen keine gegebenenfalls erforderlichen Anpassungen der Abläufe und Strukturen aufgrund sich verändernder äußerer und in-

Der Ansatz für die Integration der Rechnerunterstützung aller Bereiche (CIM) ist funktions- und datenorientiert. Diesen hohen Aufwand kann man nur einmal treiben: Gefahr starrer, veralteter Strukturen

Strukturen nicht zementieren, Zusammenhang zwischen Organisation und informationstechnischer Struktur auflösen

Erst Analyse, dann Integration. Bleiben die Abläufe optimal?

nerer Einflußfaktoren. Dies zeigt sich deutlich am Beispiel von PPS-Systemen. Durch die *fest vorgegebenen Terminierungsalgorithmen* zur Einlastung der Fertigungsaufträge ist eine umfassende Anpassung des Pro-

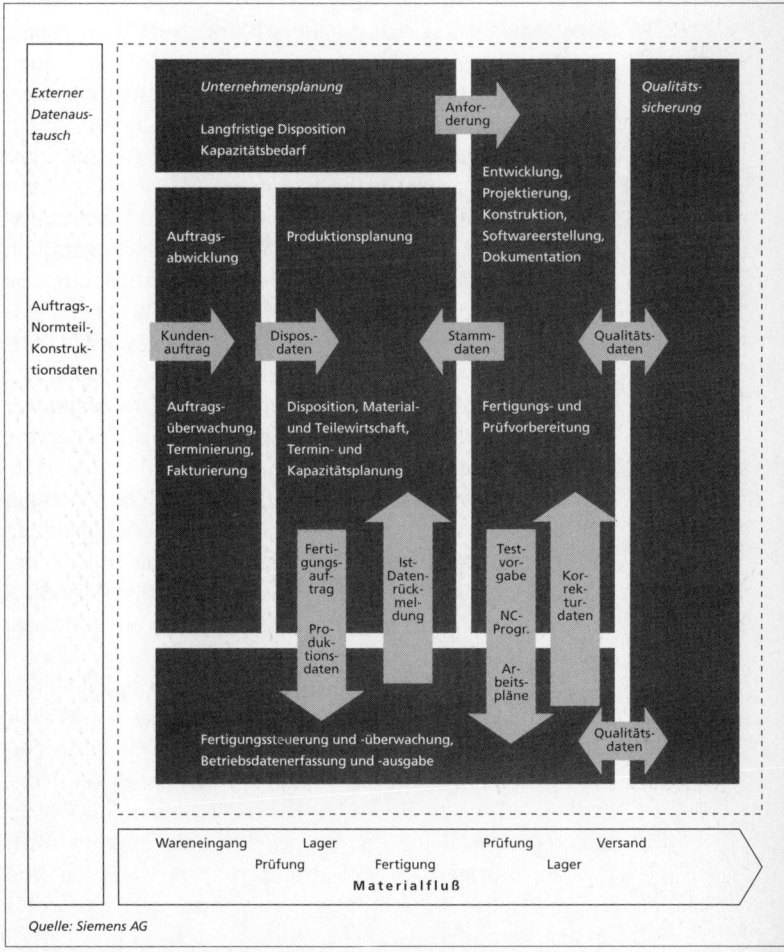

Quelle: Siemens AG

Bild 65: CIM-Konzept: Funktionen, Informations- und Materialfluß in einem Unternehmen (Serienfertigung)

duktionsprozesses an sich ändernde Randbedingungen (zum Beispiel der Wandel von einer Massen- zu einer Sortenfertigung) nicht möglich.

In der Fraktalen Fabrik ist das Zusammenwirken der sich selbst steuernden und organisierenden Fabrikfraktale durch hohe Eigendynamik und maximale Reaktionsfähigkeit auf sich dynamisch ändernde Randbedingungen geprägt. Um die Vitalität der einzelnen Fabrikfraktale zu ermitteln, ist eine permamente Bewertung gegenüber Wettbewerbern erforderlich. An diesem Punkt wird deutlich, daß sogar der herkömmliche, zumindest starr verstandene Begriff von CIM als ein rein technisches Mittel zur Integration computerisierter Fabrikinseln ins Wanken gerät. Mit diesem enggefaßten Verständnis kann CIM in einer Fraktalen Fabrik nur eine untergeordnete Werkzeugfunktion besitzen. Die CIM-Systeme der Zukunft hingegen haben eine wichtige Aufgabe. Sie müssen für Fraktale einer Fabrik flexible und leistungsfähige Informations- und *Navigationssysteme* bereitstellen. Informationssysteme haben die Aufgabe, die für die Herstellung von Produkten und den Einsatz von Betriebsmitteln im Rahmen eines entsprechenden Fabrikationsprozesses nötigen Daten bereitzustellen. Neu zu entwickelnde Navigationssysteme sollen die selbständig durchzuführende, kontinuierliche Verbesserung der Leistungsfähigkeit von Fraktalen unterstützen. Diese Anforderung ist von zentraler Bedeutung, da vom Führungssystem in Zukunft lediglich die globalen Unternehmensziele vorgegeben werden, die dann auf lokaler Ebene umzusetzen sind. Statt der bisher mit Hilfe von CIM-Systemen immer detaillierter durchgeführten Kontrolle wird in der Fraktalen Fabrik lediglich eine ergebnisorientierte Beurteilung eines Fraktals durchgeführt. Die zugehörigen Organisationsstrukturen werden von jedem Fraktal selbst kontinuierlich optimiert und eventuellen Veränderungen angepaßt.

Die heutigen Entwicklungen im Bereich von CIM werden dem noch nicht in vollem Umfang gerecht, gemessen

CIM muß ein Werkzeug für schnelle Kommunikation werden

Fraktale brauchen Informationen für ihre Aufgaben und Navigationssysteme für Wege und Ziele

Die Beurteilung orientiert sich am Ergebnis: erbrachter Nutzen zu Aufwand

an den Anforderungen, die für eine Nutzung im Rahmen einer Fraktalen Fabrik gestellt werden. Ein wesentliches Ziel für die weltweiten Arbeiten ist die vollständige Daten- und Funktionsmodellierung über alle statischen und dynamischen Zusammenhänge einer Fabrik, um diese einer optimalen Rechnerunterstützung zugänglich zu machen. Durch Standardisierung sollen die hohen Kosten der einmaligen Spezialanwendung von CIM gesenkt werden (Bild 66). Bei diesen Arbeiten ist über die Jahre das Wachsen einer Erkenntnis zu bemerken, die weg von den starren Strukturen der Daten- und Funktionssehweise hin zur objektorientierten Sicht drängt. Bezeichnet man das «Objekt» einer Modellsprache als das «Fraktal der Informatik», so ist die entsprechende Verbindung zum Kontext der Fraktalen Fabrik leicht zu erkennen. Durch die Erstellung grundlegender Modelle werden Basiswerkzeuge für ein umfassendes Kommunikations- und Informationssystem erstellt, aber Navigationssysteme sind in den laufenden Arbeiten bis heute noch nicht ersichtlich. Es ist also anzustreben, daß die weitere Ent-

In der notwendigen Standardisierung von Schnittstellen kommen wir von der Betrachtung von Daten und Funktionen zur objektorientierten Sehweise

Neben Kommunikations- und Informationssystemen müssen wir Navigationssysteme entwickeln, damit sich Fraktale selbst optimieren können

Graphik	GKS-3-D	Graphical Kernel System (ISO)
	CGI	Computer Graphics Interface (ISO)
	CGM	Computer Graphics Metafile (ISO)
	PHIGS	Programmers Hierarchical Graphics System (ISO)
Zeichnungen, Geometrie	IGES	Initial Graphics Exchange Specification (ANSI)
	SET	Standard d'Échange et de Transport (AFNOR)
	VDAFS	VDA-Flächenschnittstelle (DIN)
Produktmodelle	PDES	Product Data Exchange Specifications (NBS)
	STEP	Standard for Exchange of Product Model Data (ISO)
	CAD-NT	CAD-Normteile
Maschinensteuerungen	IRDATA	Industrial Robot Data
	APT	Automatically Programmed Tools (ISO)
	CLDATA	Cutter Location Data (ISO)
Protokolle	MAP	Manufacturing Automation Protocol (ISO)
	TOP	Technical and Office Protocol

Quelle: DIN

Bild 66: Internationale Normungsaktivitäten

wicklung von CIM, die über die genannten Basisleistungen hinausgehen wird, die Methode des Einsatzes von CIM unter dem Blickwinkel und den Anforderungen einer Fraktalen Fabrik berücksichtigt.

CIM in der Zukunft heißt vor allem Netzwerkmanagement: Informationen werden an vielen Stellen generiert, gespeichert, aktualisiert und verantwortet. Wechselseitiger Zugriff ist gegeben

Durch die gegenseitige Abhängigkeit und Beeinflussung der fraktalen Organisations- und Systemstrukturen wird die Gestaltung der zukünftigen CIM-Umgebung nicht einfacher sein. Einerseits ist eine weitaus höhere Autonomie und folglich Intelligenz der rechnergestützten Fraktale erforderlich. Andererseits wird die dezentrale Bereitstellung leistungsfähiger Navigations- und Informationssysteme notwendig. Die wachsende Eigenständigkeit und Kompetenz von Mitarbeitern erfordert wiederum einen höheren Verantwortungswillen und entsprechende Fähigkeiten aller Mitarbeiter. Insofern wird den Punkten

Die intensivste Kommunikation findet im Fraktal statt, zwischen Menschen und Rechnern; das Netzwerk wird entlastet

• Modellsprachparadigmen, zum Beispiel Objektorientierung und Agentenkonzepte, die die Systematik einer fraktalen Denkweise unterstützen,

• Anwenderoffenheit und -verständlichkeit der CIM-Systeme,

• expertensystemgestützte Informationsermittlung und -verdichtung,

• Bewertungsmöglichkeiten vor dem Ausführen kostspieliger Maßnahmen durch Simulation,

• wissensbasierte Prozeßterminierungs-, -ausführungs- und -regelsysteme,

Wir müssen eigenständige Vorstellungen für CIM entwickeln und die Weichen entsprechend stellen

• intelligente Kontrollmechanismen für kurze Rückkopplungsschleifen zwischen Entscheider und realem Prozeß

in einer Fraktalen Fabrik sehr hohe Bedeutung beizumessen sein. CIM, als Informations- und Kommunikationswerkzeug verstanden, kann damit erheblich zu deren Erfolg beitragen.

Die Telekommunikation ist fraglos eines der weltweit größten Wachstumsfelder. In Europa beläuft sich ihr Anteil am Bruttosozialprodukt bereits auf 3,5 Prozent und wird sich, einer EG-Studie zufolge, in den kommenden

Jahren verdoppeln. Das große Interesse der Industrie, sich beispielsweise auf dem Markt für digitalen Mobilfunk zu etablieren, belegt eindrucksvoll, welche Erwartungen auf dieser Entwicklung ruhen. Technologiesprünge in den Bereichen

- Digitaltechnik,
- Mobilfunk und
- Breitbandnetz

erschließen neue Anwendungen, die auch für den Prozeß der industriellen Leistungserstellung von großer Bedeutung sind. Die informationstechnische Verknüpfung mit dem Lieferanten gehört in vielen Betrieben bereits zum Alltag. In den meisten Just-in-time-Konzepten ist sie gar Voraussetzung für einen geordneten Betrieb. Inzwischen ist es sogar möglich, über Satellitennavigation und -kommunikation den Standort eines Fahrzeugs auf wenige Meter genau zu bestimmen und in der Leitzentrale sichtbar zu machen.

Verkehrsprobleme wie Staus werden damit allerdings nur zeitweilig entschärft. Gerade dieser Umstand bringt manches Just-in-time-Konzept mehr und mehr ins Abseits. Folgerichtig, im Abschnitt über Zukunftsvisionen war bereits davon die Rede, kann eine Fabrik auch «disloziert» werden, so daß die physische Güterproduktion möglichst nah am Verbrauchsort vollzogen wird. Nachdem die Übermittlung von Daten, aber auch verbale und

Leistungsfähige und wirtschaftliche Telekommunikation zwischen Fraktalen ist von größter Bedeutung

Just-in-time-Konzepte stoßen an verkehrstechnische Grenzen. Der volkswirtschaftliche Nutzen ist fraglich

Bisher:	– hierarchisch
	– übergreifend
	– umfassend
	– starr, unbeweglich
Zukünftig:	– verteilte «Quellen» und «Senken» im Netzwerk
	– im Fraktal Prozeßketten
	– problemorientiert
	– dynamisch, anpassungsfähig

Bild 67: Informationssysteme heute und zukünftig

Telekommuni-
kation eröffnet
die Vorstellung
von dezentra-
len, autonomen,
auch räumlich
getrennten
Unternehmens-
einheiten, jede
als Fraktal be-
zeichnet

visuelle Kommunikation über große Entfernungen keine Barriere mehr darstellt, ist es vorstellbar, ein Werkstück in Europa zu entwickeln, aber sofort in einem – in einen weltweiten Fertigungsverbund eingefügten – Dienstleistungszentrum auf einem anderen Kontinent zu fertigen. Wenngleich diese Vision noch viele Fragen aufwirft, sollte sie doch zu intensivem Nachdenken anregen. Dezentrale, autonome Strukturen begünstigen ja gerade eine räumliche Trennung.

Allerdings ist hier noch ein weiter Weg zurückzulegen. Erfahrungen mit Bildschirmarbeitsplätzen, die in die Wohnung des Arbeitnehmers verlegt wurden, können kaum als erfolgreiches Muster dienen, weil sie den Motivationsaspekt des Gemeinschaftserlebnisses vollständig ignorieren.

Transkontinentale Videokonferenzen hingegen erfreuen sich steigender Beliebtheit, weil sie Zeit- und Kosteneinsparungen miteinander verbinden. Wenngleich sie keinen Ersatz für das persönliche Zusammentreffen darstellen – gerade in Zeiten internationaler Krisen greift man gern auf sie zurück und lernt sie bei dieser Gelegenheit schätzen.

Die Anwen-
dung interner
und externer
Kommunika-
tionstechnik
wird progressiv
ansteigen

Sicherlich gibt es in diesem Bereich noch beträchtliche Entwicklungsdefizite, insbesondere bei Datenformaten und -schnittstellen. Auf der anderen Seite jedoch wird intensiv daran gearbeitet, und bei der Dynamik dieses Marktes ist – vergleichbar mit der Mikroelektronik in den achtziger Jahren – mit rapidem Preisverfall und entsprechender Verbreitung zu rechnen.

Zielbestimmungsprozeß

Wie kommen die Fraktale nun zur wesentlichen Führungsgröße der Fraktalen Fabrik – den Zielen? Es sollte klar sein, daß diese nicht oktroyiert werden können, denn dann verfehlen sie sicher ihren Zweck. Angemessener erscheint es, sie in einem Abstimmungsprozeß zwischen den beteiligten Fraktalen zu generieren und, wenn erforderlich, anzupassen. Die Konsistenz des Zielsystems wird dabei durch einen Vererbungsmechanismus sichergestellt: Jedes Fraktal ergänzt das mit der übergeordneten Ebene abgestimmte Zielsystem nach Zweckmäßigkeitsgesichtspunkten, denn je produktionsnäher die Aufgabe, desto konkreter muß das Zielsystem sein. Jedes Fraktal hat somit ein individuelles, aktuelles und konsistentes Zielsystem. Konsistenz ist gewährleistet, weil jeder Widerspruch unmittelbar erkennbar wird.

Führungsmethoden, die im wesentlichen auf der Vorgabe von Zielen und anschließender Erfolgskontrolle beruhen, haben sich unter ihrer angelsächsischen Bezeichnung «Management-by-objectives» einen Namen ge- macht. Sie stellen einen bedeutsamen Meilenstein auf der langen Wegstrecke der Organisationsentwicklung dar, weil sie den Betroffenen Freiräume bei der Wahl des Weges zum Ziel zugestehen.

Der Gedanke, auch über die Grenzen des Operativen hinaus Kompetenzen abzugeben, widerspricht dem Selbstverständnis nahezu aller Funktionsträger in einem Unternehmen. Daß es auch anders geht, erprobe ich täglich im von mir geleiteten Institut: Durch die exponentielle Zunahme des Wissens bin ich heute nicht mehr in der Lage, alle Facetten der vertretenen Fachrichtungen zu verfolgen. Diese Entwicklung hat im übrigen allgemeinen Charakter angenommen: War es früher selbstverständlich, daß der Meister alle Tätigkeiten in seinem Verantwortungsbereich selbst – und oft auch am besten – ausüben konnte, trifft dies heute immer seltener zu.

Weil meine Mitarbeiter in ihrem Spezialgebiet eine höhere Fachkompetenz haben – sonst wären sie am falschen Platz –, liegt es nahe, ihnen auch einen größeren Entscheidungsspielraum zu gewähren, der über die operative Ebene weit hinausgeht. Das Eindringen in neue Arbeitsgebiete kann (genauso wie das Verlassen derselben) von den Betroffenen sehr wohl gesteuert werden: durch die Akquisitionstätigkeit für privatwirtschaftlich

Festlegung von Zielen: ein Abstimmungsprozeß

Letztlich muß jedes Fraktal ein abgestimmtes, individuelles, aktuelles und konsistentes Zielsystem haben

Management durch Ziele war eine bedeutsame Entwicklung bei Führungsmethoden; sie ist letztlich auch für Fraktale maßgebend

Die Führungskräfte müssen ein neues Selbstverständnis entwickeln

Wer Kompetenz hat, braucht auch Entscheidungsspielraum

oder auch öffentlich geförderte Forschungs- und Entwicklungsprojekte.

Dieses System hat sich bewährt, weil es sich an den Bedürfnissen des Marktes – für FuE-Wissen und -Können – orientiert. Wachstum und Schrumpfung von Arbeitsgruppen und deren Diffusion in neue Wissensgebiete garantieren somit eine große Praxisnähe der Arbeitsergebnisse. Sicher mag man an dieser Stelle einwenden, daß beinahe «klinische» Verhältnisse vorliegen, weil die wissenschaftlichen Mitarbeiter ein unmittelbares Interesse mitbringen, an zukunftsträchtigen und lohnenden Projekten zu arbeiten. Der Grundgedanke bleibt aber sicherlich übertragbar. Im übrigen widerspricht dieses Prinzip nicht einer hierarchischen Ordnung; es gibt an meinem Institut – vielleicht noch – fünf Hierarchieebenen, in denen der Mitarbeiter seinen Standort hat, seine «Heimat» im sozialen Umfeld.

Eine flache hierarchische Ordnung und Struktur wird schon deshalb notwendig bleiben, um jedem Mitarbeiter eine «Heimat» im sozialen Umfeld zu geben

Schauen wir uns den Zielbestimmungsprozeß im angeführten Beispiel etwas genauer an: Ein wissenschaftlicher Mitarbeiter hat das Ziel, sich nach dem Examen weiter zu qualifizieren und dies letztlich in einer Dissertation zu dokumentieren. Dies ist zunächst einmal ein Ziel höchst privater, man könnte auch sagen egoistischer Natur. Um es zu erreichen, benötigt er ein intellektuell angemessenes Umfeld, geeignete Arbeitsmöglichkeiten und nicht zuletzt auch eine materielle Basis. Darüber hinaus wird er sich im Hinblick auf seine mentale Verfassung ein gutes Sozialklima in seinem Umfeld wünschen.

Die Mitarbeiter beeinflussen entscheidend den Auf- und Abbau von Wissen und Können in ihrem Fraktal

Die Tätigkeit am Institut wird zu einem nicht unerheblichen Anteil durch die Bearbeitung von Forschungs- und Entwicklungsaufträgen von Industrieunternehmen finanziert. Je mehr persönliche Interessen und bearbeitete Projekte übereinstimmen, desto größer ist der Nutzen für den einzelnen. Darüber hinaus ist er – zur Hebung des eigenen Marktwertes – daran interessiert, eine Qualifikation mit entsprechender Nachfrage zu erwerben. Tatsächlich ist dieses Thema natürlich bedeutend vielschichtiger, aber bleiben wir bei wesentlichen Schwerpunkten:

Thema und Inhalt einer Dissertation entstehen in einem iterativen Prozeß. Durch publizistische Tätigkeit macht der Mitarbeiter sich auf seinem Gebiet einen Namen, was zu entsprechenden Kundenanfragen führt und – hoffentlich – Folgeprojekte nach sich zieht.

Es ist nicht zu übersehen, daß der einzelne damit die Entwicklungsrichtung seiner Fachgruppe beeinflußt. Umgekehrt wird durch den gleichen Mechanismus nicht mehr benötigtes – und deshalb nicht mehr nachgefragtes – Fachwissen abgebaut. Dieser Effekt wird noch beschleunigt durch den hohen Durchsatz an Mitarbeitern, die ja in der Regel nur eine begrenzte Zeit am Institut verbleiben und ihr Wissen dann – im positiven Sinne eines schnellen und effektiven Technologietransfers – mitnehmen.

Die Erfahrung lehrt, daß auf dieser «unteren» Ebene das Gespür für Chancen und Risiken sehr ausgeprägt ist. Selbstverständlich agiert der einzelne oder auch seine Fachgruppe nicht in einem luftleeren Raum, sondern steht im Dialog mit den Vorgesetzten. Es erweist sich jedoch immer wieder, daß deren Aufgabe eher darin besteht, Unterstützung und Rat zu geben sowie Wege zu ebnen.

Das Gespür für Chancen und Risiken ist bei den meisten Mitarbeitern ausgeprägt

Selbstverständlich bleibt es nicht aus, daß Sachzwänge verschiedenster Art Entscheidungen erzwingen, nicht immer zum Vergnügen der Beteiligten. Grundsätzlich gilt jedoch:

Wichtige Aufgabe des Vorgesetzten: Unterstützung, Rat und Ebnung von Wegen

• Der Zielbestimmungsprozeß schließt alle Beteiligten ein.

• Dieser Prozeß hat den Charakter eines Regelkreises unter Einbeziehung aller relevanten Parameter (Marktbedürfnisse, Sachzwänge wie zum Beispiel Finanzierung, persönliche Wertvorstellungen).

• Die Organisation entwickelt sich selbständig weiter.

Der Zielbestimmungsprozeß muß alle Beteiligten einschließen; er ist ein Regelkreis

Etwas überspitzt formuliert könnte man zum letzten Punkt anmerken, daß auch strategische Entwicklungen «von unten» gesteuert werden. Dieser Effekt ist in der Praxis nachweisbar: Regelmäßig hat das Institutsdirektorium Organisationsanpassungen (zum Beispiel Bildung oder Zusammenlegung von Gruppen) vorzunehmen, deren Ursache sich im nachhinein auf schleichende Entwicklungen zurückführen lassen, die häufig «von oben» nicht erkennbar waren.

Organisatorische Entwicklungen werden häufig «von unten» gesteuert oder erzwungen

Wenn wir das Globalziel des Instituts darin sehen, daß es wesentliche Beiträge zu angewandter Forschung und Entwicklung in der Produktionstechnik liefern will, dann fügen sich die in jedem Fraktal bis zum einzelnen Mitarbeiter verfolgten Ziele in dieses System ein; der Vererbungsmechanismus kommt voll zum Tragen.

Die wertschöpfenden Einheiten bedürfen auch in Zukunft zentraler Dienstleistungen, die aber ebenfalls als meßbare Fraktale zu betrachten sind

Selbstverständlich gibt es auch am IPA Zentralfunktionen wie Bibliothek, Kommunikationsdienst – früher Rechenzentrum – und Verwaltung. Der aufmerksame Leser wird darin keinen Widerspruch zu einer fraktalen Organisation sehen. Es handelt sich hier um Dienstleistungsfunktionen, die zentral organisiert sind, da sie von allen in Anspruch genommen werden.

Als letzten Beleg für den fraktalen Charakter des Instituts möchte ich die Gründung des Fraunhofer-Instituts für Arbeitswirtschaft und Organisation (IAO) im Jahre 1981 anführen, das aus einer Hauptabteilung des IPA hervorgegangen ist, weil Arbeitsgebiet und Größe eine Verselbständigung nahelegten. Betrachten wir die Fraunhofer-Gesellschaft als Dachorganisation, sind auch hier viele Eigenschaften zu erkennen, die wir einer fraktalen Organisation zuschreiben. Im übrigen werden des öfteren Einrichtungen der Fraunhofer-Gesellschaft umstrukturiert oder geschlossen, weil deren Arbeitsgebiete überholt sind.

Eine dezentrale fraktale Organisation hat selbstverständlich auch ihre Probleme, zum Beispiel Redundanzen, die immer wieder zu beachten sind

Aus all dem, insbesondere der Tatsache, daß sich diese Institutionen am Markt selbst behaupten müssen, glaube ich schließen zu dürfen, daß hier auf andere Organisationen übertragbare Strukturen vorliegen.

Wenn wir von Zielen sprechen, dann meinen wir im Grunde genommen Zielsysteme. Beispielhaft sei auf die klassische Konkurrenzsituation zwischen Kapazitätsnutzung, Bestandssenkung und Durchlaufzeitminimierung

verwiesen. Im Zielsystem müssen solche Konflikte zum
Ausdruck kommen und auch gelöst werden. Man erhält
somit ein Zielprofil, gegebenenfalls unter Angabe von
Prioritäten.

Der oben beschriebene Mechanismus der Zielbestimmung wird, zumindest ansatzweise, auch schon in Industrieunternehmen eingesetzt: Die von einem Ge-
schäftsbereich selbst formulierten Ziele werden mit
der vorgesetzten Stelle diskutiert und – gegebenenfalls
nach entsprechender Korrektur – verabschiedet. Die Erfahrungen sind positiv, insbesondere im Hinblick auf
die Herstellung eines konsistenten Zielsystems. Kritisch
angemerkt wird der möglicherweise entstehende psy-
chologische Druck, zu hohe Leistungen als Ziel zu nennen. Die unseligen und teilweise grotesken Erfahrungen
mit «Selbstverpflichtungen» in planwirtschaftlichen Systemen sind Mahnung genug. Mit Augenmaß ange-

**Wir bewegen
uns in einem Sy-
stem mit Ziel-
konflikten, die
aber transpa-
rent gemacht
werden**

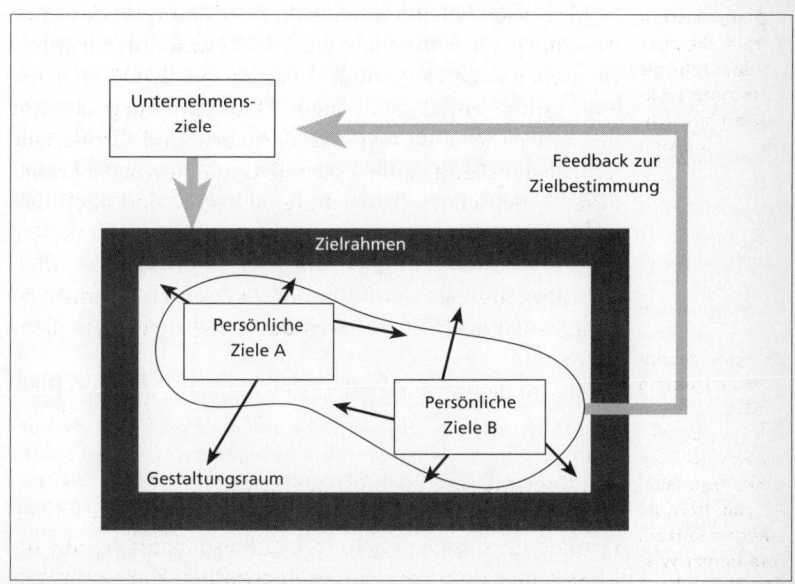

Bild 68: Zielbestimmungsprozeß

Bei der Zielbestimmung muß «Selbstverpflichtung» machbar bleiben

Jeder einzelne lebt ständig mit Zielkonflikten; um so mehr gilt dies für eine Organisation

Ist der beschriebene Zielbestimmungsprozeß zu aufwendig, wird auch in Zukunft Vorgabe und Kontrolle nicht zu vermeiden sein

Regelmäßige Zusammenkünfte und Projektgruppen fördern das wechselseitige Verständnis

wandt, fördert der Zielbestimmungsprozeß die Konfliktsituation konkurrierender Ziele jedoch zuverlässig zutage, was an sich schon ein unschätzbarer Vorteil ist. Im Bild 68 dargestellt ist der Zielbestimmungsprozeß. Dabei kommt zum Ausdruck, daß allein schon die persönlichen Ziele der Mitarbeiter in unterschiedliche Richtungen weisen können. Bekanntestes Beispiel ist der Wunsch nach mehr Freizeit versus höherem Einkommen. Dieser Konflikt ist kurzfristig innerhalb des existierenden Zielrahmens (Tarifvertrag, betriebliche Vereinbarungen) zu lösen; langfristig können gewichtige persönliche Ziele aber diesen Zielrahmen auch beeinflussen, also verschieben. Im angeführten Beispiel hat dies in jüngerer Vergangenheit ja auch tatsächlich stattgefunden. Die davon initiierte Welle neuer Arbeitszeitmodelle wiederum bleibt nicht ohne Konsequenzen für die Organisationsstruktur.

Bei allen Vorteilen, die ein iterativer Zielbestimmungsprozeß bietet: er bindet Ressourcen, und – das ist ganz wesentlich – er kann nicht per Dekret eingeführt werden. Sicherlich wird es auch Fälle geben, in denen er überhaupt nicht umsetzbar ist. So wird man auf das Instrumentarium der unreflektierten Vorgabe und Kontrolle von Zielen nicht immer verzichten können, was aber letztlich nach dem Prinzip der Vielfalt der Lösungsmöglichkeiten seine Berechtigung findet.

In einer Untersuchung der amerikanischen Teppichindustrie sind die Wirkungen verschiedener Koordinierungsinstrumente analysiert worden:

«Durch regelmäßige persönliche Zusammenkünfte oder gemeinsame Projektgruppen wurde das Verständnis für die andere Seite verbessert. Die Vorgabe und Kontrolle von Zielen unterstreiche den Willen des Topmanagements, strategisch zu führen. Der Einsatz von Planungsverfahren wie zum Beispiel Marktprognosen entwickle schließlich das individuelle strategische Denken der operativen Manager. Als ineffektive Koordinationsinstrumente erwiesen sich reine Vorgesetztenentscheidungen und einzelne Schnittstellenkoordinatoren. Außerdem zeigte sich, daß, je intensiver bereichsübergreifend geplant

wird, desto höher die Einigkeit über die notwendigen Prioritä-
ten und erforderlichen Schritte ist. Dieser Konsens zwischen den
Bereichen nützt den Unternehmen: Denn wenn zwischen Mar-
keting und Produktion die Zielsetzungen und die Wahl der Mit-
tel übereinstimmend beurteilt werden, genießt das Unterneh-
men ein hohes Marktimage. Dies zeigte eine unabhängige
Beurteilung der Hersteller durch die Großhändler.»
BLICK DURCH DIE WIRTSCHAFT, 2. Januar 1992

Die Fraktale Fabrik erfordert also ein hohes Maß an
Harmonie. Harmonisierte Unternehmen profitieren, wie **Harmonie**
dem Beispiel zu entnehmen ist, von zusätzlichen Syn- **ermöglicht**
ergieeffekten. **Synergien**

Navigation und Steuerung

Um die «Bewegungen» der Fraktale im Gesamtprozeß in
die jeweils angemesse Richtung zu lenken, bedarf es einer
Funktion, für die wir die nautische Metapher der Navigation eingeführt haben. Fraktale navigieren insofern,
als sie ständig ihre Position im Zielraum prüfen, melden
und gegebenenfalls korrigieren.

Eine weitere Analogie – zwischen Medizin und Wirtschaft – hat einiges für sich, denn auch in Schwierigkeiten geratene Unternehmen werden zeitweilig unter erheblicher Ressourcenzufuhr von außen – man könnte **Zentrale Koor-**
auch sagen: Blutzufuhr – am Leben erhalten; allerdings **dination muß**
nur bei begründeter Aussicht, daß sie letztlich wieder **für sinnvolle**
ihre volle Funktionalität erreichen, oder aber um den **Handlungen der**
Wandel sozial abzufedern. **dezentralen Ein-**
heiten sorgen

Im Abschnitt über die derzeit in Japan diskutierten
Gestaltungsansätze haben wir das Konzept «Bionic Manufacturing» kennengelernt. Dieses favorisiert eine totale Dezentralisierung der Unternehmensfunktionen. Der
Mantel des Unternehmens dient dann vor allem als
rechtlicher und finanzieller Rahmen. Die Elemente können sich in diesem Modell auch auf dem freien Markt
positionieren, unter starker informationstechnischer
Verknüpfung.

Diese Vorstellung ist eher skeptisch zu beurteilen. Eine Fabrik ist nicht – einer Amöbe gleich – beliebig in lebensfähige Einheiten teilbar. Eher ist das Modell hochorganisierter Lebewesen anzuwenden, die ohne zentrale Koordination keine sinnvollen Handlungen ausführen können und schnell zugrunde gehen. Allerdings kann auch ohne Hirnfunktionen mit großem apparativem Aufwand die Funktion der dezentralen Organe wie Herz und Lunge künstlich aufrechterhalten werden.

Controlling ist das Steuerungsinstrument zum Führen eines Unternehmens

Die strategische Ausrichtung und Führung des Unternehmens kann nicht dem Zufall überlassen werden. Die sich daraus ableitende Aufgabe wird allgemein mit dem Begriff *Controlling* umschrieben. «Controlling» geht zurück auf «to control». Dabei geht es um ein «kybernetisches, koordinierendes Steuern des Unternehmensgeschehens» [Huch 1992].

Die strategische Ausrichtung des Unternehmens wird von wenigen definiert, Bereichsziele ergeben sich in einem iterativen Abstimmungsprozeß

Ein partizipatives Führungssystem mit weitgehender Delegation von Verantwortung, wie wir es in der Fraktalen Fabrik antreffen, erfordert – darüber müssen wir uns klar werden – weiterentwickelte Methoden und Instrumente. Wie wir im Abschnitt über den Zielbestimmungsprozeß gesehen haben, laufen viele Entscheidungsprozesse in einem «Gegenstromverfahren» ab: Top-down- und Bottom-up-Ansätze werden miteinander kombiniert: Die strategische Ausrichtung des Unternehmens wird weitgehend an zentraler Stelle von wenigen definiert. Das Herunterbrechen in Bereichsziele erfolgt dann in einem iterativen Abstimmungsprozeß. Diese Zielformulierung kann sich jedoch nicht in der Festlegung von Budgets erschöpfen, sondern muß auch andere Meßgrößen zulassen.

Zielbestimmungsprozeß und Navigation ersetzen nicht die Führung, den «Kapitän», sondern unterstützen eine «wetterfeste Mannschaft»

Innerhalb ihres Bewegungsraumes erfolgt die Planung und Steuerung in einem Bottom-up-Prozeß. Wird der zulässige Bewegungsraum allerdings verlassen, greift das Prinzip eines «Management-by-exception», mit dem Fehlentwicklungen gebremst und korrigiert werden können. Es ergibt sich damit eine Vielzahl miteinander verzahnter und ineinander verschachtelter Regelkreise. Diese können jedoch nicht vollständig formuliert werden, weil nicht alle Abhängigkeiten faßbar sind, wie durch den folgenden «Induktionsbeweis» erkennbar wird:

Im Unternehmen wird in vielen verzahnten Regelkreisen gearbeitet

Angenommen, alle Regelkreise und ihre Verknüpfungen wären bekannt. Dann könnte durch Anwendung formaler mathematischer Methoden das Gesamtgebilde durch eine einzige – wenn auch komplizierte – Formel beschrieben werden. Damit würde sich der Traum aller Deterministen erfüllen, womit wir wieder bei Kapitel 3 angelangt wären. Darüber hinaus sollte klar sein, daß auch die Regelkreise einem ständigen Wandlungsprozeß unterliegen.

Die Regelkreise sind nicht komplett erfaßbar und beschreibbar

Controlling in der Fraktalen Fabrik ist vielschichtiger als in traditionellen Organisationsformen. Dabei ist zwischen der Daten- und Methodenseite zu unterscheiden: Daten werden flächendeckend verfügbar gemacht, wobei die Frage des physischen Speicherortes zweitrangig und von Zweckmäßigkeitsgesichtspunkten bestimmt wird. Zugriff auf diese Daten und ihre Verarbeitung erfordern weiterentwickelte Anwendungsprogramme, die noch wesentlich benutzerfreundlicher werden müssen, weil der Umgang mit ihnen zu einer Selbstverständlichkeit wird und nicht mehr dem Spezialisten obliegt. Bei der Verdichtung von Informationen ist streng auf Konsistenz zu achten.

Wichtig ist: Daten und Informationen sind flächendeckend verfügbar zu halten; Zugriff und Verarbeitung sind in der Nutzerfreundlichkeit weiterzuentwickeln

Heute noch zum Alltag gehörende Schwierigkeiten mit den Schnittstellen zwischen Daten und Verarbeitungsprogrammen sind zu beseitigen, denn nur ein funktionierendes System erfährt die erforderliche Akzeptanz. Für die verschiedensten Fragestellungen, die sich in der Regel kurzfristig ergeben und dann auch kurzfristig zu beantworten sind, steht den Fraktalen ein Methodenbaukasten zur Verfügung, der stetig weiterzuentwickeln ist.

Nur ein funktionierendes System findet auf der operativen Ebene Akzeptanz

Zur Unterstützung des fortlaufenden Strukturierungsprozesses benötigen die Fraktale geeignete Navigations- und Steuerungsinstrumente, um

• ihre Position bestimmen und
• ihre Weiterentwicklung lenken zu können.

Wenn wir auf das Beispiel der Strukturentwicklung an meinem Institut zurückkommen, lassen sich solche Instrumentarien identifizieren: Die Anforderungen des Marktes lassen sich ableiten aus den direkten Kontakten zur Industrie. Potentiale, die sich in absehbarer Zukunft durch erweiterte technische Möglichkeiten ergeben und entsprechende Vorlaufaktivitäten ratsam erscheinen

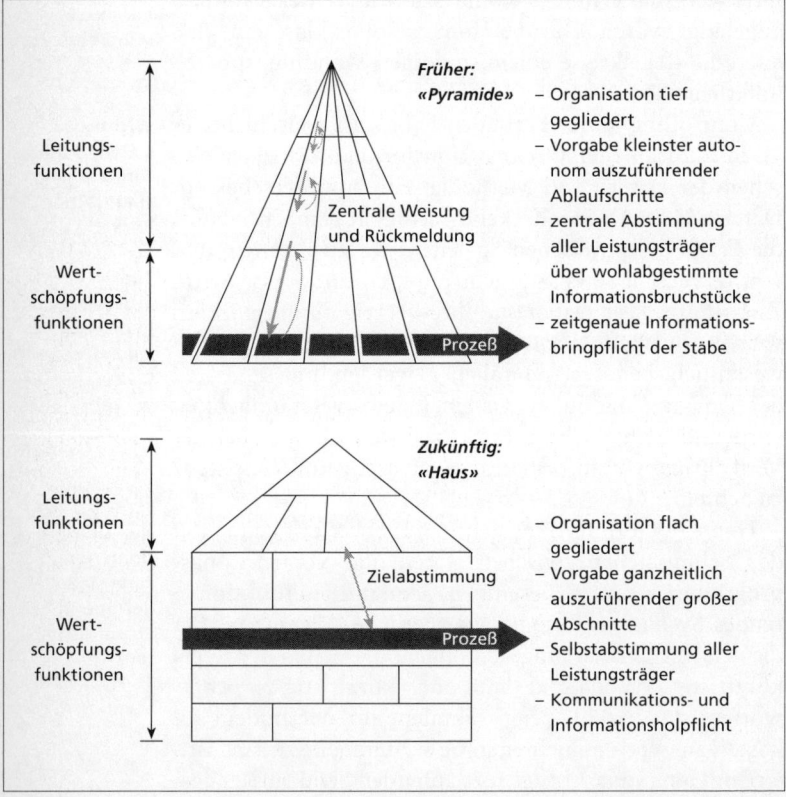

Bild 69: Zusammenspiel von Organisation, Information und Leistungserstellung: von der Pyramide zum Haus

lassen, sind die Folge intensiver fachlicher Diskussion und Auswertung der Fachliteratur. Die Finanzierungssituation der Fachgruppe ergibt sich aus der Budgetplanung.

Die Beschaffung und Auswertung dieser Informationen ist derzeit recht mühsam, weil die Vielzahl von Informationsquellen und Datenformaten einen hohen Aufbereitungsaufwand bedingen. Für die Analyse der informellen Ebene von Systembeziehungen steht überhaupt kein Hilfsmittel zur Verfügung. Der Entwicklung eines geeigneten Instrumentariums kommt daher eine hohe Bedeutung zu:

Navigations- und Steuerungsinstrumente für die Fraktale sind noch über bekannte Methoden hinaus zu entwickeln. Gegenwärtig ist ein erheblicher Aufbereitungsaufwand nötig

«*Das Computerunternehmen IBM will mit einem neuen strategischen Konzept die Weichen für die Integration heterogener Computer-Netzwerke jeglicher Größenordnung in den neunziger Jahren stellen. ‹Advanced Peer-to-Peer Networking› (APPN) enthalte Algorithmen, die das automatische Suchen und Finden von Teilnehmern irgendwo im Netzwerk möglich machen sollen. Im Fall von Anfragen durch andere Systeme werde deren bislang unbekannte Adresse erkannt und das Wissen in Inhaltsverzeichnissen und Topologiedatenbanken gespeichert. Neben der Definition des eigenen Standorts im Netzwerk und der automatischen Lokalisierung aller im Netzwerkverbund integrierten Rechner und Endgeräte suche APPN jeweils automatisch den schnellsten Weg zu den gesuchten Adressaten.*

Mit der Einführung von APPN werde zugleich die Installation und Handhabung von Arbeitsplatzrechnern und größeren Systemen innerhalb des Systemverbunds stark vereinfacht. Möglich werde die gleichberechtigte (also nicht hierarchische) Kommunikation zum Daten- und ·Programmaustausch sowie die Nutzung von Rechnerkapazitäten unabhängig vom jeweiligen Standort im Netzwerk.

Netzwerke anderer Hersteller können durch die offengelegten Spezifikationen der IBM-Netzwerkzugangsknoten in das bestehende weltumspannende IBM-Netz eingebunden werden.»
BLICK DURCH DIE WIRTSCHAFT, 6. April 1992

Die Informationstechnik wird offene Kommunikationsnetzwerke zur Verfügung stellen. Informations- und Rechnerunterstützung sind von der Aufbauorganisation abgekoppelt

Die erstaunliche Erkenntnis aus diesem Entwicklungsziel ist, daß wir bereits Schritte in die richtige Richtung unternehmen – vielleicht ohne es zu wissen. Die Navigation und Steuerung der Fraktalen Fabrik wird diese Schritte beschleunigen.

Mitarbeiter und Führung

Die Vision der Fraktalen Fabrik setzt das heutige Bild vom Mitarbeiter und von seinen sich wandelnden Bedürfnissen voraus. Oder ist er doch nur bequem, beharrend, immobil und wartet passiv auf Anweisung wartend?

Die Bedeutung des Menschen in der Fraktalen Fabrik ist als Ausgangspunkt unserer Überlegungen bereits gewürdigt worden. Ist er aus diesem Blickwinkel also der Hoffnungsträger, wird er von anderer Warte eher als Hemmnis angesehen, was in der Vergangenheit zu Versuchen Anlaß gab, ihn als potentiellen Störfaktor möglichst weitgehend – durch Automatisierung – zu eliminieren.

Die Antwort liegt sicher wieder in der Vielfalt der Gestaltungsmöglichkeiten

Arbeiten und Freizeit bilden zusammen das Leben

«Wir sind am Ende des 20. Jahrhunderts und wissen nicht, was den Menschen zufrieden und glücklich macht! Es kann nicht das Fernsehen oder der Fußballplatz sein. Theologen, Soziologen, Psychologen, Philosophen, Unternehmer und Gewerkschafter müssen sich Gedanken machen, wie der Mensch unter den Bedingungen der modernen Industriegesellschaft ein zufriedenes Gefühl in seiner Arbeit erlangen kann…
Es geht um eine vernünftige Grenze zwischen Arbeit und Freizeit. Wenn die freie Zeit größer ist als die Arbeitszeit, kommt es bei normalen Menschen zu einer Störung des seelischen Gleichgewichts. Arbeit ist dann kein positives Erlebnis mehr. Es muß eine ausbalancierte Arbeitszeit geben, damit der Mensch gefordert ist und etwas vollbringen kann, was seinen Anlagen, seiner Ausbildung und seiner Einstellung entspricht. Wir alle wissen, daß wir die Freizeit erst nach der Arbeit richtig genießen können. Es kommt auf das Wechselspiel an.»
CHRISTIANS 1992

Schon vor zweihundert Jahren wurde das Bild vom nutzenorientiert handelnden Menschen formuliert

Rufen wir uns noch einmal in Erinnerung, wie die Rolle des Menschen im Wirtschaftsleben vom Klassiker der ökonomischen Theorie gesehen wurde. Adam Smith, der uns bereits in Kapitel 2 begegnet ist, zeichnete vor zweihundert Jahren, im Vorfeld der ersten industriellen Revolution, folgendes Bild vom Menschen in einer marktwirtschaftlichen Ordnung:

«Nicht vom Wohlwollen des Metzgers, Brauers oder Bäckers erwarten wir das, was wir zum Essen brauchen, sondern davon, daß sie ihre eigenen Interessen wahrnehmen. Wir wenden uns nicht an ihre Menschen-, sondern an ihre Eigenliebe, und wir erwähnen nicht die eigenen Bedürfnisse, sondern sprechen von ihrem Vorteil.»
SMITH 1776

Dieser «Homo oeconomicus» ist also durch individualistisches, ja egoistisches Verhalten gekennzeichnet: er denkt selbständig und handelt vernünftig, indem er seinen größten Vorteil anstrebt. Dieses Prinzip wird sicher nicht immer total umgesetzt und ist bei jedem Individuum unterschiedlich ausgeprägt, da bekanntlich nicht jedes menschliche Handeln der Rationalität unterliegt. Als Modellvorstellung kommt die Betrachtung einem realistischen Menschenbild jedoch sehr nahe und kann mit Abstrichen auch unserer Vision vom Menschen im Fraktal zugrunde gelegt werden. Appelle an die Einsicht sind also weniger wirksam als die Möglichkeit, egoistische Bedürfnisse unter Berücksichtigung gegebener Randbedingungen und Beschränkungen zu befriedigen.

Der Homo oeconomicus ist eine Modellvorstellung, die aber realitätsnah und damit für unsere Strukturvorstellung brauchbar ist

Bei dieser Modellvorstellung gehen wir auch davon aus, daß der Mitarbeiter seinem Kollegen in der Regel neutral gegenübersteht, also Regungen wie Neid, Schadenfreude oder Mitgefühl und Wohlwollen von untergeordneter Bedeutung sind. Weiterhin gehen wir davon aus, daß sich der einzelne im Unternehmen in anderen als den gegenwärtigen Strukturen genauso verhalten wird, wenn das Unternehmen beispielsweise nur insoweit eingreift, als es Zielsetzungen transparent macht und für die notwendigen Ressourcen sowie eine effiziente Infrastruktur sorgt (zum Beispiel für Information und Kommunikation). In einem solchen System spürt der Mitarbeiter einen eigenen einsatzabhängigen Nutzen. Die Unternehmensführung gibt also Macht und Kompetenzen ab, der Mitarbeiter erhält entsprechende Freiräume, aber – zwangsläufig – auch mehr Verantwortung und Risiko.

Der Mitarbeiter muß seinen eigenen, einsatzabhängigen Nutzen spüren. Er muß das System, in dem er arbeitet, verstehen und akzeptieren

Die Fraktale Fabrik wird bald Wirklichkeit sein. Das heißt: Wir brauchen keinen «Sondermenschen», um sie zu betreiben. Wir nehmen, was wir haben, sei es nun der Homo oeconomicus oder einfach der Homo sapiens unserer Zivilisation. Alles, was wir tun müssen, ist, ihm die Möglichkeiten zu geben, die er zur Entfaltung seiner immensen Fähigkeiten braucht, und ihn daran zu hindern, seine Schwächen auszuleben. Uns ist natürlich klar, daß sich hinter diesen hehren Ansprüchen gewaltiger Arbeitsaufwand verbirgt – den wir jedoch nicht scheuen dürfen.

Der Vision der Fraktalen Fabrik widerspricht noch vielfach die gegenwärtige Situation: Im Management finden sich häufig Ansichten und Verhaltensweisen, die darauf hinauslaufen, Bedürfnisse anderer für eigene Zwecke auszunutzen und mehr für Loyalität als für Leistung zu belohnen. Die gegebene Macht wird voll eingesetzt, damit sich keine selbsttragenden Strukturen ausbilden. Dieses kann erst dann geschehen, wenn sich das obere Management durch eine hohe Selbstkontrolle und die Unterordnung persönlicher Ziele unter die Unternehmensorganisation auszeichnet, wenn es verinnerlicht: Führen ist Dienen.

Die Unternehmensführung muß Macht und Kompetenzen abgeben sowie das Selbstverständnis entwickeln: Führen ist Dienen

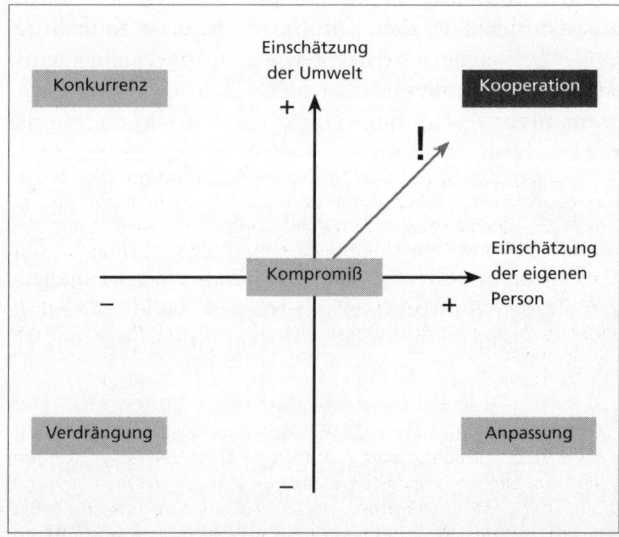

Bild 70: Individuum und Umwelt – heute und morgen

«Und eine Lust ist's, wie er alles weckt
Und stärkt und neu belegt um sich herum,
Wie jede Kraft sich ausspricht, jede Gabe
Gleich deutlicher sich wird in seiner Nähe!
Jedwedem zieht er seine Kraft hervor,
Die eigentümliche, und zieht sie groß,
Läßt jeden ganz das bleiben, was er ist,
Er wacht nur drüber, daß er's immer sei
Am rechten Ort; so weiß er aller Menschen
Vermögen zu dem seinigen zu machen.»
Max Piccolomini über Wallenstein / SCHILLER 1797

Wie weit wir noch von einem Schillerschen Führungs-
ideal entfernt sind, mag das folgende Beispiel aus dem
Arbeitsleben veranschaulichen:

«Herr P., kommen Sie bitte sofort in den Konferenz-
raum.» Es klingt manchmal ganz harmlos. Aber bei
näherem Hinsehen tun sich hinter der Fassade so manchen Unternehmens wahre Abgründe auf.

Der Fall: Wir werden von einem mittelständischen
Unternehmen gebeten, ein technologisches Problem zu
lösen. Daß es sich hierbei eigentlich um ein organisatori-
sches Problem handelt, gehört in ein anderes Kapitel. An
dieser Stelle geht es darum, wie der Außenstehende die
Firmenkultur eines erfolgreichen deutschen Unternehmens erlebt.

Nach einer Analyse der vorgefundenen Situation sind wir in
der Lage, die Ursachen der Probleme klar zu formulieren und
Lösungsmöglichkeiten aufzuzeigen. Ungewollt wird damit eine
Art Tribunal über die Linienverantwortlichen eröffnet. Anstatt
entschlossen nach vorn zu blicken, wird die Diskussion geprägt
von Fragen wie: «Stimmt das?» und «Warum ist das noch nicht
abgestellt?» Suggestiv wird die Verantwortung auf diese
Weise weitergereicht an diejenigen, die Tag für Tag damit be-
schäftigt sind, aus der gegebenen Situation das Beste zu ma-
chen.
Im Laufe des Projekts besteht Gelegenheit, mit sehr vielen Mit-
arbeitern zu sprechen und damit deren Sicht der Dinge kennen-
zulernen. Die Betriebsleitung traut den Arbeitern nichts zu und
sucht nach Möglichkeiten, durch Automatisierung und Ein-
schränkung des Handlungsspielraumes den stotternden Motor
wieder auf Touren zu bringen.

Zukunftsträch-
tige Unterneh-
menskultur: Su-
che keinen
Schuldigen. Die
Produktivität
deutscher Un-
ternehmen
könnte um 20
Prozent höher
sein, wenn man
die menschli-
chen Reibungs-
verluste aus-
schalten würde

Will man die Potentiale der Mitarbeiter zum Tragen kommen lassen, muß man der Philosophie folgen: Mache dich nicht selbst zum Engpaß

Ein Mitarbeiter in der Produktion berichtet, er mache schon seit geraumer Zeit auf Mißstände aufmerksam. In den meisten Fällen seien sie sogar leicht zu beheben. Da jedoch keinerlei Resonanz spürbar sei, erlahme das Interesse, sich in dieser Weise für die Belange der Firma einzusetzen. Der Gesprächspartner gibt zu verstehen, inzwischen sei es ihm einerlei, ob solche Probleme behoben werden oder nicht. Er sei dafür nicht zuständig. Ein geregeltes Vorschlagswesen, geschweige denn ein damit verbundenes Anreizsystem, existiert nicht.

Akzeptanz bei den Betroffenen kann man nur erreichen, wenn sie in die Vorbereitung von Maßnahmen involviert werden

Ein anderer Facharbeiter berichtet davon, daß in regelmäßigen Abständen «Aktionen» durchgeführt werden, zum Beispiel zur Kostensenkung. Weil aber kein klares Konzept existiert, widersprechen sich diese Maßnahmen. Ein Leitfaden ist nicht erkennbar. Dem Mitarbeiter müssen ob dieser Führungsmethoden natürlich Zweifel kommen. Am besten wird mit dieser Situation fertig, wer nur noch Anweisungen ausführt und ansonsten nicht weiter darüber nachdenkt. Am schwarzen Brett hängt die Ankündigung eines «Stubenappells». Für den kommenden Freitag wird eine Betriebsbegehung angesetzt, auf der Ordnung und Sauberkeit kontrolliert werden sollen...

Damit schließt sich der Kreis: Das Verhältnis von Betriebsleitung und Belegschaft ist von Gleichgültigkeit und Mißtrauen beherrscht. Die dabei ablaufenden Mechanismen zementieren diesen Zustand. Jeder Beteiligte kann seine Entscheidungen und Handlungen logisch begründen. Allein: aus der verfahrenen Situation kommt man so nicht heraus. Wie bereits erwähnt: Das Unternehmen operiert erfolgreich am Markt. Deshalb kommen Selbstzweifel bei den Verantwortlichen auch gar

Erfolge am Markt decken Führungsfehler zu – um so krasser wird dann der Absturz in schwieriger Zeit

nicht auf. Alle Entscheidungen und Maßnahmen der Vergangenheit waren von wirtschaftlichem Erfolg, sprich Wachstumsraten, begleitet und erscheinen daher als «richtig». Daß dieses eher auf günstige Rahmenbedingungen zurückzuführen ist, wird nicht erkannt. In diesem Beispiel kann der Teufelskreis nur durch ein geändertes Führungsverhalten durchbrochen werden.

Um die Fraktale Fabrik zu verwirklichen, werden wir verknöcherte Strukturen aufbrechen. Hier ist mit hartnäckigem Widerstand zu rechnen, den wir dadurch überwinden, daß wir breite Akzeptanz für unser Vorgehen schaffen.

Das größte Beharrungsvermögen in unseren Betrieben hat die untere Führungsebene, in der Regel also der Meister. Dies ist auf seine bisherige Stellung im Unternehmen zurückzuführen: Er ist in seinem Verantwortungsbereich die unumstrittene Autorität. Die Bewahrung dieser Machtposition wird in vielen Fällen zum persönlichen Anliegen, das mit allen Mitteln verfolgt wird. Mit der Verlagerung von Verantwortung an die Ausführenden geht aber eine Verlagerung von Kompetenzen einher. Was dann unter Umständen folgt, wird mit dem Wort «Reibungsverluste» mild umschrieben. Auch zu diesem Thema läßt sich leicht ein Fallbeispiel anführen:

Das Beharren auf Machtpositionen verhindert notwendige Anpassungen, die dann aber schmerzlich nachvollzogen werden müssen

Ein junger Ingenieur tritt, voller Tatendrang, in einen angesehenen und erfolgreichen Konzern ein. Dort kann er selbständig und kreativ neue Produktionsverfahren entwickeln. Für die Erprobung der Anlagen sind ihm Facharbeiter zugeteilt. Bald schon klagt er über die mangelnde Motivation dieser Mitarbeiter. Übertragene Aufgaben werden nicht in befriedigender Weise erfüllt. Bei kleinsten technischen Störungen wird der Service gerufen, was zu enormen Zeitverlusten führt. Von Eigeninitiative kann nicht die Rede sein, eher von «Dienst nach Vorschrift». Der Ingenieur durchlebt so seinen «Praxisschock», dies um so mehr, als er sich im Rahmen seiner Ausbildung eher eine zielgerichtete, zupackende und ergebnisbezogene Arbeitsweise angeeignet hat.

In einem quälenden Lernprozeß stellt er fest, daß er machtlos ist gegenüber einem Apparat, in dem jeder seinen Platz und seine Kompetenzen genau kennt und diese regelmäßig bis an die Grenzen ausreizt. Während die Arbeitnehmervertretung im ersten beschriebenen Fall eine merkwürdig passive Rolle spielt, dominiert sie im zweiten Beispiel das gesamte Beziehungsgeflecht einer großen Firma.

Wir benötigen unsere Kräfte für den weltweiten Wirtschaftskrieg, nicht für innere Kämpfe. Unternehmen und Betriebsräte, die das erkennen, sichern Arbeitsplätze und das Überleben

Scheitert also die Fraktale Fabrik am Menschen? Nein. Diesen Optimismus leite ich aus der Geschichte ab: Allzuoft schon haben sich ganze Industriezweige grundlegend umgewandelt, und immer sind Menschen diesem Prozeß aktiv gefolgt, wenn auch gelegentlich mit gehörigem Zeitverzug. Im Grunde ist dieser Prozeß schon in vollem Gange, denn autoritäre Strukturen sind in unserer Gesellschaft seit langem auf dem Rückzug.

Die Fraktale Fabrik scheitert nicht am Menschen

Zudem liegen gerade in spezifischen menschlichen Fähigkeiten Potentiale, die es im Rahmen der Fraktalen

Fabrik zu fördern und zu nutzen gilt – die Voraussetzungen sind gegeben.

«Ich weiß, daß jeder normal empfindende Mensch zeigen will, was er kann, deshalb muß er es auch zeigen dürfen. Mindestens die Hälfte dessen, was einem selbst zugerechnet wird, haben eigentlich tüchtige Mitarbeiter gemacht, die man jedoch zuerst einmal aussuchen und auf Aufgaben ansetzen muß.»

CHRISTIANS 1992

In der Fraktalen Fabrik ist der Bedarf an Führung und Mitarbeitern mit Führungsqualitäten nicht geringer, sondern sehr viel größer

In mittleren Hierarchieebenen sind sehr häufig Menschen zu finden, die zu delegieren, motivieren und kommunizieren verstehen. Diesem erfolgreichen Teammanager kann aber durchaus der Nachteil anhaften, daß er den Leistungsstandard nicht hoch genug ansetzt und zu viele Ausnahmen zuläßt. Er muß immerhin die schwierige Aufgabe meistern, gleichzeitig Vorgesetzter und «Untergebener» zu sein. Das menschliche Potential dieser Führungskräfte macht sie unentbehrlich, auch bei einer Verringerung der Hierarchieebenen. Mehr noch: ihr Wissens- und Erfahrungsschatz wird in besonderem Maße gebraucht.

Neue Führungsqualifikationen werden gefordert: Führen durch Überzeugen, nicht durch Anweisen

Es werden auch sehr viel mehr Mitarbeiter mit Führungsqualifikation benötigt als bisher, denn in jeder Gruppe muß auch geführt werden. Dabei ist die Fähigkeit, mit Kollegen und Spezialisten aus verschiedenen Bereichen wie Marketing und Vertrieb oder Forschung und Entwicklung zusammenzuarbeiten, ein besonderes Plus. Kooperationsfähigkeit gegenüber Kollegen, die unterschiedliche Ziele, Interessen und Ambitionen haben und denen man aufgrund einer hierarchischen «Hackordnung» keine Anordnungen geben kann, erfordert neue Qualifikationen.

Dazu kommt die Anforderung, Vorgaben des Topmanagements in Teilziele und Aufgaben umzusetzen und zu lösen. Eine konsequente Dezentralisierung führt zu eigen- und ergebnisverantwortlichen Mitarbeitern. In diesem Wandel zu einer komplexeren, stärker strategie- und marktorientierten Aufgabe bedürfen sie des Rückhalts durch das obere Management.

Die Lösung, wie wir sie in der Fraktalen Fabrik anvisieren, setzt an dieser Stelle auf. Alle zu Beginn dieses Kapitels aufgezählten Wesensmerkmale sind so geschaffen, daß eine maximale Lösungsunterstützung gewährleistet ist. Dabei müssen wir auch das Zusammenspiel übergreifender, politisch-gesellschaftlicher Gegebenheiten in Betracht ziehen.

Derartige Überlegungen haben auch Auswirkungen auf die Tarifparteien. Die Tarifverträge gehen heute von einer weitgehend einheitlichen Masse von Arbeitnehmern aus, deren Interesse auf «mehr Geld, weniger arbeiten» reduziert wird. Auch hier muß gelten: mehr Freiräume und weniger Machtausübung. Dies bedeutet allerdings für die Tarifpartner, daß das Führen, Beeinflussen und Gestalten solcher Betriebe nicht einfacher, sondern schwieriger und fordernder wird.

Schon vor Jahrzehnten existierten soziologische Gedankenskizzen, die in die von uns heute eingeschlagene Richtung wiesen. Der Nobelpreisträger Friedrich August von Hayek (1899–1992) veröffentlichte 1944 seine Gedanken zu einer Sozialphilosophie, in deren Mittelpunkt die Idee der «spontanen Ordnung» steht [Bouillon 1991]. Die These lautet: Eine sich spontan entwickelnde Ordnung ist einer geplanten Ordnung stets überlegen. Die Ursache dafür liegt in der begrenzten menschlichen Erkenntnis- und Artikulationsfähigkeit. Wir können nur einen geringen Grad an Komplexität planen und beherrschen. Demnach kann eine spontane Ordnung, die von selbständig handelnden Menschen geprägt ist und keinem Plan folgt, trotz Komplexität weit effizienter sein.

Das klassische Beispiel dafür ist die Marktwirtschaft, die durch freies Handeln der Menschen zu einem hohen Maß an Wohlstand und zur Erfüllung vieler Bedürfnisse führt – was in geplanten und zentralistischen Ordnungen nicht der Fall ist, wie sich in den vergangenen siebzig Jahren eklatant gezeigt hat. Die spontanen Systeme unterliegen einer ständigen Evolution unter der Wir-

---

Der «mündige Mitarbeiter» hat in Tarifverträgen noch keinen Platz. Die Tarifpartner müssen entsprechend zukunftsgerichtet denken und sich entwickeln, sonst werden sie obsolet. Die Geschichte lehrt den Untergang erstarrter, ideenloser Strukturen, deren einziger Gedanke noch Machterhaltung ist

Eine sich spontan entwickelnde Ordnung, wie die Marktwirtschaft, ist immer besser als eine geplante Ordnung

Planung von Systemen scheitert bei hoher Komplexität, die nicht erfaßbar ist. Die Fabrik ist ein komplexes System, das immer gestört bleiben wird – durch den Kunden

kung von Ereignissen und Randbedingungen zum optimalen Anpassen, wie wir es von lebenden Organismen
kennen.

Bisher gingen wir davon aus, daß diese Anpassung
eine Aufgabe des Unternehmers, des Vorstandes oder
Geschäftführers ist. Je komplexer und turbulenter aber
die Umwelt wird, desto mehr muß dieser überfordert
sein beziehungsweise kann es sich gar nicht leisten, viel
Kapazität darauf zu verwenden. Das Ergebnis sind dann
aus der Not hervorgegangene Anweisungen wie: «Zum
Senken der Kosten ist in allen Bereichen der Personal-
stand um 10 Prozent abzubauen.» Oder es werden nur
Investitionsvorhaben genehmigt, deren Amortisations-
zeit kürzer als ein Jahr ist. Man kapituliert also häufig
vor der Komplexität und greift zu starren Regelungen.
Dies führt dazu, daß insbesondere größere Unternehmen
bezüglich der Nutzung von Mitarbeiterpotentialen «tot-
geregelt» werden.

**Das Top-
management ist
vielfach über-
fordert und
greift dann zu
starren, pau-
schalen Rege-
lungen**

Wir müssen uns darüber im klaren sein, daß wir es bei
den Menschen mit Individuen zu tun haben, die sich
einer «Formalisierung» – schon der Begriff ist in diesem
Zusammenhang haarsträubend – beharrlich entziehen.
Zum Glück. Während statische Ansätze an dieser Maß-
gabe scheitern, freut sich die Führung der Fraktalen Fabrik darüber: Homogenität und Eindimensionalität sind
ihr ein Greuel.

**Eine spontane
Ordnung wird
nicht von allen
getragen**

Im Unternehmen trifft man meist auf zwei Arten von
Mitarbeitern: Die einen sind aufgeschlossen sowie willens und fähig, über ihren engen Aufgabenbereich hinaus
Wissen und Erfahrung in das Streben nach übergreifenden, ganzheitlichen Zielen einzubringen; die anderen
verhalten sich komplexeren Anforderungen gegenüber
ablehnend, indem sie nur vorgegebene, fest umschrie-
bene Aufgaben ausführen möchten. Wenn man mit den
ersteren spricht, ist man meist überrascht und erstaunt,
welche Aktivitäten und Hobbies mit hoher Kreativität
und Intensität sie in ihrer Freizeit pflegen. Und wieder
stößt man auf die entscheidende Forderung, diese Poten-

tiale in nutzbringende Faktoren für die industrielle Produktion umzumünzen.

Bei der Mehrzahl der existierenden Produktionssysteme wird dem Menschen jegliche Gestaltungsmöglichkeit für seine Arbeitswelt genommen. Zunehmende Automatisierung förderte gar eine Zeitlang die Vision, den Menschen als «Störfaktor» der Produktion zu eliminieren. Beste Voraussetzungen hierfür schien die rasante Entwicklung der Mikroelektronik zu bieten. Computergesteuerte, flexible Fertigungseinrichtungen eröffneten die Möglichkeit, den Graben zwischen Produktivität und Flexibilität zu überbrücken. Noch vor nicht allzu langer Zeit erwartete die Fachwelt ein Absinken des nachgefragten Qualifikationsbedarfes, weil nur noch überwachende Funktionen und Resttätigkeiten wie die Be- und Entschickung des Fertigungssystems manuell zu verrichten seien. Die Fraktale Fabrik hingegen fordert den gestalterischen Eingriff des Menschen auf allen Ebenen. Hiervon sind nicht nur reine Verrichtungstätigkeiten betroffen, sondern auch übergreifende Aufgaben wie Administration und Organisation.

Mit zunehmender Automatisierung gewinnt der Mitarbeiter entscheidende Bedeutung für das Unternehmen. Vor wenigen Jahren wurde noch das Gegenteil angestrebt; damit einher ging die Frage, welche Rolle dem Menschen in der Produktion noch verbleibe

Einen Beleg für diese These hat H. Hammer auf dem Fertigungstechnischen Kolloquium 1991 eindrucksvoll beschrieben: In einer empirischen Erhebung wurde das Betriebsverhalten von dreizehn flexiblen Fertigungssystemen untersucht. Sämtliche Anlagen stammen von demselben Hersteller, insofern kann – im Gegensatz zu vielen anderen Erhebungen – von einem homogenen Untersuchungsgegenstand ausgegangen werden. Der effektive Nutzungsgrad der Systeme reicht von 65 bis 95 Prozent.

Qualifikation und Motivation – letzteres vor allem durch Akzeptanz und Nutzenbeteiligung – sind entscheidend für Produktivität und Flexibilität

Die hohe Bandbreite der Ausfallgründe findet sich gleichermaßen im technischen wie im organisatorischen Bereich wieder:
• technische Ausfallrate: 1 bis 19 Prozent,
• organisatorische Ausfallrate: 1 bis 24 Prozent.
Damit ist allerdings noch keine Aussage zu machen über die wirklichen Gründe für die große Streubreite im Nut-

zungsgrad. Im Rahmen der Untersuchung konnte festge-
stellt werden, daß

• Fertigungsart (Serien-, Misch-, Einzelfertigung),
• Anzahl verschiedener Werkstücke,
• Palettenlaufzeit,
• Komplexität der Werkstücke (ausgedrückt durch An-
zahl der Werkzeuge),
• Häufigkeit des Auftragswechsels,
• Schichtmodell und

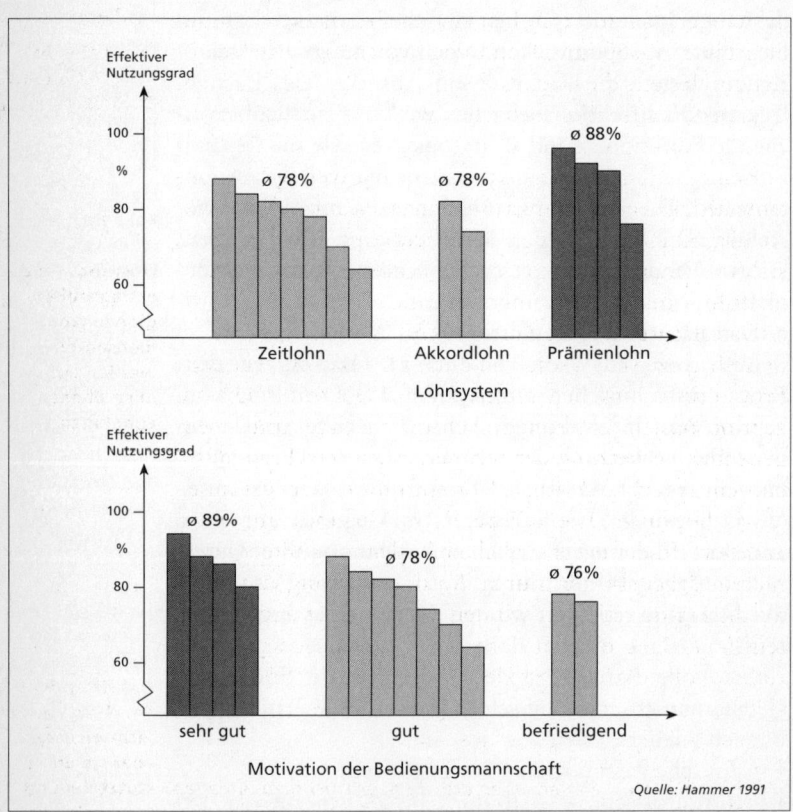

Quelle: Hammer 1991

Bild 71: Die Wirkung von Einflußgrößen auf den Nutzungsgrad
in flexiblen Fertigungssystemen

• Personalstärke
keinen signifikanten Einfluß auf das Betriebsverhalten
haben. Hingegen traten erhebliche Auswirkungen von
• Personalqualifikation und
• Mitarbeitermotivation
zutage. 95 Prozent der auftretenden Störungen können
nämlich ohne Hinzuziehung des Herstellers behoben
werden. Ganz überwiegend handelt es sich hierbei um
Kleinstörungen, die bei entsprechenden Kenntnissen sehr
schnell zu beheben sind. Dieser Zusammenhang ist den
Systembetreibern durch langjährige Erfahrung bekannt.
So ist der Ausbildungsstand der Bedienungsmannschaf-
ten durchweg sehr hoch.

Unterschiede gibt es hingegen beim Entlohnungssystem: Sowohl Zeit- als auch Akkordentlohnung führen
zu einer um 10 Prozent geringeren effektiven Systemnut-
zung als ein ausbringungsabhängiger Prämienlohn. Nut-
zungsgradunterschiede in vergleichbarer Höhe ergeben
sich in Abhängigkeit von der Zufriedenheit der Maschinenführer mit der Systemkonzeption.

Das Saturn-Projekt von General Motors gehörte zu
den ehrgeizigsten Projekten für eine zukunftsweisende
Produktionsstätte der jüngeren Vergangenheit. Die Konzeption basiert auf hohem Automatisierungsgrad, weitgehender Vernetzung der rechnergesteuerten Fertigungseinrichtungen und einer Konzentration der gesamten
Wertschöpfungskette (Gießerei bis Versand) auf einen
Standort. In der ursprünglichen Auslegung sollten die direkten Arbeitskosten durch Automatisierung um mehr
als die Hälfte reduziert werden. Neben einer angespann-
ten Finanzlage führten dann jedoch technische Schwierigkeiten zu einer Verschiebung der Zielvorstellungen in
Richtung auf eine Mischung aus konventionellen und
automatisierten Fertigungsabschnitten.

*«Wenn ein Unternehmen über die fortschrittlichsten Anlagen
verfügt, die Mitarbeiter aber viel mehr Aufmerksamkeit auf
diese Anlagen als auf die Produkte verwenden müssen, ist die
Investition vergeblich», urteilt heute Jim Lewandowski, Vice*

95 Prozent der auftretenden Störungen kön-nen sofort be-hoben werden

Investition in Information und Qualifikation der Mitarbeiter lohnt sich

Leistungs- und ertragsabhän-gige Einkom-mensanteile werden auf allen Ebenen zunehmen

Technik kann den Menschen nicht ersetzen, aber sie unter-stützt ihn und kann seine Lei-stung vervielfa-chen

President von Saturn People Systems. Der Erfolg könne nicht durch die Technik erzwungen werden. Sie sei nur ein «Mittel zur Unterstützung des Menschen bei der Fertigung hochwertiger Qualitätsprodukte». Wie in vielen anderen Automobilwerken setzt man auch hier nun auf Gruppenarbeit mit weitgehender Autonomie.

Der Weg zur Fraktalen Fabrik führt in der Produktion über Gruppenarbeit

In diesem Fallbeispiel wird deutlich, daß die Fokussierung auf technologielastige Strukturen noch keine Erfolgsgarantie in sich birgt. Die in der Fraktalen Fabrik postulierte Dominanz des Menschen im Produktionsprozeß findet auch in anderen Konzepten der neueren Zeit ihren Niederschlag. E. Ulich beschreibt die Neugestaltung der Leiterplattenbestückung bei der Landis & Gyr AG:

«Das tägliche Arbeitsprogramm wird üblicherweise vom Meister oder Vorarbeiter vorgegeben, und die Mitarbeiterinnen koordinieren es nach interner Absprache untereinander – allerdings erschwert durch sprachliche und kulturelle Unterschiede (sieben Nationen).

Der Zwang, die beschichteten Leiterplatten innerhalb von drei Stunden zu verarbeiten, bedingt eine gruppeninterne Planung der Tagesproduktion und die Einsetzbarkeit möglichst vieler Mitarbeiterinnen an den verschiedenen Arbeitsplätzen. Dies führt dazu, daß relativ häufig die Arbeitsplätze gewechselt werden, was von den Mitarbeiterinnen mehrheitlich geschätzt wird.

Organisatorische und räumliche Nähe aller Beteiligten erweist sich als vorteilhaft

Die organisatorische und örtliche Nähe der Abteilung Technik führt zu häufigen Kontakten zwischen Mitarbeiterinnen und Technikern. Bei technischen Problemen oder Umprogrammierungen der Bestückungsautomaten sind die Mitarbeiterinnen direkt anwesend und können die Problembearbeitung mitverfolgen. Daraus entstehen immer wieder Lernmöglichkeiten. Ein Indiz für die lernfreundliche Arbeitsorganisation ist auch ein in der Abteilung rege genutztes Diskussionsmikroskop, mit dem zwei Personen gleichzeitig ein Objekt begutachten und besprechen können.» ULICH 1989

Die Erfahrungen mit Gruppenarbeitsplätzen sind jedoch ambivalent, wie die folgende Aussage eines Mitarbeiters aus der Automobilindustrie illustriert:

«Ein wichtiges Problem ist, daß Vorarbeiten hier nicht möglich ist. Wenn man einen Wagen mit geringerem Arbeitsinhalt als

der Lampenzyklus zu tun hat und den Wagen so lange stehen läßt, bis das Licht angeht, dann kann es leicht passieren, daß andere, etwa der Meister, entlangkommen und den Wagen rausdrücken. Da gibt es laufend Ärger. Allerdings gibt es jetzt auch schon bestimmte Tricks, zum Beispiel drückt einer den Wagen, den er fertig bearbeitet hat, nicht raus, sondern begibt sich zu dem zweiten Wagen, der schon in der Schlange steht, und arbeitet an ihm vor. Dann drückt er den ersten Wagen raus und hat praktisch die ganze Zeit für den zweiten Wagen als Zeitpuffer für sich. Aber das Problem ist, das ist alles jetzt ganz offensichtlich, da sieht jeder, daß man außerhalb seiner Station arbeitet. Vorher am Band hat sich niemand darum gekümmert, ob man vorarbeitet, der Meister wußte das zwar, wenn er jemanden irgendwo eine Zigarette rauchen sah, zugleich wußte er aber, daß man offensichtlich vorgearbeitet hat und daß alles lief.» JÜRGENS U. A. 1989

In der Gestaltung der Gruppenarbeit befinden wir uns noch in einer Lernphase. Negative Erfahrungen dürfen nicht abschrecken. Sie beruhen häufig auf Gestaltungsfehlern

Vorreiter von Gruppenarbeitskonzepten waren die skandinavischen Länder; insbesondere Schweden war in den siebziger Jahren beispielgebend. Dabei darf jedoch nicht außer acht gelassen werden, daß der dortige Fachkräftemangel und die Abwesenheitsraten schon frühzeitig dazu zwangen, die Arbeitsplätze so attraktiv wie möglich zu gestalten. Aufsehen erregte die futuristische Motorenfabrik von Saab in Malmö, die jedoch schon ein Jahr nach Inbetriebnahme wieder geschlossen werden mußte. Gruppenkonzepten haftet bislang das Manko an, daß sie nach einiger Zeit an Produktivität und Kreativität einbüßen (Bild 72). In dynamischen Systemen hingegen ist es möglich, sich auf Dauer auf hohem Leistungsniveau zu bewegen.

Die Abwesenheitsrate läßt sich durch die Entwicklung von Verantwortungsbewußtsein beeinflussen

Halten wir also fest und fassen zusammen: Das Wirken des Menschen in einer hochautomatisierten Umgebung ist kein Widerspruch, sondern macht eine wirtschaftliche Fertigung in vielen Fällen überhaupt erst möglich. Der Mitarbeiter ist als Ausführender aus dem Prozeß herauszulösen. Er wird zum Anlagenführer mit entsprechendem Schulungs- und Qualifikationsbedarf. Gleichwohl findet eine allein auf den Menschen ausgerichtete Produktionsgestaltung ihre Grenzen. Stark arbeitsteilige Prozesse mit technischen Zwängen sind auch

Technische Zwänge sind auch in Zukunft nicht zu vermeiden und beeinflussen die Gestaltung des Arbeitsablaufes

in Zukunft in einer wirtschaftlichen Fertigung nicht zu vermeiden.

Die letzten Beispiele zeigen deutlich, daß es nicht genügt, alten Wein in neue Schläuche zu füllen, was in unserem Fall heißt, beliebig organisierte Gruppenkonzepte kritiklos als «fraktal» zu etikettieren. Vielmehr muß stärker darauf geachtet werden, die *persönlichen Ziele* der Menschen in einem Gestaltungsraum, oder besser: Zielrahmen, so zu fassen, daß Einzelziele und übergeordnete Ziele harmonieren. Zielkonformität ist der Schlüssel zur maximalen Nutzung der Humanressourcen in der Fraktalen Fabrik. Erleichtert wird die Erschließung dieser strategischen Ressource durch das Prinzip der Selbstähnlichkeit, stellt es doch sicher, daß nicht an den Bedürfnissen der Belegschaft vorbeiregiert wird.

Die persönlichen Ziele des einzelnen müssen in einen entsprechenden Gestaltungsraum eingebunden sein

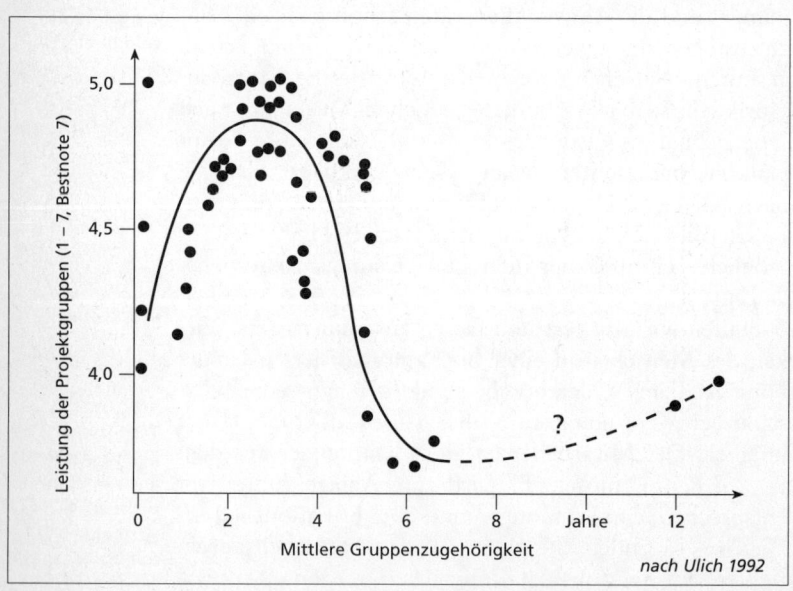

nach Ulich 1992

Bild 72: Leistungskurve von Projektgruppen

Wir kommen auch bei der Betrachtung der Rolle des Menschen im Fraktal nicht daran vorbei, von der Unternehmenskultur oder, mit einem anderen Terminus, der Unternehmensethik zu reden. Hier besteht ein explodierender Bedarf an Kommunikation: Ständig müssen Informationen über Ziele, Werte, Vorstellungen und konkrete Handlungen zwischen den Fraktalen, von oben nach unten, von unten nach oben, vor allem aber in den Außenbeziehungen ausgetauscht werden. Kommunikation ist eine Basisfunktion des vitalen Systems. Die diesbezüglichen Überlegungen müssen da ansetzen, wo die entscheidenden Potentiale sitzen: beim Menschen. Jener nämlich kann in einem komplexen Umfeld nur dann erfolgreich navigieren, wenn er die eigene Position sowie die Positionen und Bewegungsrichtungen der anderen Einheiten richtig einzuschätzen vermag [Kühnle 1993].

Ein Nachteil des marktwirtschaftlichen Systems ist die Abhängigkeit des Mitarbeiters von der Qualität des Managements: Er muß deshalb stärker einbezogen werden

Ein Beispiel kann die Notwendigkeit dieses Ansatzes unterstreichen:

Jede Beteiligung an Entscheidungen oder am Erfolg des Unternehmens bedeutet zwangsläufig mehr Verantwortung und höheres Risiko

Im Vertriebsbereich eines großen deutschen Konzerns herrscht, gelinde ausgedrückt, Unsicherheit über die Unternehmensziele. Die Folge ist ein tiefes Mißtrauen gegenüber allen Maßnahmen der Unternehmensleitung; ein großer Teil der Mitarbeiter zieht sich von der engagierten Teilnahme an den betrieblichen Prozessen auf ein kleines, sicher beherrschtes Arbeitsgebiet zurück. Die Identifikation der Mitarbeiter mit dem Betrieb und den Produkten, über Jahrzehnte traditionelle Stärke des Unternehmens, ist praktisch verspielt. Als Ursache wird von den Beteiligten einhellig das vollkommene Fehlen vertrauensbildender kommunikativer Aktionen seitens des Topmanagements genannt. Die Notwendigkeit, organisatorische Eingriffe vorzunehmen, wird nicht offengelegt. Beraterteams agieren ohne informationellen Flankenschutz im Betrieb, wogegen sich vor allem die mittlere Führungsebene mit allen Mitteln, insbesondere mit totaler Abschottung, zur Wehr setzt. Signifikante Leistungsdefizite auf fast allen Arbeitsgebieten werden zu einem wachsenden Problem. Aussagen wie «Das einzige, was ich von diesem Laden erwarten kann, ist die Überweisung meines Gehalts» sind nicht selten.

Ein Defizit: Mangel an vertrauensbildender Kommunikation

Bei allen Erwartungen im Hinblick auf Verbesserungen für den Menschen in der Fraktalen Fabrik darf man weder die Technik noch die sonstigen kritischen Erfolgsfaktoren eines Unternehmens aus den Augen verlieren. Auch Kostensenkungsprogramme, permanent im Ruche der Menschenfeindlichkeit stehend, können positive Wirkungen zeitigen. Blaxill und Hout berichten in ihrer schon erwähnten Studie von einem amerikanischen Unternehmen, das seine Pläne zur drastischen Kostensenkung nach einem Besuch bei einer befreundeten japanischen Firma stoppte:

Kostensenkungsprogramme müssen Strukturen in Frage stellen

Dieses vergleichbare Unternehmen war weit dezentralisierter und hatte einen flacheren, eher zellenartigen organisatorischen Aufbau. Die Laufzeiten der Anlagen waren hoch, Nacharbeitsstationen nicht vorhanden und die Bestände an in Arbeit befindlichen Fabrikaten gering. Die Gemeinkosten für ein gleiches Produktionsvolumen waren nicht einmal halb so hoch wie die des Amerikaners. Man bildete eine multifunktionale Arbeitsgruppe, die die Abläufe und betrieblichen Aufgaben neu zu definieren hatte. Man betrachtete die einzelnen Gemeinkostenverursacher nach dem Beitrag, den sie leisteten, und bildete

Multifunktionale Arbeitsgruppen zeigen den Weg zu neuen Strukturen

---

Die Innovationskraft der Organisation durch kommunikationsfreundliche Strukturen sichern!

Von der Organisation ad rem	zur Organisation ad personam
Von der funktionalen Spezialisierung	zur interdisziplinären Generalisierung
Von der Suche nach Synergien	zum Wettbewerb zwischen den Einheiten
Von der Betonung von Hierarchie und Status	zur horizontalen Kommunikation und Kooperation
Vom inhärenten Zentralismus	zum dezentralen, flachen Aufbau
Von der Fremdorganisation	zur Selbstorganisation

Quelle: Höhler 1992

Bild 73: Strategische Kommunikation im Unternehmen

dann drei Kategorien indirekten Personals:
• Betriebsleitungsstamm (Werkleiter, Wartungspersonal und Fertigungsaufsicht),
• Verfahrensverbesserer (Fachleute für Forschung und Entwicklung, Verfahrensentwicklung, Werkstofftechnik und Materialbeschaffung) sowie
• Problembekämpfer (Qualitätsinspektoren, Terminüberwacher, Fachleute für Automatisierung und Troubleshooter).
Dies allein genügt aber noch nicht. Um Produkte und Produktion herum ist jeweils eine multifunktionale Arbeitsgruppe zu installieren, die in Systemen denkt und sensibel die wechselseitige Beeinflussung von Menschen, Maschinen, Verfahren und Werkstoffen behandelt. Jede dieser Betriebseinheiten behebt ihre Fehler selbst und akzeptiert keine unzulänglichen Eingangsgrößen. Das Erfolgsgeheimnis ist also Integration und Kooperation. BLAXILL / HOUT 1990

Gemeinkosten-verursacher sind an ihrem Beitrag zur Wertschöpfung zu messen

Integration und Kooperation sind Erfolgsgeheimnisse

Die Fraktale Fabrik wird höhere Anforderungen an die Qualifikation der Mitarbeiter stellen. Aber hier befindet man sich mit bereits bestehenden Trends auf einer gemeinsamen Linie: Die berufliche Bildung im Metallbereich hat sich bereits auf die neue Situation eingestellt und ihre Ausbildungsinhalte auf die neuen, erweiterten Anforderungen ausgerichtet. Verfügbare Weiterbildungs-

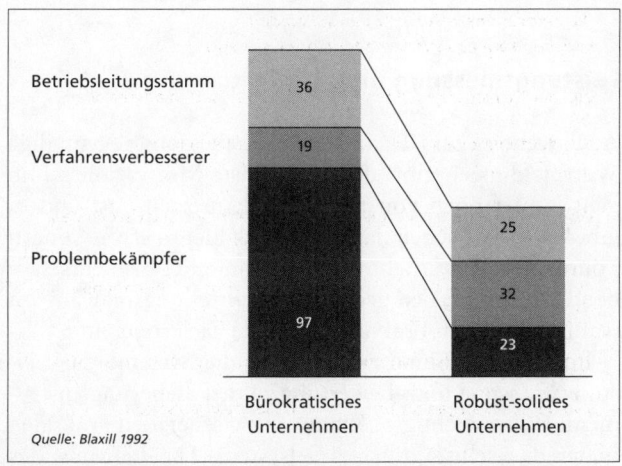

Bild 74: Gemeinkostenpersonal zweier Wettbewerber

**Berufliche Wei-
terbildung muß
einen starken
betriebsbezoge-
nen Anteil
haben**

angebote sind inzwischen von Datenbanken abrufbar, auf die auch kleine und mittlere Betriebe Zugriff haben. Allerdings ist diese Möglichkeit bisher wenig bekannt und wird kaum genutzt, obwohl alle Industrie- und Handelskammern an das Weiterbildungsinformations- system angeschlossen sind. Die vom Deutschen Indu- strie- und Handelstag (DIHT) und vom Deutschen Handwerkskammertag (DHT) betriebene Datenbank enthält gegenwärtig rund zehntausend Weiterbildungs- angebote.

Zweifelsohne, der Typus des Generalisten wird sich in der neuen Umgebung wohler fühlen als der des Spezia- listen. Auf letzteren wird man jedoch keinesfalls verzich- ten können. Sonst besteht die Gefahr, innerhalb weniger Jahre entscheidendes Know-how zu verlieren, sowohl in der Fertigung als auch in der Produktentwicklung. Im Falle des introvertierten, genialen Tüftlers wird man ein entsprechendes Fraktal bilden, in dem dieser seine Krea- tivität voll entfalten kann. Dies entspräche einer Stabs- funktion. Tendenziell werden die Spezialisten eher aus der operativen Ebene verschwinden und in Form eines Dienstleistungsfraktals zur Verfügung stehen.

**Spezialisten,
die in einem
Fraktal nicht
ausgelastet
sind, müssen in
einem Dienstlei-
stungsfraktal
angesiedelt
werden**

Leistungsmessung und -bewertung

**Monetäre
Anreize bleiben
auch in Zukunft
wesentlich**

Auch wenn es zum Thema Leistungsmessung gegenteilige Wortmeldungen gibt: der wirksamste Motivationsschub geht immer noch von monetären Anreizen aus, und es gibt keine Anzeichen dafür, daß sich hieran etwas ändern könnte. Aus Unternehmenssicht kommt es also entschei- dend darauf an, den geeigneten Beurteilungsmaßstab zu wählen. In einem Fraktal ist dies die Zielerreichung.

Im weiteren Sinne zählen auch die Systeme zur Lei- stungsmessung und -bewertung zu den Steuerungsinstru- menten. Die wichtigste Klammer zwischen den Fraktalen bildet das selbstähnliche Zielsystem. Die Leistung des Fraktals ergibt sich aus dem Grad der Zielerreichung.

Diese Meßgröße steht über das Informationssystem ständig zur Verfügung. Als Konsequenz folgt hieraus, daß die Leistung immer für das gesamte Fraktal gemessen und bewertet wird, nicht aber bezogen auf einzelne Maschinen oder Personen.

Damit setzen wir die Erkenntnis um, daß viele heute verwendete Beurteilungskriterien für die Leistung unbefriedigend sind: Eine hohe Anlagenverfügbarkeit kann beispielsweise erkauft sein durch überproportionalen Aufwand bei Bedienung und Instandhaltung. All diese Faktoren sind aber im Zielsystem festgeschrieben und gegeneinander abgewogen. Der Zielerreichungsgrad ist daher eine sehr aussagekräftige Meßgröße, die deshalb auch bei der Bemessung von Leistungsanreizen Verwendung findet. In der Praxis wird die gruppenbezogene Leistungsbeurteilung bereits erfolgreich eingesetzt, und zwar aus drei Gründen:

In einem Fraktal sind alle am Erreichen des Ziels beteiligt. Die Leistungsbewertung betrifft damit jeden in gleicher Weise

• Die individuelle Leistungsmessung ist regelmäßig mit hohem Verwaltungs- und Kontrollaufwand verbunden.

Gruppenprämien sind auf dem Vormarsch

• Die Leistung automatisierter Fertigungsanlagen ist vom einzelnen häufig nicht mehr beeinflußbar.

• Die Gruppe steuert ihre Leistungskurve selbst. Das Leistungsvermögen der Beteiligten wird optimal eingesetzt.

Dieses System wird von Führungskräften gegenwärtig stark favorisiert, weil damit ein Großteil bisheriger Konfliktherde beseitigt wird. In der Summe dieser Vorteile findet auch die Einstufung der Mitarbeiter in höhere Lohngruppen ihre Berechtigung. Vielerorts braucht man

Lohnsysteme können potentielle Konfliktherde entschärfen

Spezialist	Generalist
– Know-how-Träger	– Koordinator
– Erfahrung, Intuition	– Kommunikationsknoten
– Kontinuität	– neue Ideen
– Ziele umsetzen	– Ziele setzen

Bild 75: Komplementäre Fähigkeiten von Spezialisten und Generalisten

nur nach den wahren Aufwendungen für die Akkordermittlung zu fragen und hält damit das schlagkräftigste Argument in Händen.

In den vergangenen Jahren ist Bewegung in das einst so starre Lohngefüge gekommen. Nicht zuletzt aufgrund der Erkenntnis, daß in einer hochautomatisierten Produktion die Taktzeit kaum noch beeinflußbar ist und als Basis für die Ermittlung des Lohns unbrauchbar wird. Viel wichtiger hingegen ist in diesem Fall die Verfügbarkeit des Produktionssystems. Eine Leistungsbewertung auf der Grundlage dieses Parameters führt – wie wir gesehen haben – zu spürbaren Verbesserungen.

Zeitlohn hat sich nicht bewährt Bild 77 belegt, daß die Unternehmen in den vergangenen zehn Jahren hierauf bereits reagiert haben. Die vorübergehende Zunahme von Zeitlohnanteilen kann als (unbefriedigende) Zwischenstation aufgefaßt werden.

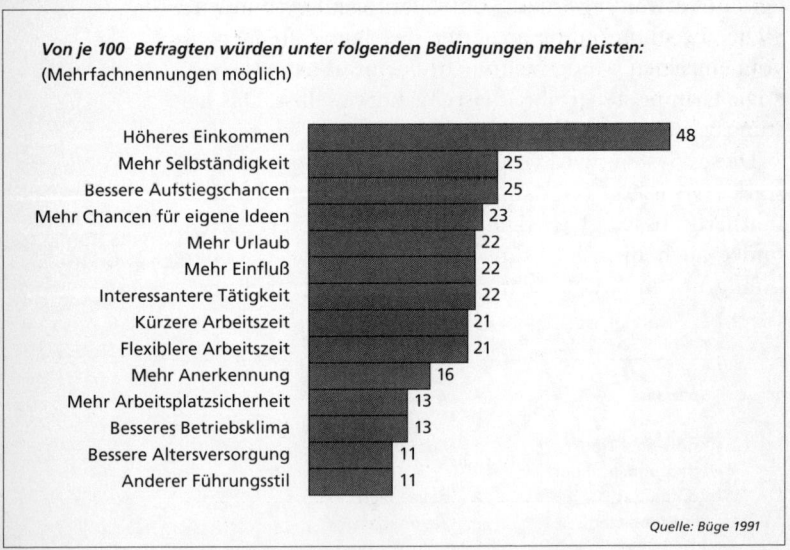

Von je 100 Befragten würden unter folgenden Bedingungen mehr leisten:
(Mehrfachnennungen möglich)

Höheres Einkommen	48
Mehr Selbständigkeit	25
Bessere Aufstiegschancen	25
Mehr Chancen für eigene Ideen	23
Mehr Urlaub	22
Mehr Einfluß	22
Interessantere Tätigkeit	22
Kürzere Arbeitszeit	21
Flexiblere Arbeitszeit	21
Mehr Anerkennung	16
Mehr Arbeitsplatzsicherheit	13
Besseres Betriebsklima	13
Bessere Altersversorgung	11
Anderer Führungsstil	11

Quelle: Büge 1991

Bild 76: Motivationsfaktoren für Arbeitnehmer (Umfrageergebnis)

Grundsätzlich läßt sich ein Entlohnungssystem nach den Merkmalen «leistungsbezogen» und «anforderungsbezogen» strukturieren. Ein – in der Regel firmenspezifisches – System kann eines oder mehrere dieser Felder umfassen. Vielfach und zunehmend wird die starke Differenzierung zwischen den Vergütungsprinzipien für Arbeiter und Angestellte als unglücklich empfunden: Bei Siemens zum Beispiel steigt das Grundgehalt eines Angestellten (aufgrund eines unterstellten Lernkurveneffektes) automatisch an, während die Vergütung von gewerblichen Arbeitnehmern an das Anforderungsniveau gekoppelt bleibt. Im Ergebnis ist der finanzielle Aufstieg im Angestelltenbereich sehr viel schneller und leichter zu erreichen (Bild 78).

Die Differenzierung in Arbeiter und Angestellte ist immer weniger zu rechtfertigen. Sie führt zum Qualifikationsverlust auf der Produktionsebene

Besonders problematisch wird dieser Unterschied, wenn die Grenzen zwischen Arbeiter- und Angestelltenverhältnissen immer mehr verwischt werden, was im Rahmen organisatorischer Veränderungen aber mehr und mehr zur Regel wird. Im Hause Siemens wurde vor diesem Hintergrund bereits um 1970 ein einheitliches Entgeltsystem für Arbeiter und Angestellte entwickelt,

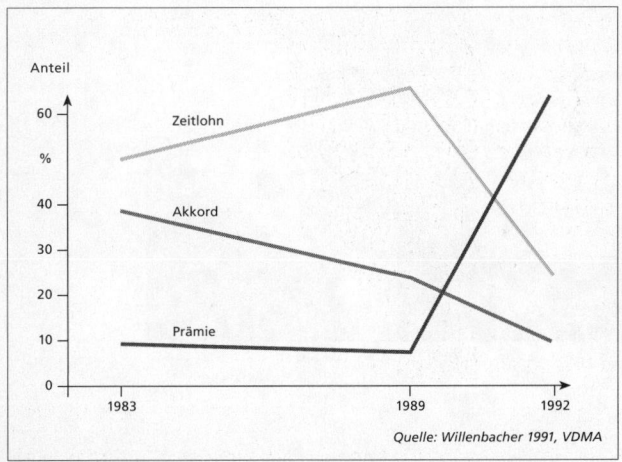

Bild 77: Entlohnungsformen im Wandel

Die Zeit ist reif für einen Wandel im Einkommenssystem

allerdings in Deutschland aufgrund tarifrechtlicher Schwierigkeiten nicht eingeführt. Bei einem Tochterunternehmen in der Schweiz wurden hingegen gute Erfahrungen damit gesammelt. Es mehren sich die Anzeichen, daß die Zeit für einen solchen grundlegenden Wandel nunmehr reif ist.

Im Fraktal existieren heterogene Gehaltsanteile

Aufgrund der heterogenen Qualifikationsstruktur in einem Fraktal ist also der Zielkonflikt zwischen den anforderungs- und leistungsbezogenen Gehaltsanteilen zu lösen. Daß dies möglich ist, zeigt das folgende exemplarische Beispiel:

«Das Unternehmen... ist Hersteller von Maschinen und Apparaten in Einzel- und Kleinserienfertigung. Teile der Fertigung wurden auf teilautonome Gruppen (TAG) umgestellt. Aufgrund der geringen Losgrößen und des deshalb vergleichsweise hohen Dispositions- und Steuerungsaufwandes war der Einfluß der indirekten Bereiche... auf die Leistung sehr hoch. In eine Organisationseinheit... mußten neben den Aufgaben der Arbeiter auch die von Angestellten im indirekten Bereich integriert werden...

Um die Mitarbeiter am Erfolg ihrer Arbeit zu beteiligen, wurde über ein Leistungsentlohnungssystem nachgedacht... Aus Sicht des Unternehmens ist ein Leistungslohn sinnvoll, um neben der

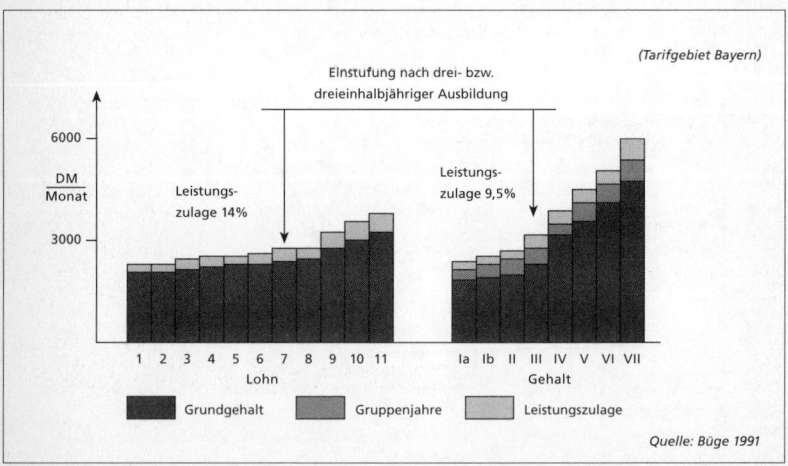

Bild 78: Lohn und Gehalt im Hause Siemens

intrinsischen Motivation, die die Tätigkeit in der TAG bietet, die Mitarbeiter auch noch zusätzlich extrinsisch zu motivieren...

Die Verteilung der Produktivitätsprämie kann nach vier unterschiedlichen Verfahren erfolgen:

• in gleichen absoluten Geldbeträgen auf alle Mitarbeiter (nach Köpfen),

• in gleichen Prozentwerten auf das Grundgehalt,

• nach Beurteilungskriterien, zum Beispiel Verhaltens- und Leistungsbeurteilung,

• durch eine Kombination dieser Verfahren.

Das Unternehmen wählte die letztgenannte Form der Verteilung der Produktivitätsprämie. Die Prämie für die TAG wird in zwei gleiche Teile geteilt. Die eine Hälfte wird in gleichen absoluten DM-Beträgen auf alle Mitarbeiter und die andere Hälfte in gleichen Prozentsätzen auf das Grundgehalt verteilt.

Durch dieses Verfahren gelingt es, einerseits die Spanne zwischen den Prämien... nicht so groß werden zu lassen, daß sie zur Demotivation der unteren Lohngruppen... führt, und andererseits eine Differenzierung beizubehalten, so daß die Prämie... für die technischen Angestellten... ‹spürbar› bleibt.

Die Verteilung einer Hälfte nach ‹Köpfen› trägt dem Gedanken, daß eine Gruppe so stark ist wie ihr schwächstes Glied, Rechnung.»   *EYER 1991*

> **Die Mitarbeiter müssen am Erfolg ihrer Arbeit beteiligt werden – allerdings flexibel: die Prämie muß in schlechten Zeiten auch sinken können**

> **Wir brauchen mehr Pilotprojekte, um zu neuen Lösungen zu kommen**

Dieses und weitere Beispiele zeigen, daß wir uns schon auf dem richtigen Weg befinden. Allerdings ist nach wie

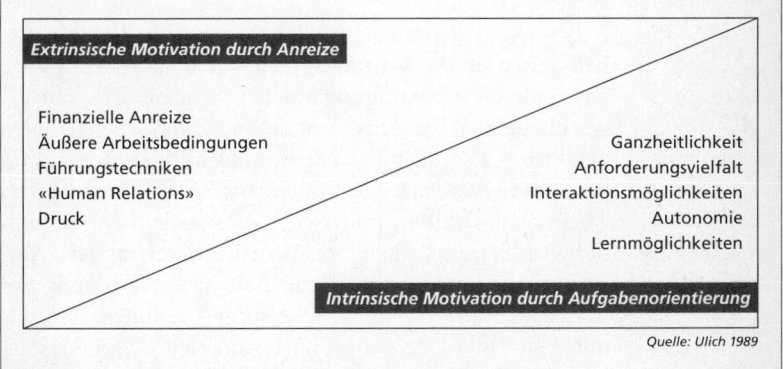

Extrinsische Motivation durch Anreize

Finanzielle Anreize
Äußere Arbeitsbedingungen
Führungstechniken
«Human Relations»
Druck

Ganzheitlichkeit
Anforderungsvielfalt
Interaktionsmöglichkeiten
Autonomie
Lernmöglichkeiten

Intrinsische Motivation durch Aufgabenorientierung

Quelle: Ulich 1989

Bild 79: Erschließung von Motivationspotentialen

vor die Tendenz zu beobachten, daß die (zum Beispiel durch BDE) verfügbaren – und damit oft nicht optimalen – Kriterien zur Bewertung herangezogen werden. Vor diesem Hintergrund erscheint das Konzept der zielorientierten Fraktale sehr verheißungsvoll.

Arbeitszeiten

Die Regelung der Arbeitszeiten ist seit Jahren ein heiß diskutiertes Thema. Dieses Problem wird sich im Zeitalter der Fraktalen Fabrik kaum verringern. Neue Anforderungen an die Abstimmung der Zeitübergänge tauchen auf.

Früher war alles viel einfacher: Die Werkssirene gab das Feierabendsignal, und alle Arbeiter und Angestellten strömten aus dem Werktor nach Hause. Gleichzeitig begann die Arbeitszeit für die Spätschicht. Die Zeiten, in denen ganze Städte nach der Formel $3 \times 8 = 24$ pulsierten, gehören weitgehend der Vergangenheit an, nicht zuletzt durch die starke Expansion bei den Dienstleistungsberufen. Von Verkehrsproblemen soll an dieser Stelle gar nicht die Rede sein, wenngleich sie sicher einen bedeutenden Randaspekt für Entflechtungsbemühungen darstellen.

Leistungsfähige Kommunikationssysteme bei gleichzeitiger Dezentralisierung ermöglichen Gestaltungsfreiheit bei Arbeitszeiten

Bereits in den siebziger Jahren wurden flexible Arbeitszeiten in Verwaltungsbereichen eingeführt. Lange Zeit galt die Übertragung solcher Modelle auf den gewerblichen Sektor – insbesondere in einer arbeitsteiligen Struktur – als undenkbar. Spätestens mit dem Einstieg in tarifliche Arbeitszeitverkürzungen 1985 wurde das Thema jedoch akut. Inzwischen existieren mehrere hundert Arbeitszeitmodelle, mit denen tarifvertragliche Vereinbarungen und betriebliche Belange in Einklang gebracht werden sollen. Zweifelsohne befinden wir uns mitten in einer Übergangsphase, und viele dieser Arbeitszeitmodelle haben nur temporären Charakter.

Es gibt inzwischen mehrere hundert Arbeitszeitmodelle

Für und Wider dieser Entwicklung sollen an dieser

Stelle nicht das Thema sein. Vielmehr geht es darum, auch die Chancen und Möglichkeiten neuer Arbeitszeit- regelungen zu erkennen und zu nutzen. Sicher wird es zu einer weiteren Flexibilisierung und Individualisierung kommen. Trotz aller Regelungen ist es doch bis heute so, daß man mit der Entscheidung für einen bestimmten Be- ruf, eine Funktion oder Aufgabe auch seine wöchentliche oder jährliche Arbeitszeit festlegt beziehungsweise stark beeinflußt.

Tarifliche Ar- beitszeitrege- lungen können bestenfalls ei- nen Rahmen schaffen. Schon heute gibt es viele individu- elle Ausgestal- tungen

Aus der Vielzahl der Aspekte sei hier die gleitende Ar- beitszeit herausgegriffen [Wagener 1991]. Bei der Firma Stihl in Waiblingen, führender Hersteller von Motorsä- gen, wird der Betriebsmittelbau in zwei Schichten be- trieben, um die CNC-Maschinen besser auszunutzen. Bezeichnenderweise wurde das Arbeitszeitmodell in wesentlichen Zügen von den Betroffenen selbst ent- wickelt.

Für die Übergabe zwischen Früh- und Spätschicht steht ein Zeitfenster von 3,5 Stunden zur Verfügung. Eine Abstimmung der einzelnen Mitarbeiter untereinander ist damit zwingend erforderlich und funktioniert auch in

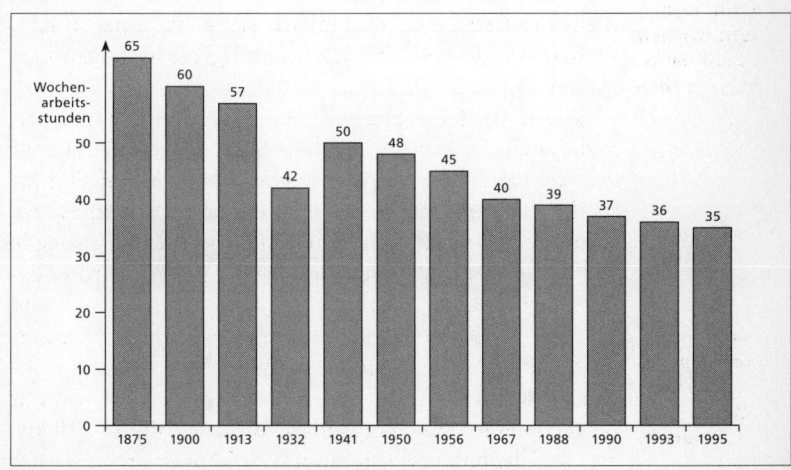

Bild 80: Entwicklung der Arbeitszeiten in Deutschland

Betroffene entwickeln selbst ihre Arbeitszeitmodelle unter der Zielsetzung maximaler Anlagennutzung

der Praxis. Die Arbeitszeiten überlappen sich um 15 Minuten für die Arbeitsübergabe. Im Rahmen direkter Absprachen können somit persönliche Belange Berücksichtigung finden (zum Beispiel Zeiten für Behördengänge). Es versteht sich von selbst, daß auch die Arbeitseinteilung weitgehend autonom erfolgt, zumal zu Beginn und Ende der täglichen Betriebszeiten große Gleitzeitblöcke für Gestaltungsräume sorgen (Bild 81).

Rechnerunterstützung ermöglicht wirtschaftliche Zeiterfassung und -abrechnung

Der betriebliche Aufwand für die Verwaltung dieses Schichtmodells ist minimal. Er beschränkt sich auf ein Zeiterfassungs- und -abrechnungssystem. Das Funktionieren des Systems ist um so erstaunlicher, als die entscheidende Abstimmung zwischen Mitarbeitern erfolgt, die sich jeden Tag nur wenige Minuten sehen und doch ein eingespieltes Team darstellen.

In den kommenden Jahren werden durch die Auswei-

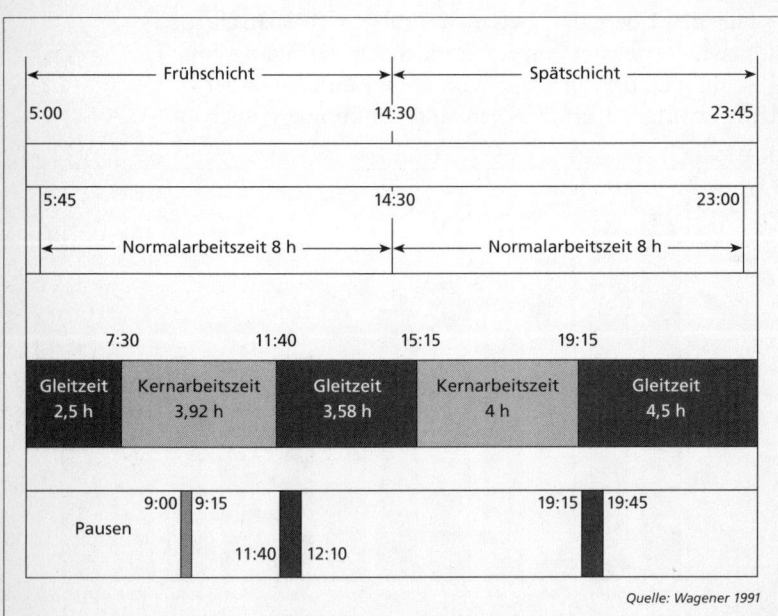

Quelle: Wagener 1991

Bild 81: Gleitzeitmodell der Firma Stihl

tung von Freischichten neue Abstimmungsprobleme hinzukommen. In bezug auf die Arbeitszeiten der Mitarbeiter wird die Ausnahme dann fast zur Regel. Weiterhin wird es zwingend erforderlich, durch attraktive Arbeitsbedingungen, nicht zuletzt auch bei den Arbeitszeiten, eine hohe Maschinennutzung zu ermöglichen. Es liegt auf der Hand, daß diese unüberschaubaren Verhältnisse am besten in selbstorganisierten Systemen aufgehoben sind, also in der Fraktalen Fabrik, unterstützt durch ein effizientes Informations- und Kommunikationssystem.

Die Fraktale Fabrik erlaubt Selbstorganisation und Überschaubarkeit auch bezüglich der Arbeitszeit

5 Erkenntnisse und Erfahrungen – Beispiele aus der Praxis

Vielfältige Erfahrungen weisen in die gleiche Richtung

Bereits im Vorwort dieses Buches wurde angedeutet, daß die Fraktale Fabrik (und allgemein das Fraktale Unternehmen) als Konzept nicht vom Himmel fällt, sondern verankert ist in vielfältigen Erfahrungen und Entwicklungen der betrieblichen Praxis. Ich sage es ganz offen: Weder höhere Einsicht noch abstrakte Herleitungen brachten uns auf diese Fährte, sondern Dutzende von Beobachtungen und Gespräche mit Betroffenen, die in ihrer Gesamtheit in die gleiche Richtung wiesen.

Sulzer-Weise GmbH, Bruchsal

Häufig bedarf es einer Krise, um neues Denken anzuregen

In der Chronologie der Beispiele beginnen wir deshalb bei einem Unternehmen, das sich ohne fremden Anstoß auf einen Weg begeben hat, dessen Meilensteine an Aktualität nichts eingebüßt haben. Mit seinen fünfhundert gewerblichen Mitarbeitern und der großen Angebotspalette kann der Pumpenproduzent als typischer Mittelständler gelten. Ausgangspunkt war eine Situation, die – unter damals noch eher günstigen Rahmenbedingungen – den Fortbestand des Unternehmens in Frage stellte. Symptome waren für die Führungsmannschaft nicht zu übersehen: In der Produktion türmten sich die Bestände an Halbfabrikaten, der Terminverzug bei der Fertigstellung von Aufträgen nahm groteske Ausmaße an. Daraus wiederum resultierte eine schlechte Marktposition.

Das Betriebsklima war damals extrem frostig. Die Unternehmensleitung hätte es zu diesem Zeitpunkt nicht für möglich gehalten, daß es auf absehbare Zeit zu einer konstruktiven Zusammenarbeit mit der Arbeitnehmervertretung kommen könnte. Eine entsprechend hohe Fluktuation war die Folge.

Dieser Fall ist nicht als extrem einzustufen, auch in einem weiteren Punkt kann der Betrieb als beispielhaft gelten: In den achtziger Jahren wurde eine Reihe von Rationalisierungsprojekten in Angriff genommen, von rechnerunterstützter Konstruktion und Produktionsplanung bis zur flexiblen Fertigung. Darin erkennen wir den Versuch wieder, allein mittels forcierten Technikeinsatzes der betrieblichen Probleme Herr zu werden. Erst in der Rückschau wird deutlich, wie verwurzelt damals noch das mechanistische und deterministische Weltbild in bezug auf die Fabrik war.

Der Produktionsfaktor Mensch wurde viel zu lange vernachlässigt

Daß es so nicht weitergehen konnte, war den Entscheidungsträgern nur zu bewußt. Aus der Erkenntnis heraus, daß sowohl Technik als auch Strukturen aufgrund jahrzehntelanger Erfahrung beherrscht wurden, der Produktionsfaktor Mensch hingegen ebensolange vernachlässigt worden war, entstand ein Konzept, dessen Saat in erstaunlich kurzer Zeit aufging.

Wir müssen in Mitarbeiter investieren

Da man die Führung von Mitarbeitern nur nach bekannten – offenkundig nicht mehr tragfähigen – Methoden beherrschte, wurde ein «Trainer» verpflichtet, der den gesamten Wandlungsprozeß begleitet hat. In zweitägigen Workshops wurde das Bewußtsein für die eigentlichen Probleme des Betriebs geschärft. 60 Prozent der Mitarbeiter haben inzwischen an einer solchen Veranstaltung teilgenommen, der Wunsch nach Fortführung kommt seither eindeutig «von unten».

Nach Auskunft der Beteiligten hat sich die Situation in der Firma seitdem dramatisch verändert: Man habe «zu einer anderen Art des Umgangs miteinander» gefunden. Jegliches Ressortdenken sei verschwunden, die Mitarbeiter seien «wie ausgewechselt». Wesentlich ist die Zielvereinbarung zu Beginn einer solchen Maßnahme. Kommt es später zu Widersprüchen und Konflikten, genügt in aller Regel der Hinweis auf diese Vereinbarung, um das Problem zu versachlichen und damit auch meist zu lösen. In besonderem Maße traf dies für die untere und mittlere Führungsschicht zu. Dabei ist anzumer-

Man kommt zu einer anderen Art des Umgangs miteinander

ken, daß man sich von einigen dieser Kräfte vorher glaubte trennen zu müssen.

Die Kosten für Personalentwicklungsmaßnahmen sind nicht gering. In der Anfangsphase erreichten sie 20 Prozent des Investitionsbudgets, seitdem sinken sie kontinuierlich. Der bereits erwähnte Moderator ist fast ganztägig im Hause, woraus sich die Bedeutung seiner Tätigkeit ablesen läßt. Dabei nimmt er gleichermaßen an Gesprächsrunden der Geschäftsleitung und der Arbeitnehmervertretung teil, was für seine Kompetenz und Integrationsfähigkeit spricht.

20 Prozent des Investitionsbudgets wurden in der Anfangsphase in die Personalentwicklung investiert

Auf diese Weise wurde der Weg geebnet für Strukturen und Abläufe, in denen sich die Charakteristiken der Fraktalen Fabrik wiederfinden. Aus Planungsarbeiten für ein – aufgrund bereits diskutierter Gründe – letztlich nicht realisiertes flexibles Fertigungssystem konnten Klassen fertigungstechnisch ähnlicher Werkstücke identifiziert werden: Gehäuse, scheibenförmige Teile, Wellen und Kleinteile. Für die Produktion dieser Teile wurden Fraktale mit hohem Autonomiegrad gebildet, die in zwei Schichten arbeiten. Diese Inseln mit sieben bis 28 Mitarbeitern pro Schicht haben jeweils ein Wochenprogramm zu erfüllen. Auf eine genauere Planung wird bewußt verzichtet, beziehungsweise sie wird den Mitarbeitern anheimgestellt. Infolge der großen Teilevielfalt ist diese Aufgabe nicht trivial, da zwischen vielen, teilweise auch «unscharfen», das heißt nicht detailliert beschreibbaren Kriterien abzuwägen ist. Nach den vorliegenden Erfahrungen hat sich dieses Prinzip jedoch auf der ganzen Linie bewährt.

Nicht immer sind präzise Vorgaben möglich – sie sind aber auch nicht immer nötig

Im Ausgangszustand wurde parallel nach Akkord- und Zeitlohnprinzipien gearbeitet. Eine Erhebung ergab, daß der Leistungsgrad im Akkord (natürlich) an der vorgegebenen «Schallgrenze» lag, in diesem Fall bei 135 Prozent. Die Zeitlöhner erreichten zwischen 40 und 100, im Durchschnitt 70 Prozent. Entgegen mancher Ansicht waren die Zeitlöhner also mit Abstand die «teuersten» Mitarbeiter. In den Fraktalen kam es bei diesen Mitarbeitern zu einer wahren Leistungsexplosion; die Vergleichszahl liegt jetzt bei 120 Prozent. Die Durchlaufzeiten sanken um 30 bis 40 Prozent. In der Fertigung gibt es keine Lagerbestände mehr, die Bereitstellung von Rohmaterial erfolgt nach Abruf aus dem Lager, ausgelöst durch das jeweilige Fraktal und nicht durch ein zentrales Verwaltungssystem!

Die gerade bei vorher auf Zeitlohnbasis arbeitenden Mitarbeitern verstärkt zu beobachtende Angst vor Veränderungen war nach kurzer Zeit überwunden. Entgegen den Erwartungen erwies sich die Zusammenarbeit von Arbeitnehmern unterschiedlicher Altersgruppen sogar als vorteilhaft.

Die Angst vor Veränderungen überwinden

Die Mitarbeiter werden leistungsabhängig auf Prämienbasis entlohnt, grundsätzlich einheitlich für die ganze Gruppe, gemeinsam für beide Schichten. Der gewählte Gruppensprecher arbeitet voll mit und ist finanziell nicht besser gestellt. Damit wird verhindert, daß sich insgeheim wieder ein Vorarbeiter etabliert, ein Effekt, der in vielen anderen Beispielen für Gruppenarbeit zu beobachten ist. Erstaunlich ist auch das große Reservoir an potentiellen Gruppensprechern: Es liegt bei über 50 Prozent. Die gelegentlich geäußerte Befürchtung, in solchen Gruppen herrsche aufgrund der Lohngemeinschaft ein rauhes Sozialklima, findet hier keine Bestätigung. Zwangsläufig vorhandene Leistungsunterschiede führen nicht zur Ausgrenzung einzelner Mitarbeiter, woran sicherlich auch die arbeitswissenschaftliche Betreuung ihren Anteil hat.

Auch im Lohnsystem werden Hierarchien abgebaut

Die Gruppe integriert Leistungsschwächere

In regelmäßigen Abständen, in der Regel wöchentlich, finden Besprechungen aller Fraktalmitarbeiter statt, über die grundsätzlich ein Protokoll geführt wird. Dabei geht es insbesondere um die Steigerung der Arbeitseffizienz, weil sie im natürlichen Interesse der Mitarbeiter liegt.

Regelmäßige Besprechungen ergänzen die spontane und ständige Kommunikation

Nach dem bisher Gesagten mag der Eindruck entstehen, das System werfe sämtliche maschinenseitigen und informationstechnischen Entwicklungen der letzten Jahre über Bord. Das Gegenteil ist der Fall. Zum einen werden hochmoderne Maschinen (DNC-Betrieb) eingesetzt, zum anderen erfolgt die Steuerung des Auftragsdurchlaufes über ein Rechnersystem, das an die Erfordernisse des Betriebs angepaßt wurde. Im Betrieb stehen jetzt 380 Terminals, die auch tatsächlich benutzt werden. Jeder Mitarbeiter hat Zugriff auf die Auftragsdaten. Widerlegt werden konnte die verbreitete Ansicht, diese Systeme würden von einer bestimmten Altersgruppe an nicht mehr angenommen. Die Steuerung des Auftragsdurchlaufes wird von nur vier Mitarbeitern durchgeführt. Diese stellen das jeweilige Wochenprogramm für jedes Fraktal zusammen. Dabei betrachten sie nur die «Leitmaschinen» und damit die kritischen Kapazitäten. Für alle anderen Maschinen wird nur eine grobe Kapazitätsschätzung durchgeführt. Das gesamte System besticht durch seine Einfachheit. Zu kämpfen hat das Unternehmen mit der fehlenden Verbindung von Programmsystemen, die im Laufe der Jahre installiert wurden: für Zeichnungserstellung, NC-Programmierung, Produktionsplanung und Auftragsabwicklung. Damit befindet es sich jedoch in der gleichen Problematik wie viele andere Betriebe.

Mettler-Toledo GmbH, Albstadt

Den tiefgreifenden Wandel seines Unternehmens während der vergangenen Dekade in einen strategischen Zusammenhang zu stellen, fällt dem Geschäftsführer des renommierten Herstellers elektronischer Waagen und Wägesysteme nicht leicht:

«Wir haben uns immer dem Problem zugewandt, das uns am meisten schmerzte, nicht ahnend, daß dies ein dauernder Prozeß sein wird. Nach und nach haben wir das ganze Unternehmen neu gestaltet, trotzdem finden wir immer wieder neue Möglichkeiten, neue Ansatzpunkte.»   *TIKART 1993*

Im Verlaufe dieses Wandlungsprozesses kristallisierten sich drei «*Axiome*» heraus:

• *Marktorientierung* als Ausdruck einer unbedingten Ausrichtung an den Bedürfnissen der Kunden

• *Leistungsorientierung* als Basis für Ziel und Primäraufgabe des Unternehmens, den wirtschaftlichen Erfolg

• *Mitarbeiterorientierung* als Quelle des Erfolgs durch Identifikation, Engagement und gemeinsames Erfolgserlebnis.

Darüber hinaus gibt es eine Reihe weiterer Prinzipien, die sich jedoch immer auf diese Basis zurückführen lassen und deshalb eher Werkzeugcharakter haben.

Nutzenorientierung am Markt sichert die Zukunft

Leistung: Lust, nicht Last

Kollektiver Erfolg durch Mitarbeiterorientierung

«Es geht nicht darum, daß wir zunächst bessere Menschen brauchen, wir brauchen nur natürliche Menschen.

Durch unsere Erziehung, durch unsere leidvollen Erfahrungen, durch die Rollen, die wir im Leben spielen müssen, haben wir uns von diesem natürlichen Zustand weit entfernt. Auch diesen Ballast müssen wir abwerfen. Und dies beginnt in unseren Köpfen. Bei der Neugestaltung und der ständigen Verbesserung des Unternehmens ist es, dem natürlichen Bedürfnis der Menschen folgend, notwendig, daß unsere Mitarbeiter von Anfang an in diesen Prozeß integriert sind. Da die Weisheit nicht in einem Kopf versammelt ist, brauchen wir alle.» TIKART 1993

Niemand hat das Monopol auf Wahrheit und Weisheit

Was es bedeutet, einen Weg konsequent zu Ende zu denken und auch zu gehen, zeigt sich am Beispiel der Produktionssteuerung, die vollständig beschrieben werden kann durch die Maxime:

Absatzgesteuerte Produktion als Konsequenz kompromißloser Marktorientierung

Es wird genau das produziert,
*was **heute** der Markt fordert.*

Weil die Absatzschwankungen zwischen 50 und 200 Prozent der Kapazitäten betragen, schwankt auch das Produktionsvolumen in gleicher Weise. Der Betriebsführung ist es völlig einerlei, wie und wann die Beschäftigten arbeiten. Jedoch: Sie überläßt es auch genau diesen Beschäftigten, mit Engpaßsituationen fertigzuwerden. Der Liefertermin ist heilig, es gibt keine akzeptierten Ausnah-

Selbstorganisation: Die Arbeitszeiten orientieren sich am Bedarf der Produktion

Bei Engpässen werden planmäßig alle Reserven mobilisiert

men von dieser Regel. In der Praxis sieht dies so aus, daß die wöchentlichen Arbeitszeiten – im Rahmen der gesetzlichen Vorschriften – zwischen 50 und etwa 150 Prozent schwanken, wobei innerhalb eines Zeitraums von sechs Monaten der Durchschnitt bei 100 Prozent liegen soll. Die Bandbreite des Regelbereichs ist folglich so bemessen, daß Spitzenlasten nicht mehr allein durch vollen Einsatz der jeweiligen Mitarbeiter abgefangen werden können. In solchen Situationen wird – «auf dem kleinen Dienstweg» – kurzfristig die Arbeitskraft anderer Bereiche aktiviert, zum Beispiel aus Instandhaltung, Betriebsmittelbau und Entwicklung(!). Selbst die betriebliche Ausbildung ist nicht abgekoppelt von der Produktion, sondern zusammen mit Werkzeug- und Musterbau in einen Bereich integriert.

Unnötiger Aufwand jeglicher Art wird konsequent eliminiert. Trotz der nicht unerheblichen Produktkomplexität gibt es *keine* Arbeitspläne, allenfalls einfache

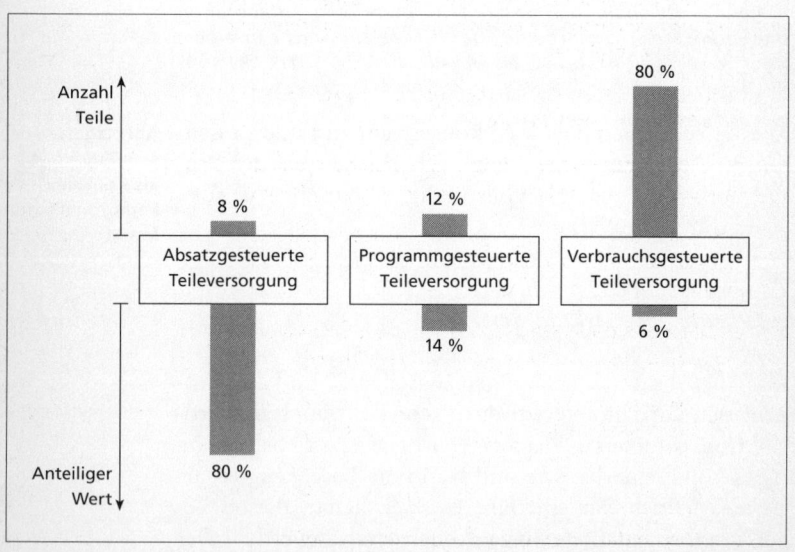

Bild 82: Gliederung der Kaufteileversorgung bei Mettler-Toledo

schriftliche «Hinweise» an die Montagemitarbeiter, worauf besonders zu achten sei. Möglich ist dies nur durch hochqualifizierte Mitarbeiter, auf die man sich bedingungslos verlassen kann und die sich ständig auf dem neuesten Stand der Technik halten.

Ein klassisches betriebliches Vorschlagswesen paßt natürlich auch nicht mehr in diese Struktur. Unter Ver-

Qualifizierte Mitarbeiter machen es möglich: Verzicht auf Arbeitspläne

---

1 Es ist zu prüfen, ob von zwei zu synchronisierenden Vorgängen nicht einer oder beide Vorgänge entfallen können.

2 Aus den verschiedenen Ablaufmöglichkeiten eines Vorgangs wird der Ablauf ausgewählt, welcher die kürzeste Durchlaufzeit hat.

3 Bei Vorgängen, die in körperlicher Abhängigkeit zueinander stehen, wird keine Arbeitsteilung vorgesehen.

4 Bei Vorgängen, die in informeller Abhängigkeit zueinander stehen, wird der abhängige Vorgang trotz unzulänglichem Informationsstand begonnen.

5 Die Synchronisation verfolgt das Ziel, Vorgänge gleichzeitig zu beenden. Sie verfolgt nicht das Ziel, Vorgänge zum «richtigen» Zeitpunkt zu beginnen.

6 Es wird auf Vorhandenes zurückgegriffen. Für später muß «Vorhandenes» geschaffen werden.

7 Entscheidungsprozeduren, Genehmigungsverfahren, Prüfverfahren usw. dürfen nur als Parallelvorgänge behandelt werden.

8 Die Projektarbeit geschieht in hoher Kommunikationsdichte. Deshalb darf Information nur als Parallelvorgang behandelt werden.

9 Ist auf Anhieb Synchronität nicht erreichbar, so wird das Umfeld so verändert, daß eine Synchronisierung möglich wird.

10 Da eine permanente Synchronität nicht erreichbar ist, werden in möglichst kurzen Abständen Synchronisationspunkte gesetzt.

Quelle: Tikart 1993

Bild 83: Regeln der synchronen Produktentwicklung

zicht auf alle Bürokratismen wird jeder Vorschlag zunächst einmal unbesehen mit 10 DM honoriert. Das

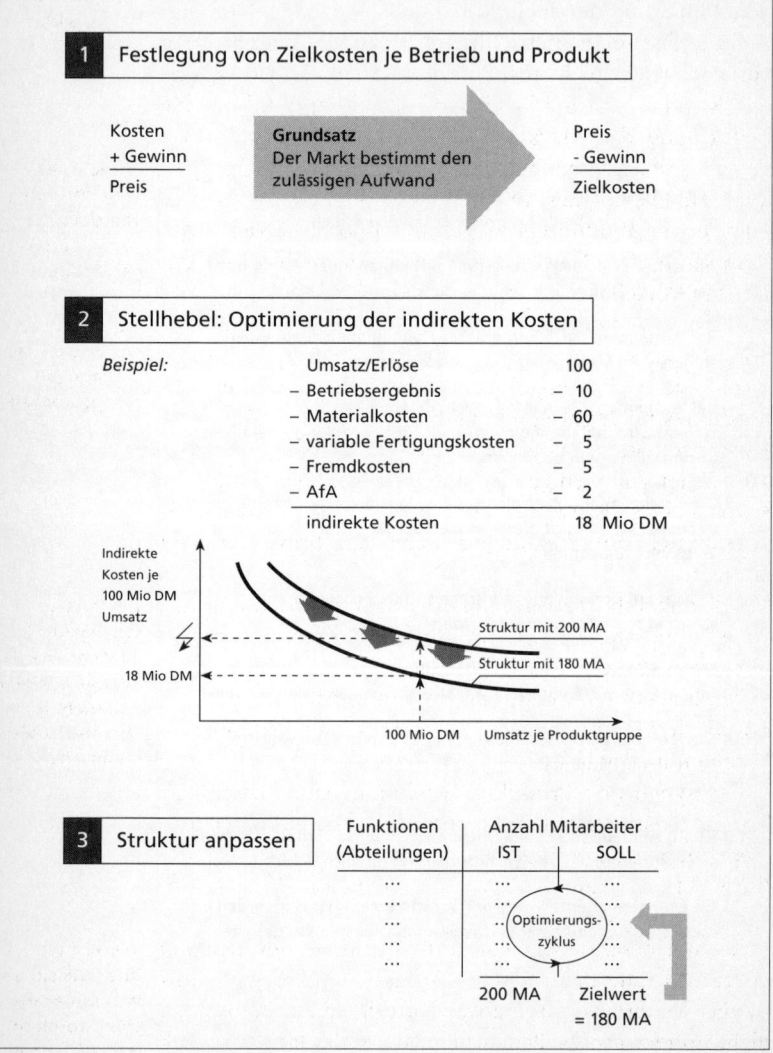

Bild 84: Strukturanpassung auf Zielkostenbasis

Geld fließt in einen Pool, der insgesamt an die Gruppe ausgeschüttet wird.

Kampf dem bürokratischen Vorschlagswesen: 10 DM für jede Idee

Ständig und mit kurzem Vorlauf neue Produkte auf den Markt zu bringen, ist eine unabweisbare Notwendigkeit. Entsprechende Teams (fünf bis sieben Personen aus Entwicklung, Konstruktion und Vertrieb) gehen zu den Kunden, um die Produktmerkmale optimal auf die Bedürfnisse des Marktes abzustimmen. Innerhalb von sechs bis neun Monaten steht dann das marktfähige Produkt zur Verfügung. Dies ist nur möglich durch eine «synchrone Produktentwicklung» (Bild 83). Neben der Reduktion der Projektdauer entstehen weitere, gleichwertige Vorteile,

In sechs bis neun Monaten von der Idee zum marktfähigen Produkt

• weil eine Projektdauer von wenigen Monaten weniger Projektkosten verursacht als eine von mehreren Jahren,
• weil die Marketingkonzeption bei Verfügbarkeit des Produktes noch gültig sein kann,
• weil getroffene Entscheidungen innerhalb einer Gesamtdauer von wenigen Monaten beständiger sind,
• weil bei der Kürze der zur Verfügung stehenden Zeit notwendige Entscheidungen nicht verschoben werden können,
• weil eingefahrene Wege neu überdacht werden müssen,
• weil unnötiger Ballast – in Form von Sitzungen und in Form von Papieren – abgeworfen wird,
• weil die Motivation durchgehalten werden kann,
• weil die Hemmschwelle, ein mißglücktes Projekt aufzugeben, niedriger ist.

Der Kunde ist ein sich schnell bewegendes Ziel geworden

Die Vorteile synchroner Produktentwicklung erschöpfen sich nicht in kurzen Entwicklungszeiten

Die synchrone Produktentwicklung baut ausschließlich auf existierenden und verfügbaren Technologien auf. Abgekoppelt hiervon ist selbstredend das Bestreben, die Entwicklung neuer Technologien nicht minder intensiv voranzutreiben.

Bislang beschrieben wurde die optimale Bewältigung operativer unternehmerischer Aufgaben. Darüber hinaus ist die Weiterentwicklung des Unternehmens selbst von nicht minder großer Bedeutung. Auch hier läßt man sich vom Umfeld leiten und paßt sich auf der Basis eines Ziel-

«Es kommt nicht darauf an, was wir brauchen, sondern was wir uns leisten können.»

kostenansatzes an die Gegebenheiten des Marktes an (Bild 84).

Karriere nicht nur durch Aufstieg in einer Hierarchie

Ein gegenwärtig drängendes, aber noch nicht gelöstes Problem ist die Frage nach möglichen Karrierepfaden in diesem System. Eines ist klar: Durch Aufstieg in der betrieblichen Hierarchie kann sie sich nicht mehr manifestieren, denn in diesem Umfang gibt es schlichtweg keine Hierarchie mehr. Auf die Lösung darf man gespannt sein; im folgenden Beispiel wird unter anderem *ein* möglicher Ansatz vorgestellt.

Metallwerke Gebrüder Seppelfricke GmbH & Co., Gelsenkirchen

Auch starkes Wachstum ist eine Herausforderung

Gestaltung und Führung eines Unternehmens bei starkem Wachstum – diese Aufgabe hat in allerjüngster Vergangenheit sicherlich an Aktualität verloren. Auch wenn mancher gewiß gern tauschen möchte: die Bewältigung einer überproportionalen Ausdehnung des Geschäftsvolumens stellt eine nicht minder schwere Bewährungsprobe dar. Zu bewähren hatte sich in diesem Fall der neue Geschäftsführer der Firma Seppelfricke in Gelsenkirchen, die in der Sparte Heiz- und Küchentechnik mit neunhundert Mitarbeitern Gas- und Elektrogeräte für den Haushaltsbedarf produziert – «Weiße Ware», wie man in Fachkreisen sagt.

Ein neues Umfeld erfordert eine neue unternehmerische Lösung

Der große Nachholbedarf in den neu erschlossenen Märkten östlich der Elbe machte schnell deutlich, daß die vorhandenen – und in der Vergangenheit durchaus bewährten – Strukturen der veränderten Situation nicht mehr gerecht wurden. Es galt, einen Hemmschuh für die weitere erfolgreiche Entwicklung des Unternehmens zu beseitigen.

Keine vorgefertigten Lösungen, sondern aktive Begleitung des Wandlungsprozesses

Die Firmenleitung selbst hatte bereits konkrete Vorstellungen über Potentiale und Maßnahmen entwickelt, als Mitarbeiter des IPA in das Projekt einbezogen wurden, um den Wandlungsprozeß aktiv zu begleiten.

Wie in jedem anderen Fall war der erste Firmenkontakt auch hier verbunden mit einem Betriebsrundgang, der oft mehr als viele Worte und Bilder eine Vorstellung von der Ausgangssituation vermittelt:

Beginnend bei der Produktentwicklung, deren Distanz von der Produktion, in Metern ausgedrückt, etwa 200 beträgt und auch sonst nicht eben gering zu sein scheint, kommen wir zu einem gesonderten Gebäudetrakt. Dieser beherbergt die Vorfertigung zusammen mit dem Rohmateriallager und diversen Zwischenlagern. Die Vorfertigung ist nach dem Werkstättenprinzip organisiert (Bild 85). In den Abteilungen Presserei, Schweißerei und Oberflächentechnik werden Blechteile vom Coil sowie aus Zuschnitten gefertigt und beschichtet. Bedingt durch die hohe Teilevielfalt müssen die Betriebsmittel, insbesondere die Pressen, oft umgerüstet werden. Eine Nachfrage bei einem der Mitarbeiter bestätigt: Die Zuordnung seines Arbeitsergebnisses zu den Endprodukten ist ihm nicht bekannt. Er frage sich auch manchmal, ob die hohen Umrüstfrequenzen sinnvoll seien, zumal sie erhebliche Qualitätsprobleme mit sich bringen.

Der Eindruck geringer Transparenz setzt sich in der Montage fort, wobei hier die räumliche Enge besonders spürbar wird, nicht zuletzt aufgrund größerer Mengen zwischengelagerten Materials. Eine Gliederung in Vor- und Endmontage bringt es mit sich, daß beispielsweise Blenden, Türen, Backkästen und Mulden sämtlicher Herde einen Meisterbereich durchlaufen. Die Endmontagebänder schließlich sind produktorientiert aufgebaut.

Insgesamt fällt die Personalintensität der gesamten Montage ins Auge. Nach der Verpackung geht es in ein hinsichtlich der Bestände beachtliches Fertigwarenlager.

Zur baulichen Situation ist anzumerken, daß sich die einzelnen Bereiche ebenso wie die Verwaltung in mehreren, teilweise über Zwischenbauten miteinander verbundenen, mehrstöckigen Gebäuden befinden. Die Anordnung auf dem Betriebsgelände läßt ohne nähere Untersuchung auf einen hohen Transportaufwand schließen. All dies kommt nicht von ungefähr: Der Standort besteht seit siebzig Jahren und ist historisch so gewachsen. Sicher ist schon in diesem Augenblick, daß auf diesem Gelände auch in Zukunft aufgrund baulicher Restriktionen mancher Kompromiß unumgänglich sein wird.

«Was ist mein Beitrag zum Endprodukt?» – **Diese Frage bleibt oft unbeantwortet**

Eine funktionsorientierte Gliederung bedingt viele Schnittstellen

Veränderungen aus gewachsenen Strukturen heraus – eine besondere Herausforderung

Bei der Nachbesprechung faßt unser Gesprächspartner die Situation folgendermaßen zusammen:

Starre Strukturen und Vorgaben verhindern die notwendige kontinuierliche Entwicklung

• Aufbau- und Ablauforganisation sind durch viele Schnittstellen beziehungsweise Hierarchieebenen und starre Strukturen gekennzeichnet, woraus auch Probleme im Informationsfluß resultieren (fehlende, falsche oder redundante Informationen).

• Die improvisierte Koordination zwischen Vorfertigung und Montagebereichen führt zu Reibungsverlusten. Vormals war dies noch tolerabel; mit zunehmendem Produktionsvolumen wuchs dieser Effekt jedoch überproportional an.

Manko: fehlende ganzheitliche Zielorientierung

• Eine effiziente Zusammenarbeit zwischen Produktion und angrenzenden Bereichen, wie zum Beispiel Konstruktion und Vertrieb, wird eher behindert als gefördert; zum Beispiel fehlt eine gemeinsam abgestimmte, ganzheitliche Zielorientierung.

• 90 Prozent des in der Produktion eingesetzten Personals sind Ungelernte. Die Beseitigung von Qualifikationsdefiziten in Verbindung mit einer effektiveren Nutzung der vorhandenen Mitarbeiterpotentiale wird als wesentlicher Ansatzpunkt angesehen.

Das Wissen vor Ort nutzen

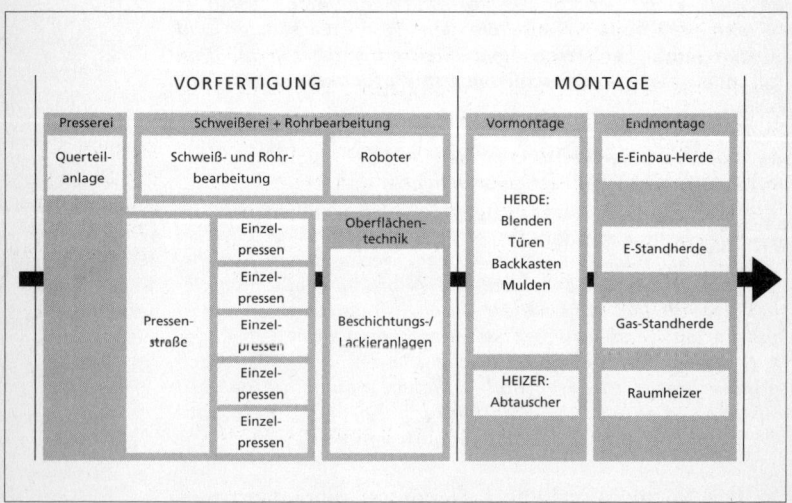

Bild 85: Produktionsstruktur vor der Umstrukturierung

Zum Zeitpunkt des hier nachgezeichneten Firmenbesuches war das Konzept der Fraktalen Fabrik bereits bekannt. Die Firma Seppelfricke entschloß sich, gemeinsam mit den Instituten IPA und IML* die Produktionsstruktur den gewandelten Erfordernissen anzupassen. Diese sollte bei minimalem Investitionsbedarf innerhalb der vorhandenen Gebäude umgesetzt werden. Als wesentliche Ziele wurden formuliert:

Ziel: Entwicklung von Strukturen und Abläufen auch «von unten nach oben»

• maximale Reaktionsfähigkeit und Flexibilität gegenüber Produkt- und Nachfrageänderungen durch dynamische und wandlungsfähige Produktionsstrukturen (Fabrik als vitaler Organismus),

• maximale Effektivität und Vitalität durch konsequente Nutzung aller Ressourcen, insbesondere der Mitarbeiterpotentiale mit Hilfe entsprechender Motivations- und Anreizsysteme,

• Minimierung des Kontroll-, Steuerungs- und Handlingaufwandes durch absolute Transparenz der betrieblichen Abläufe (bedarfsgerechte Kommunikations- und Informationssysteme, durchgängiges Behälterkonzept) in Verbindung mit selbststeuernden Regelkreisen und kurzen Rückkopplungsschleifen,

• langfristige Sicherung des Fortbestandes der Firma durch eine kontinuierliche Verbesserung der Unternehmens-, Arbeits-, Prozeß- und Produktqualität.

Im Rahmen des Projekts sollten zunächst für die wesentlichen Elemente der Wertschöpfungskette – Produktion und Logistik – tragfähige Lösungskonzepte erarbeitet werden, um in einem zweiten Schritt Verwaltung und indirekte Bereiche optimal auf die Bedürfnisse der Produktion abstimmen zu können.

Produktion und Logistik sind die Keimzellen der Umstrukturierung

Wer mit den Mitarbeitern gemeinsam etwas bewegen möchte, darf sie nicht darüber im unklaren lassen, was auf sie zukommt. Um falschen Vorstellungen gar nicht erst Raum zu geben, wurden sie im Rahmen verschiede-

---

* IML = Fraunhofer-Institut für Materialfluß und Logistik, Dortmund

Jeder Wandel erzeugt auch Ängste. Deshalb: der Aufwand für Information der Mitarbeiter und klarstellende Diskussionen lohnt sich

ner interdisziplinärer Arbeits- und Diskussionsrunden in die Planungsarbeiten einbezogen. Dieser Anfangsaufwand führt zwar nicht immer zu unmittelbaren Ergebnissen, erweist sich später aber als sehr fruchtbar. Im Laufe des fortschreitenden Projekts fand so eine Reihe von Veranstaltungen in unterschiedlicher Zusammensetzung statt (Bild 86).

Diese Workshops und Präsentationen wurden begleitet von vielen Arbeits- und Informationsgesprächen in kleinem Kreise. Dadurch war es möglich, sehr viele Ideen und Anregungen aufzunehmen und zu verarbeiten. Die einbezogenen Meister aus Vorfertigung und Montage entwickelten nach anfänglichen Identifikationsproblemen mit dem «Wesen der Fraktalen Fabrik» (Was sind eigentlich Fraktale? Wie sieht eine Fraktale Fabrik aus? Was ändert sich in meinem Aufgabengebiet? Welche neuen Anforderungen muß ich erfüllen? Bleibt mein Arbeitsplatz erhalten? etc.) eine zunehmende Motivation und Eigendynamik bei der Entwicklung von Ideen zur Neuausrichtung der Produktionsstruktur.

Breite Akzeptanz schaffen durch Einbeziehung aller Betroffenen

Das auf die speziellen Belange der Firma Seppelfricke zugeschnittene Strukturkonzept zeigt Bild 87. Darin kommt das Ziel einer Minimierung von material- und informationsflußtechnischen Schnittstellen zum Ausdruck. Um in der Montage einen harmonisierten Montageablauf mit minimiertem Steuerungs- und Materialbereitstellungsaufwand sowie eine Qualitätsverbesserung zu erzielen, gibt es ein separates «Exotenfraktal», das die Produkte mit kleineren Stückzahlen sowie Nullserien montiert. Weiterhin soll in diesem Bereich ein Produktentwicklungsfraktal entstehen, in dem die Bereiche Konstruktion und Produktion eng zusammenarbeiten. Durch dieses Bindeglied soll unter anderem die Kommunikation zwischen den beiden Bereichen und die Einflußnahme der Produktion auf die Produktgestaltung verbessert

Komplexität reduzieren durch Bildung von Exoten- und Nullserienfraktalen

Bild 86: Vorgehensweise bei der Konzeption der fraktalen Produktionsstruktur

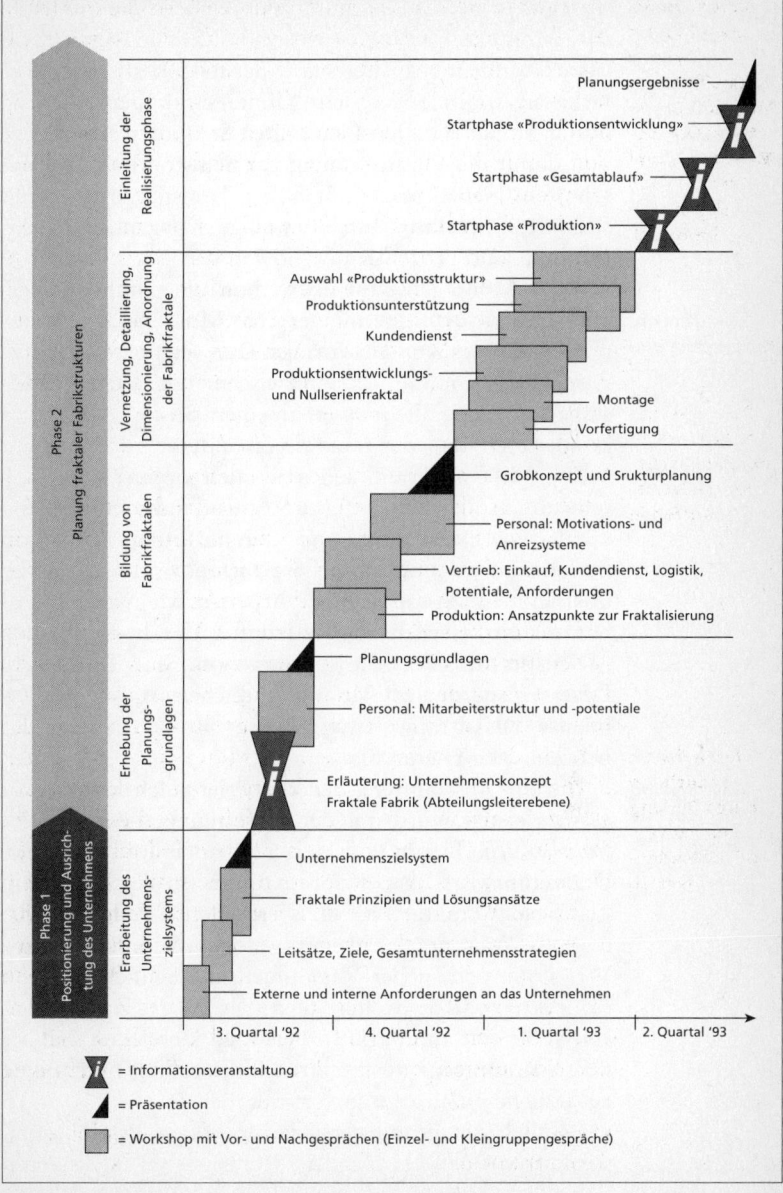

Phase 2
Planung fraktaler Fabrikstrukturen

Phase 1
Positionierung und Ausrichtung des Unternehmens

Einleitung der Realisierungsphase

Planungsergebnisse

Startphase «Produktionsentwicklung»

Startphase «Gesamtablauf»

Startphase «Produktion»

Vernetzung, Detaillierung, Dimensionierung, Anordnung der Fabrikfraktale

Auswahl «Produktionsstruktur»

Produktionsunterstützung

Kundendienst

Produktionsentwicklungs- und Nullserienfraktal

Montage

Vorfertigung

Bildung von Fabrikfraktalen

Grobkonzept und Srukturplanung

Personal: Motivations- und Anreizsysteme

Vertrieb: Einkauf, Kundendienst, Logistik, Potentiale, Anforderungen

Produktion: Ansatzpunkte zur Fraktalisierung

Erhebung der Planungsgrundlagen

Planungsgrundlagen

Personal: Mitarbeiterstruktur und -potentiale

Erläuterung: Unternehmenskonzept Fraktale Fabrik (Abteilungsleiterebene)

Erarbeitung des Unternehmenszielsystems

Unternehmenszielsystem

Fraktale Prinzipien und Lösungsansätze

Leitsätze, Ziele, Gesamtunternehmensstrategien

Externe und interne Anforderungen an das Unternehmen

3. Quartal '92   4. Quartal '92   1. Quartal '93   2. Quartal '93

_i_ = Informationsveranstaltung

= Präsentation

= Workshop mit Vor- und Nachgesprächen (Einzel- und Kleingruppengespräche)

Kunden-Lieferanten-Struktur durchgängig verwirklichen

werden. In der Vorfertigung wurden teileorientierte, in der Montage produktorientierte Fraktale geschaffen. Mittels eindeutiger Zuordnung der teileorientierten Vorfertigungsfraktale zu den Montagefraktalen ist eine durchgängige Kunden-Lieferanten-Struktur verwirklicht und damit die Voraussetzung zur Selbstoptimierung geschaffen. Neben insgesamt hoher Transparenz zeichnet sich diese Struktur durch jeweilige Konzentration des Produkt- und Prozeß-Know-how aus.

Aufgaben, Kompetenz *und* Verantwortung dezentralisieren

Jedes Montagefraktal übernimmt die komplette Verantwortung für die termingerechte Montage aller Komponenten eines Kundenauftrags. Dies setzt eine intensive Zwei-Wege-Kommunikation zwischen den beteiligten Instanzen voraus; alle müssen an einem Strang ziehen und kooperieren, da jedes Fraktal von anderen abhängig ist.

Die Mitarbeiter in den Fraktalen organisieren sich selbst und sollen zukünftig zunehmend indirekte Arbeitsinhalte wie Prüfplanung und -durchführung, Pflege von Betriebsmitteln und einfachere Instandsetzungsarbeiten übernehmen. Kompliziertere Arbeiten wie Werkzeugreparatur etc. werden auch zukünftig durch umgebende «Dienstleistungsfraktale» wahrgenommen. Durch die Dezentralisierung erfolgt eine Anreicherung der Arbeitsinhalte. Dies bedingt zwangsläufig eine Verflachung der betrieblichen Hierarchie.

Abstimmung der Fraktale durch Koordinatoren

Um die Abstimmung der kooperierenden Fraktale zu gewährleisten, wurden in der Vorfertigung die *Koordinationsbereiche* Herde und Heizer/Kleingeräte eingeführt. Die verantwortlichen Koordinatoren (in Personalunion Leiter eines Fraktals) haben übergreifende Aufgaben, die mehrere Fraktale gleichzeitig betreffen, zum Beispiel die Verteilung personeller Ressourcen, die Schlichtung von Konflikten und die weitere Optimierung des Zusammenspiels. Sie sind mit der erforderlichen fachlichen und sozialen Kompetenz ausgestattet. Eventuell ist hierzu eine zusätzliche Qualifizierung erforderlich.

Parallel zur Einführung der fraktalen Produktionsstruktur wurden verschiedene Konzepte zur effektiveren

Nutzung der vorhandenen Mitarbeiterpotentiale entwickelt, denn: das Strukturkonzept muß vom Menschen gelebt werden. Zur Verbesserung von Informationsfluß und Kommunikation wurden hierarchie- und fraktalübergreifende Gesprächskreise («Verbesserungsrunden») eingeführt, um so eine kontinuierliche Lösung von Problemen und damit Selbstoptimierung in Gang zu bringen. In der Einführungsphase werden diese Runden durch das IPA moderiert; möglichst bald schon soll dies in Eigenregie erfolgen.

Übergreifende Optimierung durch Verbesserungsrunden

Die flachere Hierarchie bietet insgesamt weniger Aufstiegsmöglichkeiten – zumindest im herkömmlichen Sinne. Damit ist ein gegenwärtig grundlegendes Dilemma der Personalarbeit angesprochen. Auch wenn in neuester Zeit Aufstiegspfade ohne Personalverantwortung diskutiert werden: der klassische innerbetriebliche Aufstieg erfolgt entlang der Hierarchiestufen. Entfallen diese zum großen Teil, sind neue Konzepte zwingend er-

Hierarchischer (vertikaler) und horizontaler Aufstieg haben in Zukunft den gleichen Stellenwert

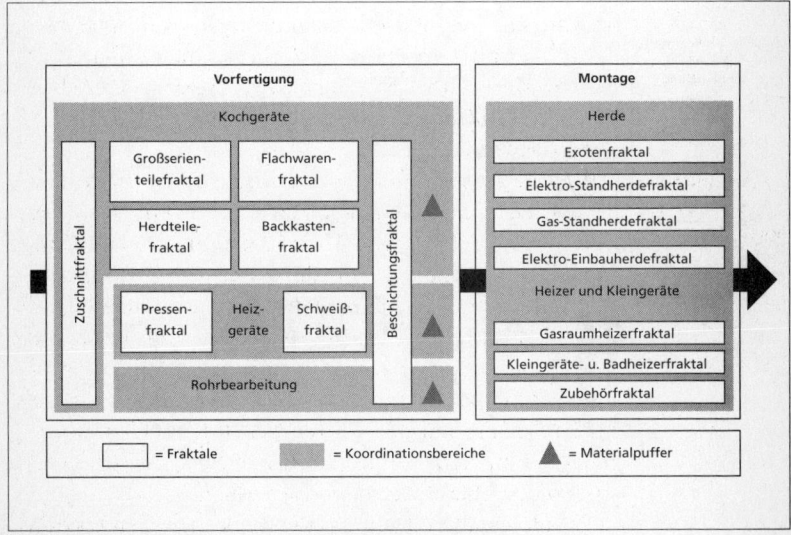

Bild 87: Fraktale Produktionsstruktur bei Seppelfricke

forderlich. Aufstieg in der Firma Seppelfricke wird zukünftig verstanden als die Übernahme einer *interessanteren und abwechslungsreicheren Tätigkeit*, die auch entsprechend honoriert wird. Eine praxisorientierte Qualifizierung ohne große Ausfallzeiten führt als Lösungsansatz zu einem Rotationsverfahren, bei dem der Mitarbeiter zyklisch in seinen angestammten Bereich zurückkehrt. Als langfristige Perspektive ist die Leitung von Projektgruppen, zum Beispiel im Rahmen der Entwicklung neuer Produkte, vorgesehen (Bild 88).

Rückführung selbstgewählter Leistungskennwerte durch Visualisierung

Wirkungsvolle Rückkopplungsmechanismen erfordern zwingend entsprechende Transparenz hinsichtlich der wesentlichen und beeinflußbaren Zustandsgrößen. Wie erwartet zeigen die Mitarbeiter bei diesem Punkt großes Interesse, weil die Lücke zwischen Wunsch und Wirklichkeit besonders deutlich ist. Schon nach kurzer Zeit entstanden so Schautafeln, auf denen Kenngrößen eingetragen und kontinuierlich fortgeschrieben werden.

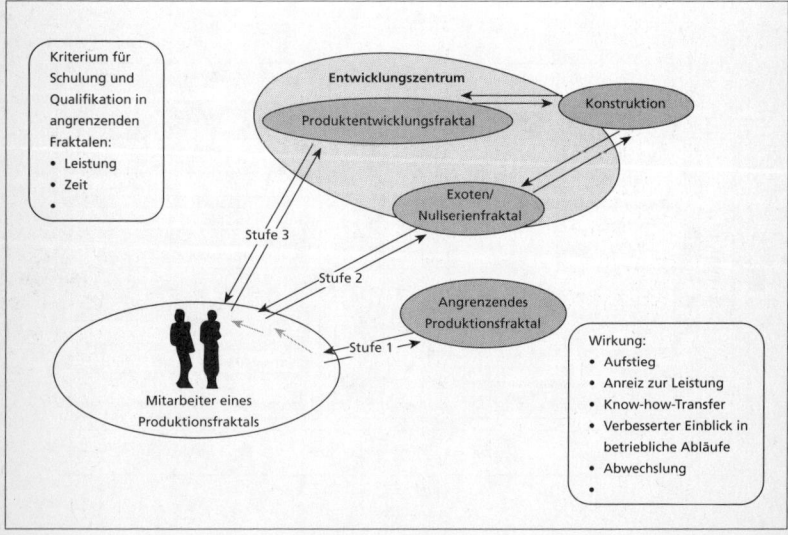

Bild 88: Produktionsnahe Qualifizierung durch Fraktal-Rotation

Bewußt haben wir uns hier zurückgehalten, auch wenn gelegentlich Sackgassen erkennbar wurden: Es ist besser, die Beteiligten erkennen selbst, welche Informationen sie benötigen und ohne großen Aufwand aufarbeiten können. Beispielhaft ist die gegenwärtige Lösung im Bereich Gasherde dargestellt (Bild 89). Mit der Visualisierung der erbrachten Arbeitsleistung wird neben der Motivation («Besser sein als die anderen») auch die kontinuierliche Selbstoptimierung gefördert.

Zeit und Gelegenheit zum Lernen geben

Die Entlohnungsfrage wird von der Firma Seppelfricke als ein weiterer wichtiger Anreizfaktor gesehen. Nach dem Motto «Leistung macht sich wieder bezahlt» wird gegenwärtig ein prämienorientiertes Entlohnungssystem ausgearbeitet, das in Verbindung mit einem flexiblen Arbeitszeitmodell ein weiterer wichtiger Schritt auf dem Weg zur besseren Entfaltung der Mitarbeiterpotentiale ist.

Der Betrieb sucht nach neuen Entgelt- und Arbeitszeitmodellen

Nach einjähriger Projektlaufzeit kann inzwischen eine erste Bilanz gezogen werden: Generell läßt sich sagen, daß sich hinsichtlich der angestrebten Projektziele ein klarer Erfolg abzeichnet. Am deutlichsten wird dies an der Tatsache, daß der Wandlungsprozeß aktiv von den Mitarbeitern getragen wird. Im Heizgerätefraktal der Vorfertigung wurden bereits nach kurzer Zeit sehr posi-

Positive Erfahrungen mit Pilotfraktalen

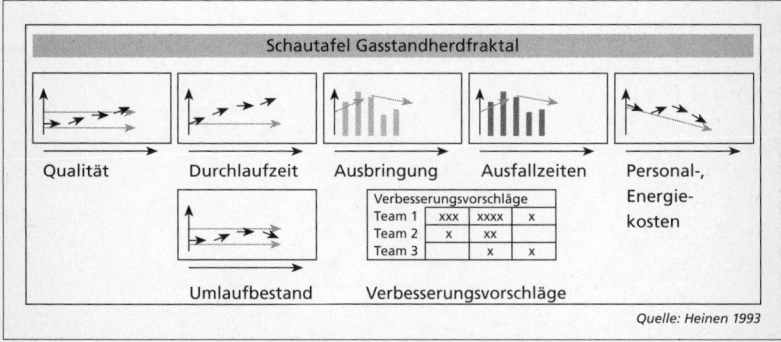

Bild 89: Leistungstransparenz durch optisches Controlling

Der Veränderungsprozeß wird kontinuierlich weitergeführt. Nur der Wandel bleibt beharrlich

tive Erfahrungen gesammelt, was die Zusammenarbeit, den Informationsaustausch und das gegenseitige Problemverständnis anbelangt. Die Klärung von Detailfragen wird nunmehr verstärkt von den Mitarbeitern in der Produktion vorgenommen.

Verstärktes Augenmerk wird gegenwärtig auf die Einbeziehung der untersten Mitarbeiterebene gelegt. Des weiteren ist das Qualifikationskonzept auf alle Bereiche auszudehnen. Ein wichtiger Punkt innerhalb des Vorgehensplanes, die Integration der indirekten Bereiche, steht inzwischen oben auf der Prioritätenliste (Bild 90).

Die wichtigste Aufgabe liegt aber eher darin, firmeninterne Projektgruppen zu initiieren, die den Wandlungsprozeß weiterführen, wenn das laufende Projekt beendet

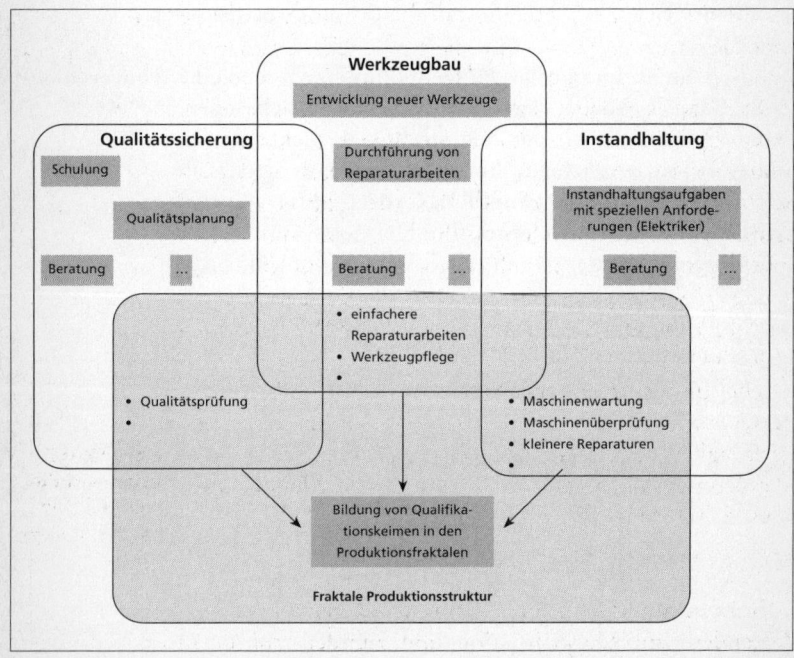

Bild 90: Ansatzpunkte zur Integration von Aufgabeninhalten in die Produktionsfraktale

ist; nur so läßt sich das Ziel langfristiger Vitalität verwirklichen. Die vom IPA erarbeitete Lösung stellt insofern nur einen Anfangszustand dar, der kontinuierlich weiterentwickelt wird.

U. I. Lapp GmbH & Co. KG, Stuttgart

Die bisher durchgeführten Projekte haben eine Tatsache bestätigt: Eine konsequente Umsetzung der Prinzipien der Fraktalen Fabrik kann in Produktionsbetrieben zu nachhaltigen Verbesserungen der Gesamtsituation führen. Dabei blieb zunächst ungeklärt, ob sich die Ansätze auch auf Unternehmen des tertiären Sektors, also auf Dienstleistungsunternehmen, übertragen lassen. Wie so oft brachte die Projektarbeit in der Industrie schnell eine Bewährungschance für diesbezügliche Überlegungen.

Übertragung fraktaler Prinzipien auf den Dienstleistungssektor ist möglich

Der Projektpartner, dessen Fall hier als Beispiel herausgegriffen wird, die U. I. Lapp GmbH & Co. KG in Stuttgart, ist eines der weltgrößten Handels- und Herstellungsunternehmen für Spezialkabel und -leitungen, Zubehör und anwendungstechnische Systeme. Rund zwei Drittel des Absatzvolumens bezieht das Unternehmen von eigenen Tochtergesellschaften, der Rest wird bei mehreren hundert Lieferanten nach Lapp-Werksnormen gefertigt.

Um die Wettbewerbsposition im hart umkämpften Kabelmarkt zu sichern, setzt Lapp auf kurzfristige Lieferfähigkeit, ein breit gefächertes, differenziertes Artikelsortiment sowie auf die Lieferung von Kleinmengen. Aus dieser Marktstrategie ergeben sich hohe Anforderungen an Lagerhaltung und Bestandsstruktur. Die richtigen Bestände entscheiden letztendlich über Erfolg oder Mißerfolg am Markt, zumal dann, wenn sich wie im vorliegenden Fall Marktsituation und Kundenstruktur in dynamischem Umbruch befinden.

Lieferfähigkeit – wichtigstes Ziel einer Vertriebsgesellschaft

Konsequentes Bestandsmanagement erfordert Selbstoptimierung

Im Zuge der gemeinsamen Arbeiten erkannten wir schnell, daß ein erfolgreiches Projektergebnis weit mehr als die herkömmlichen Maßnahmen des Bestandsmanagements erforderte. Vielmehr galt es, eine Organisationsform zu schaffen, die in der Lage ist, eine kontinuierliche Optimierung der Bestände durch Selbstoptimierung zu gewährleisten. Nur eine dynamische und schlagkräftige Organisation ist dazu fähig, flexibel auf eine dynamische Umwelt zu reagieren und Bestände permanent dieser Umwelt anzupassen. Das ursprünglich anvisierte Ziel der Bestandsoptimierung verwandelte sich auf diese Weise in ein Teilziel einer umfassenden Organisationsentwicklung, die letztendlich zur Schaffung eines Fraktalen Unternehmens führen sollte.

Transparenz hinsichtlich der Materialvorräte ist das Kernelement des Bestandscontrolling

Voraussetzung dieser Organisationsentwicklung war die Bereitstellung eines Controllingsystems, das eine Reihe von Funktionen aufweisen mußte, die von herkömmlichen Systemen nicht in ausreichendem Umfang zur Verfügung gestellt werden. Die Rede ist von Eigenschaften wie Bestandsauswertungen, Ursachenanalysen, graphischer Aussagekraft oder Planungsunterstützung. Dieses mittlerweile entwickelte System versorgt die «bestandsverursachenden Abteilungen» nunmehr optimal mit Informationen und schafft so die notwendige Transparenz hinsichtlich der Bestände.

Drei Etappen zum Fraktalen Unternehmen: Projektverankerung, Systementwicklung, Organisationsentwicklung

Der Weg hin zum Fraktalen Unternehmen wird von Lapp in drei Etappen zurückgelegt. Ausgehend von der Initiative der Geschäftsführung heißen diese Etappen *Projektverankerung – Systementwicklung – Organisationsentwicklung*. Über diese Etappen wird das ursprüngliche Ziel einer kontinuierlichen Bestandsoptimierung erreicht (Bild 91).

Zunächst mußten die doch ungewöhnlichen Ideen und Hintergründe des Projekts fest im Unternehmen verankert werden, um Mißtrauen oder gar eine Verweigerungshaltung von vornherein auszuschließen. Dies gelang durch die frühzeitige Einbindung der betroffenen Mitarbeiter und die konsequente, offene Informationspolitik: alle Betroffenen wußten zu jeder Zeit über die wesentlichen Fakten Bescheid.

Am Anfang stand die gemeinsame Zielformulierung für das Projekt. Das IPA übernahm hierbei im wesentlichen die Moderation und stellte Methoden bereit, um eine systematische Zielbestimmung zu ermöglichen. Wichtig bei der Zusammensetzung der Gruppe war, daß Mitarbeiter sowohl quer durch die Unternehmenshierarchie, von der Geschäftsführung bis zum Sachbearbeiter, als auch quer über alle Untersuchungsbereiche vertreten waren. Als Auswahlkriterien wurden Aufgeschlossenheit, Engagement und Überzeugungskraft empfohlen.

Erfolgreiche Zusammenarbeit im Projekt durch kontinuierliche Betreuung

Der Prozeß der gemeinsamen Zielbestimmung bewirkte im wesentlichen, daß Projektziele, Lösungsansätze und Vorgehensweisen für alle Projektbeteiligten verständlich wurden. Die dadurch erreichte erhöhte Ak-

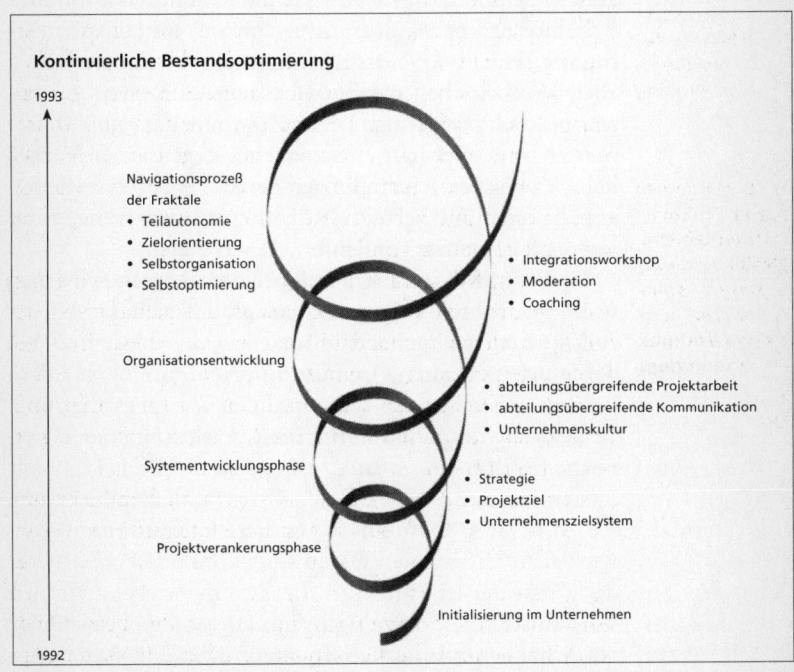

Kontinuierliche Bestandsoptimierung

1993

Navigationsprozeß
der Fraktale
• Teilautonomie
• Zielorientierung
• Selbstorganisation
• Selbstoptimierung

• Integrationsworkshop
• Moderation
• Coaching

Organisationsentwicklung

• abteilungsübergreifende Projektarbeit
• abteilungsübergreifende Kommunikation
• Unternehmenskultur

Systementwicklungsphase

• Strategie
• Projektziel
• Unternehmenszielsystem

Projektverankerungsphase

Initialisierung im Unternehmen

1992

Bild 91: Entwicklungsprozeß zum Fraktalen Unternehmen bei Lapp

zeptanz in der Belegschaft steigerte die Effizienz in der Projektabwicklung maßgeblich.

Die eigentliche Systementwicklung erfolgte durch abteilungsübergreifende Projektarbeit, bei der das IPA zwar die fachliche Leitung übernahm, aber immer den Gruppencharakter berücksichtigte. Auf diese Weise konnte ein Systemkonzept verabschiedet werden, das heute voll von den Mitarbeitern im Unternehmen getragen wird. Durch die fachliche Leitung des IPA wurden die Lösungsmöglichkeiten für die einzelnen Aufgaben und Funktionen des Bestandsmanagementsystems so ausgewählt, daß auf ein Standardsystem aufgesetzt werden konnte, was Kosten und Zeit für die Realisierung sparen half. Über die Systementwicklung wurde in dieser Phase gezielt die abteilungsübergreifende Kommunikation und die Unternehmenskultur zum Umgang miteinander gefördert. Hier war ein gemeinsames und unmittelbares Ziel, nämlich eben die Entwicklung des Systemkonzeptes, besonders wichtig. Diese Zusammenarbeit mit unmittelbarem Ziel half entscheidend, gegenseitige Vorbehalte zwischen Abteilungen und Hierarchieebenen abzubauen, und vermittelte Erfolgserlebnisse in bezug auf die Erreichung von Unternehmenszielen.

Im Verlauf der dritten Etappe, der Organisationsentwicklung, achteten wir stark darauf, daß sich der Anpassungsprozeß weitgehend selbst entwickeln konnte. Weder wurden die alten Organisationsstrukturen von außen in Frage gestellt, noch wurden die neuen Organisationsstrukturen von außen konstruiert. Vielmehr fanden turnusmäßige *Integrationsworkshops* statt. Hierbei handelt es sich um eine Form themenzentrierter Gruppenarbeit, die vom IPA methodisch vorbereitet und moderiert wurde. Arbeitsthemen waren stets konkrete Probleme in der Bestandsstruktur, für die Lösungswege gefunden werden sollten. So wie sich bei der Systementwicklung die Mitarbeiter in abteilungsübergreifende Arbeitsgruppen organisiert hatten, so bildeten sich jetzt auch für die Bestandsoptimierung spontan Gruppen heraus. Nach

Punktuelle Aufgaben können nur im Gesamtzusammenhang erfolgreich gelöst werden

Bereichsübergreifende Lösungen entstehen durch Integrationsworkshops

Spontane Selbstorganisation

wenigen Wochen hatten sich neue Strukturen gebildet.

Aus der alten Organisationsstruktur mit funktionaler Gliederung bildeten sich so innerhalb des Unternehmens Fraktale, die Marketing, Vertrieb, Disposition und Einkauf vereinen. Die Hierarchieebene des Gruppenleiters wurde aufgebrochen, heute gibt es statt dessen Fraktalleiter, die aber lediglich die Rolle des *primus inter pares* spielen und keine neue Hierarchieebene darstellen.

Das Vertriebsfraktal vereinigt die Funktionen Marketing, Vertrieb, Disposition und Einkauf

Grundlage für die Organisationsentwicklung durch Selbstorganisation war bei Lapp wiederum die Vermittlung der Unternehmensziele und die Bereitstellung von Informationen über die Zielabweichung und die Ursachen. Erst die Bereitstellung von konsistenten Daten zur Zielabweichung unterband eine ständige Diskussion über *richtig oder falsch* und konzentrierte die Kräfte auf die eigentlichen Verantwortlichkeiten und Maßnahmen. Die Verantwortlichkeiten wurden nach den Problemlösungsmöglichkeiten gebündelt und als Beschaffungsfraktal abgebildet. Die notwendige Qualifizierung der Mitarbeiter erfolgte einerseits kontinuierlich durch die Projektarbeit, andererseits aber auch durch direktes Coaching einzelner Mitarbeiter.

Diskussionen verlaufen zielgerichtet, wenn ihnen konsistente Daten zugrunde liegen

Diese Vorgehensweise machte es möglich, gemeinsam mit den Verantwortlichen im Unternehmen bei den Mitarbeitern im Beschaffungsfraktal ein hohes Maß an Verantwortung für Selbstorganisation und Selbstoptimierung zu verankern (Bild 92).

Wie bereits angesprochen, kann eine dynamische Bestandsoptimierung nicht schlagartig vollzogen werden. Sie ist kein fest terminierbarer Vorgang: Ständige Umweltveränderungen erfordern einen kontinuierlichen Verbesserungsprozeß.

Selbstorganisation und -optimierung müssen tief verankert werden

Der Verbesserungs- beziehungsweise zielgerichtete Navigationsprozeß verläuft nur dann kontinuierlich und reaktionsschnell, wenn auch innerbetrieblich eine hohe Dynamik vorhanden ist. Innerbetriebliche Dynamik jedoch setzt kleine, schnelle Regelkreise im Unternehmen voraus. Diese ermöglichen ein

Betriebliche Navigation mit dem Ziel kontinuierlicher Verbesserung erweitert den herkömmlichen Controllingbegriff

rasches Erfassen der Ist-Situation und die Ermittlung der Abweichung zwischen Ziel- und Ist-Situation. Die Beschaffungsfraktale der Firma Lapp sind mit derartigen schnellen Regelkreisen ausgestattete schlagkräftige Organisationseinheiten. Kernelement dieser Regelkreise ist ein systematisches Zielvorgabe- und Ergebnisrückmeldewesen.

Für Horizonte von drei bis sechs Monaten werden jedem Beschaffungsfraktal vom Materialwirtschaftsleiter konkrete Ziele vorgegeben. In der Startphase der Fraktale einigte man sich zunächst auf die Ziele Bestandsabbau und Bodensatzreduzierung (Bild 93). Randbedingung ist dabei, daß der bestehende Lieferservicegrad erhalten bleibt. Als Bodensatz wird Material bezeichnet, das «unterhalb» der eigentlichen Mindestmengen ständig vorhanden ist und von keiner dispositiven Maßnahme berührt wird – eine Erscheinung, die in der Materialwirtschaft häufig anzutreffen ist. In einem weiteren Schritt wurden die Ziele um Einkaufspreis und Wiederbeschaffungszeit erweitert.

Die Beschaffungsfraktale vereinbaren in Selbstorganisation, durch welche Maßnahmen die vorgegebenen

Mit dem neuen Ansatz gelingt selbst die Absaugung des «Bodensatzes»

Optimierung von Beschaffungskosten und -zeiten bei konstantem Servicegrad

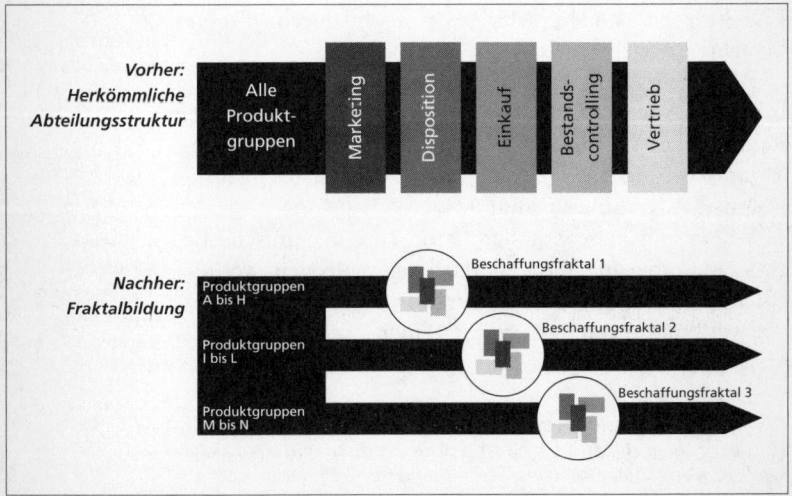

Bild 92: Bildung der Beschaffungsfraktale

Ziele erreicht werden sollen. Das implementierte Bestandsmanagementsystem unterstützt dabei das Aufspüren von bodensatzverursachenden sowie wenig bewegten, bestandsverursachenden Artikeln. Jedes Fraktalmitglied wird zudem so geschult, daß Einkaufs-, Dispositions- und Controllingaufgaben wahrgenommen werden können. In wöchentlich einberufenen internen Sitzungen werden die vom Fraktal durchgeführten Maßnahmen hinsichtlich aufgetretener Probleme und Erfolge diskutiert und das weitere Vorgehen abgestimmt. Grundlage dieser Gespräche bildet ein Maßnahmenkatalog auf Artikelbasis, der nach steigender Bestandsverursachung sortiert ist. Dieser Maßnahmenkatalog wird von den Beteiligten gemeinsam erstellt.

Systematisches Aufspüren der Schwachstellen

Jede Sitzung mündet in einen Maßnahmenkatalog

Das Rückmeldewesen im Beschaffungsfraktal funktioniert in zwei Richtungen. Das Fraktal erhält in monat-

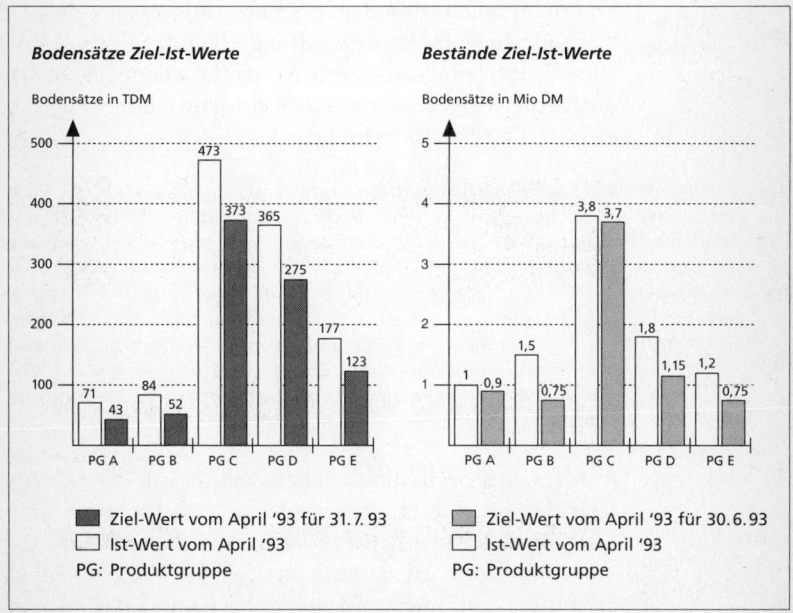

Bild 93: Zielvorgaben im Beschaffungsfraktal

Bidirektionale Informationswege ermöglichen konsistente Zielabstimmung

lichen Sitzungen, an denen der Materialwirtschaftsleiter teilnimmt, in Form der aktuellsten Systemauswertungen Rückmeldung zur Zielerreichung. Dem Materialwirtschaftsleiter wiederum werden in diesen Gesprächszirkeln operative Probleme und Erfolge bei der Zielerreichung rückgemeldet. Die Rückmeldung aus dem Fraktal sowie die Zielerreichung am Ende eines Zielhorizontes bilden für den Materialwirtschaftsleiter die Grundlage für neue Vorgaben und die Zielabstimmung mit der Geschäftsleitung.

Erste Erfolgserlebnisse sollten sich nach wenigen Monaten einstellen

Nach dreimonatigem Lauf dieser Organisation und des Bestandsmanagementsystems zeichnen sich bei unveränderter Lieferbereitschaft beachtliche quantitative Verbesserungen von Bestands- und Bodensatzsituation ab. Über den quantitativen Nutzen hinaus sind auch vielseitige qualitative Verbesserungen erkennbar: Neben dem Abbau einer Hierarchieebene in der Beschaffung und der damit verbundenen Reintegration von Controllingfunktionen in das Beschaffungsfraktal ergibt sich vor allen Dingen eine verbesserte Motivation der Mitarbeiter durch die Möglichkeit zur Selbstorganisation und eine größere Entscheidungsfreiheit.

Fraktalsitzungen werden spontan einberufen, sofortiges erkennbares Reagieren ist wichtig

Bei der Einrichtung des Pilotfraktals und den Gruppengesprächen entwickelten die Fraktalmitglieder schnell Eigeninitiative. Wir beobachteten bereits nach kurzer Zeit, daß die Mitarbeiter bei auftretenden Problemen selbständig und spontan Fraktalsitzungen einberufen, die eine sofortige Lösung, zumeist eben eine Bestandsoptimierung, zum Inhalt haben. Die Fraktalmitglieder stimmen sich miteinander ab, ohne daß wir oder die übergeordnete Ebene Direktiven vorgeben müssen. Alle Handlungen sind auf die Erreichung der Ziele ausgerichtet.

Eine Gruppenprämie honoriert den gemeinschaftlichen Erfolg

Auf Wunsch der Lapp-Geschäftsleitung soll die Effektivität der Fraktalmitglieder prämiert werden. Die letzte Aufgabe des laufenden Projekts besteht darin, ein Prämienlohnsystem zu entwickeln, das die Zielerreichung der Fraktale prämiert. Wichtig dabei ist, daß das Fraktal als Ganzes bewertet wird; einzelne Fraktalmitglieder werden nicht unterschiedlich prämiert. Deshalb ist das Prämiensystem so angelegt, daß die permanente Erreichung der Zielvorgaben, ständiges gemeinsames Vorgehen sowie eine einfache und eindeutige Prämienberechnung sichergestellt sind.

Der erreichte Grad an Selbstorganisation und Selbstoptimierung in der Firma Lapp gewährleistet die erforderliche Strukturdynamik, um bei zunehmender Turbulenz auf den Absatz- und Beschaffungsmärkten zu bestehen. Der Prozeß zur kontinuierlichen Bestandsoptimierung wird von den Mitarbeitern im Haus Lapp selbst getragen. Eine externe Hilfestellung wird schon in absehbarer Zeit nicht mehr erforderlich sein.

Die Entwicklung neuer Organisationsformen muß reifen, obwohl das turbulente Umfeld eigentlich keine Zeit dafür läßt

Problem gelöst? Ein kurzes Fazit

Enttäuscht werden müssen leider diejenigen, die in den Beispielen das Organigramm der Fraktalen Fabrik erwartet haben, schlichtweg, weil es allgemeingültig nicht existiert – nicht existieren kann. Die Erfahrungen bei der Einführung von CIM-Konzepten in die betriebliche Praxis haben eine an sich naheliegende Erkenntnis noch einmal deutlich vor Augen geführt: Genauso wie neue Verfahren bedürfen neue Organisationsformen eines Reifeprozesses und können nicht von heute auf morgen eingeführt werden. Im Falle der Fraktalen Fabrik wird das nicht anders sein.

Die Voraussetzungen für eine schrittweise Entwicklung sind aber günstig: Elemente der Fraktalen Fabrik befinden sich isoliert bereits im betrieblichen Einsatz. Als Beispiele sind insbesondere das Bilden von Geschäftseinheiten, das Orientieren an Geschäftsprozessen, die Struk-

- Selbstorganisation
- selbstähnliche Zielrichtungen
- Transparenz von Abläufen und Zustandsgrößen
- Motivation als zentraler Gestaltungsgrundsatz
- Kooperation statt Konfrontation
- Verinnerlichung von Zielen
- Qualitätsbewußtsein als Selbstverständnis
- keine Wettbewerbsgrenze an der Unternehmensgrenze

- Schaffung von Bewegungsräumen mit Freiheitsgraden
- dynamische Organisationsstrukturen (Evolution)
- Selbstoptimierung
- Beschreibung von Abläufen und Abbildung von Zuständen
- bedarfsgerechter Ressourceneinsatz
- bedarfsgerechte Kommunikation
- unternehmerisches Verständnis, Denken und Handeln aller Mitarbeiter
- Motivationsregelkreis

Bild 94: Prinzipien und Methoden in der Fraktalen Fabrik

turierung in Fertigungssegmente oder Fertigungszellen sowie der Trend zur Gruppenarbeit zu nennen. In einem Konsolidierungsprozeß wird sich – wieder einmal – die Erkenntnis durchsetzen, daß auch damit nicht die Lösung aller Probleme gefunden ist – was etliche Führungskräfte weiterhin glauben. Der Strukturansatz der Fraktale zeigt den Weg, die jeweils bestgeeigneten Organisationsformen nebeneinander, aber aufeinander abgestimmt zu realisieren. Er geht auch davon aus, daß der in unverminderter Schärfe weiterbestehende Zeitwettbewerb die dynamische Anpassung der Organisationsstrukturen notwendig macht beziehungsweise eine entsprechende Organisationsstruktur bedingt.

Fraktale Fabrik: Strukturen aus kleinen, schnellen Regelkreisen, die «von oben» vorstrukturiert und koordiniert werden, gleichzeitig Gegenstand ständiger optimierender Gestaltung «von unten» sind

Insofern gehen die Keimzellen der Fraktale längst auf. Es wird aber lange dauern, bis sie zusammengewachsen sind. Bis dahin sind noch viele Fragen zu klären.

Nutzen / Potentiale	Höhere Effizienz	Höhere Reagibilität und Vitalität	Schnellere Innovation	Schonung der Ressourcen
Struktur	– Zielorientierung – Selbstoptimierung – Selbstregelung	– Transparenz – kleine Regelkreise – Strukturdynamik – Wettbewerb	– Selbstorganisation – Strukturdynamik	
Umfeld	– Kooperation	– Transparenz	– Kooperation – Marktgestaltung	– Unternehmensethik
Mitarbeiter	– Qualifizierung – Teamarbeit – Anreizsystem – Selbstoptimierung	– unternehmerisches Denken – Qualifizierung	– Anreizsystem – unternehmerisches Denken	– Unternehmensethik – Qualifizierung
Wissen	– Qualifikation – Anreizsystem – Informationssystem	– Transparenz	– Strukturdynamik – Offenheit	– Qualitätsbewußtsein – ganzheitliches Denken
Daten	– Informationssystem – Navigation	– Informationssystem		– Informationssystem
Methode	– Qualifikation – Teamarbeit	– Strukturdynamik	– Strukturdynamik	– Qualifikation

Bild 95: Zuordnung zwischen Potentialen, Maßnahmen und Nutzeffekten in der Fraktalen Fabrik

6 Blick nach vorn

Zweifelsohne besteht ein großer Entwicklungsbedarf für das benötigte Instrumentarium der Fraktalen Fabrik. Der Anfang aber ist gemacht. Die direkte horizontale Kommunikation wird bedeutsamer als der vertikale Informationsfluß. Die Änderung einer funktional orientierten, vertikal strukturierten Organisation in eine prozeßorientierte, horizontal strukturierte, sozusagen das Umklappen der Organisation um 90 Grad – mit gleichzeitiger Änderung der Führung im Sinne einer Dezentralisierung sowie der Abläufe im Sinne einer Integration – erfordert Mut und Aufwand. Selbst bei der Erkenntnis der Notwendigkeit ist der Schritt zur Umsetzung noch sehr groß. Es sind noch nicht ausreichend viele und schlagende Beispiele vorhanden, um diesen Weg sicher gehen zu können. Die Aufgabe ist auch so komplex, daß in jedem Betrieb ein eigener Weg gesucht werden muß, wobei in einer solchen Situation allein schon der Weg das Ziel ist.

Wir müssen unsere vertraute vertikale Organisation um 90 Grad in horizontale Abläufe umklappen

Dieses Buch hat nicht zum Ziel, dem Leser ein unmittelbar anwendbares Instrumentarium in die Hand zu geben, mit dem er binnen kurzer Frist spürbare Verbesserungen herbeiführen kann. Schon gar nicht möchte der Autor sich in die Schar der Heilsapostel einreihen. Erklärte Absicht ist es vielmehr, eine in traditionellen Ansichten verwurzelte Denkhaltung in Frage zu stellen und hieraus einen gestalterischen Ansatz zur Bewältigung der vor uns stehenden Aufgaben zu entwickeln. Dieser hat sicherlich Unvollkommenheiten und macht Kompromisse erforderlich. Wir brauchen aber ein langfristig tragfähiges Konzept, sonst verlieren wir im Tagesgeschäft vollends die Orientierung. Wer immer erst dann einen neuen Ansatz akzeptiert, wenn andere ausreichend erfolgreiche Beispiele geliefert haben, läuft stets hinterher. Wir brauchen neue Visionen mit neuen Impulsen. Dazu kann die

Die Fraktale Fabrik: Denkanstoß und Orientierungshilfe

Nicht auf Vorreiter warten. Anfangen!

Auffassung der Fabrik als lebender und lernender Organismus dienen. Wissenschaft und Wirtschaft kommen zu neuen Betrachtungsweisen und verlassen Denkpfade mit abnehmendem Grenznutzen.

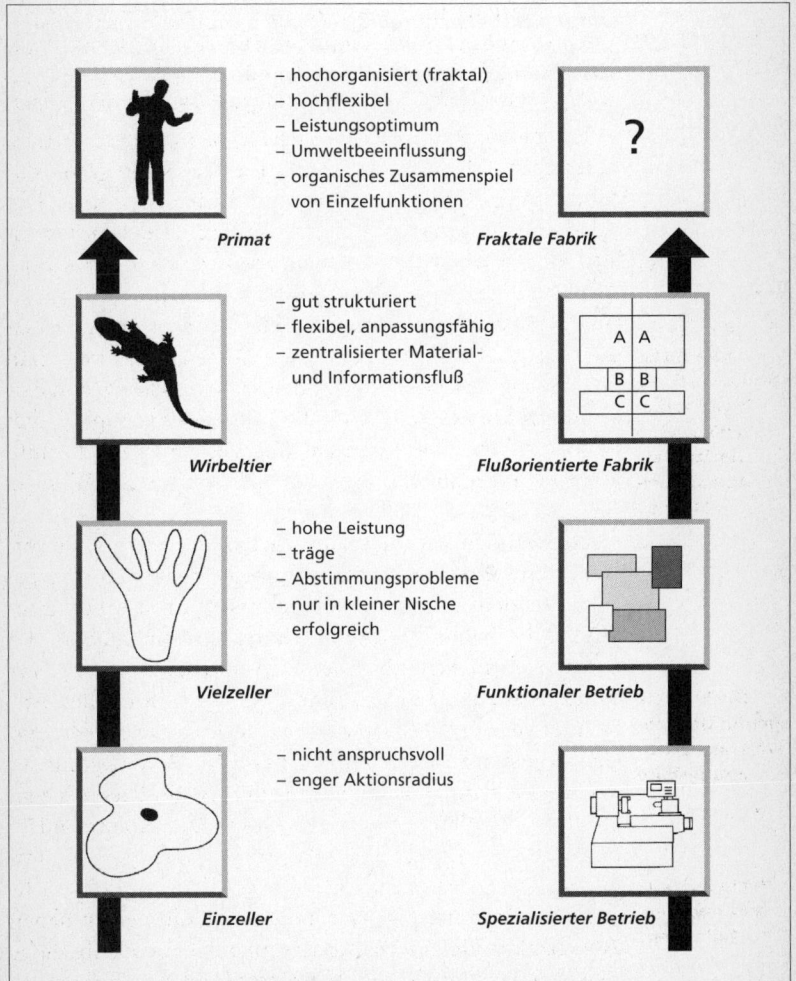

Bild 96: Evolution im Vergleich

Das letzte Bild mag etwas anmaßend sein, aber vielleicht erreichen wir mit der Fraktalen Fabrik hochorganisierte Strukturen, die mit denen eines Primaten vergleichbar sind. Sicher ist jedenfalls, daß auch damit nicht der Endpunkt aller Entwicklungen erreicht sein wird.

«Noch nie ist etwas Großes geschaffen worden, ohne daß einer geträumt hätte, es solle so sein, daß einer geglaubt hatte, es könne so sein, und einer überzeugt war, es müsse so sein.»
CHARLES F. KETTERING, Ingenieur und Unternehmer,
1876–1958

Literatur

AUCH, M.: *Fertigungsstrukturierung auf der Basis von Teilefamilien.* Berlin u. a.: Springer, 1989. Zugl. Stuttgart, Universität, Diss., 1989

BARNSLEY, M. F.; DEMKO, S.: *Fractals everywhere.* San Diego: Academic Press, 1988

BECKMANN, J.: *Anleitung zur Technologie.* Göttingen: Vandenhoeck und Ruprecht, 1796

BLAXILL, M. F.; HOUT, TH. M.: *Hersteller brauchen vor allem robuste Produktionsverfahren. In: Harvard Manager* (1992) 1, S. 84–93

BOUILLON, H.: *Ordnung, Evolution und Erkenntnis. Hayeks Sozialphilosophie und ihre erkenntnistheoretische Grundlage.* Tübingen: Mohr 1991

BRIGGS, J.; PEAT, F. D.: *Die Entdeckung des Chaos.* München; Wien: Hanser, 1990

BROCKHAUS ENZYKLOPÄDIE. *19. Auflage. Bd 5.* Mannheim, 1988

BÜGE, H.: *Anforderungen der Praxis an zukünftige Entgeltsysteme. In: Arbeit: Gestaltung – Organisation – Entgelt / Inst. f. angew. Arbeitswiss. (Hg.).* Köln: Bachem 1991. S. 214–227 *(Schriftenreihe des IfaA; Bd. 25)*

BULLINGER, H. J.: *Produktionsparadigmen als betriebliche Herausforderung. In: Innovative Unternehmensstrukturen. IAO-Forum, 24. März 1992.* Berlin u. a.: Springer, 1992, S. 9–25

BURCKHARDT, W.: *Das produzierende Unternehmen als Zeitfalle? In: Münchner Kolloquium '91, 28. Februar–1. März 1991.* Berlin u. a.: Springer, 1991 .

CHRISTIANS, F. W.: *Interview. In: VDI-Nachrichten Magazin* (1992) 1, S. 30–34

CRAMER, F.: *Chaos und Ordnung. Die komplexe Struktur des Lebendigen.* Stuttgart: DVA, 1989

CRUTCHFIELD, J. P. u. a.: *Chaos. In: Spektrum der Wissenschaft* (1987) 2, S. 80

DANGELMAIER, W.; WARNECKE, H. J.: *Grenzen der Technik. In: Werkstattstechnik 80* (1990) 3, S. 145–148

DRUCKER, P. F.: *Neue Realitäten.* Düsseldorf u. a.: Econ, 1990

DRUCKER, P. F.: *So funktioniert die Fabrik von morgen. In: Harvard Manager* (1991) 1, S. 8–17

DYSON, F.: *Characterizing Irregularity. In: Science 4342* (1978) 12, S. 677–678

EDERER, G.: *Das leise Lächeln des Siegers.* Düsseldorf u. a.: Econ 1991

ENGEL, A.: *Beyond CIM: Bionic Manufacturing Systems in Japan. In: IEEE Expert* (1990) 8, S. 79–81

ENGELS, F.: *Die Lage der arbeitenden Klasse in England.* Stuttgart: Dietz, 1892

EYER, E.: *Anforderungs- und leistungsgerechte Entlohnung in teilautonomen Gruppen. In: Arbeit: Gestaltung – Organisation – Entgelt / Inst. f. angew. Arbeitswiss. (Hg.).* Köln: Bachem 1991. S. 198–213 *(Schriftenreihe des IfaA; Bd. 25)*

FORD, H.: *Mein Leben und Werk.* Leipzig: Paul List Verlag, 1923

FRANKE, H.; BUTTLER, FR.: *Arbeitswelt 2000.* Frankfurt/M.: Fischer, 1991

FREY, A. D.: *Luegers Lexikon der gesamten Technik.* Stuttgart u. a.: DVA, 1927, Bd. 3, S. 350–355

FUCHS, J. (Hg.): *Das biokybernetische Modell. Unternehmen als Organismen.* Wiesbaden: Gabler, 1992

HACKER, W.; RICHTER, P. (Hg.): *Spezielle Arbeits- und Ingenieurspsychologie in Einzeldarstellungen.* Berlin: VEB, 1980

HAKEN, H.: *Erfolgsgeheimnisse der Natur.* Reinbek: Rowohlt, 1995

HAMMER, H.: *Verfügbarkeitsanalyse von flexiblen Fertigungssystemen. In: Fertigungstechnisches Kolloquium Stuttgart FTK 1991, 1.–2. Oktober 1991.* Berlin u. a.: Springer, 1991. S. 59–67

HEINEN, H.: *Neustrukturierung eines mittelständischen Unternehmens der Elektrogroßgerätefertigung nach fraktalen Prinzipien. In: Industriearbeit heute – Weg zur Fraktalen Fabrik. IPA-Arbeitstagung.* Berlin u. a.: Springer, 1993, S. 119–148

HELPER, S.: *How much has really changed between US automakers and their suppliers? In: Sloan Management Review* 32 (1991) 4, S. 15–28

HÖHLER, G.: *Spielregeln für Sieger.* Düsseldorf u. a.: Econ, 1992

HUCH, B.: *Eine zielgerichtete Steuerung des Unternehmens. In: Blick durch die Wirtschaft,* 21. 1. 92, S. 7

IMAI, M.: *Kaizen: der Schlüssel zum Erfolg der Japaner im Wettbewerb.* München: Langen Müller Herbig, 1991

INSTITUT DER DEUTSCHEN WIRTSCHAFT: *Internationale Wirtschaftszahlen 1991.* Köln: Dt. Instituts-Verlag, 1991

JAIKUMAR, R.: *From Filing and Fitting to Flexible Manufacturing: A Study in the Evolution of Process Control.* Harvard Business School, Arbeitspapier 88-045, 1988

JÜRGENS, U.; MALSCH, T.; DOHSE, K.: *Moderne Zeiten in der Automobilfabrik.* Berlin u. a.: Springer, 1989

KAMI, M. J.: *10% besser als die Konkurrenz.* Frankfurt/M.; New York: Campus, 1990

KCIM IM DIN: *Normung von Schnittstellen für die rechnerinte-grierte Produktion.* Berlin: Beuth, 1987 *(DIN-Fachbericht; 15)*

KERSTEN, G.: *Steuerung und Unterstützung von Produkt- und Prozeßentwicklung durch Methoden der präventiven Qualitätssi-cherung. In: VDI-Z 133* (1991) Special IV, S. 20–30

KIRCHGÄSSNER, G.: *Homo Oeconomicus. Das ökonomische Modell individuellen Verhaltens und seine Anwendung in den Wirtschafts- und Sozialwissenschaften.* Tübingen: Mohr, 1991

KÖLNISCHE ZEITUNG 1818: *In:* Schönbrunn, G.: *Geschichte in Quellen, das bürgerliche Zeitalter.* München: Bayrischer Schulbuch-Verlag, 1980, S. 114

KOTTER, J.: *Abschied vom Erbsenzähler.* Düsseldorf u. a.: Econ 1991

KÜHNLE, H.; SPENGLER, G.: *Wege zur ‹fraktalen Fabrik›. In: io Management Zeitschrift 62* (1993) 4, S. 66–71

MANAGER MAGAZIN 21 (1991) 8, S. 150–155 *Geist auf Vor-rat*

MANDELBROT, B.: *Die fraktale Geometrie der Natur.* Basel; Boston: Birkhäuser 1987

MANN, R.: *Ein Unternehmen führen heißt offen sein für den Wandel. In: Blick durch die Wirtschaft 205* (1986) S. 4, 7

MANUFACTURING ENGINEERING 108 (1992) 1, S. 31–88 *Future View*

MASLOW, A. H.: *Motivation und Persönlichkeit.* Olten: Walter, 1978

MÜSSIGMANN, U.: *Bewertung inhomogener fraktaler Struktu-ren und Skalenanalyse von Texturen.* Berlin u. a.: Springer, 1992. Zugl. Stuttgart, Universität, Diss., 1992

NEEDHAM, J.: *Wissenschaft und Zivilisation in China.* Frank-furt: Suhrkamp, 1988

NOELLE-NEUMANN, E.; STRÜMPEL, B.: *Macht Arbeit krank? Macht Arbeit glücklich?* München: Piper, 1984

PEITGEN, H. O.; RICHTER, P. H.: *The Beauty of Fractals.* Berlin u. a.: Springer, 1986

PETERS, T.: *Kreatives Chaos. Die neue Management-Praxis.* Hamburg: Hoffmann und Campe, 1988

PETERS, T.; WATERMAN, R.: *Auf der Suche nach Spitzenlei-stungen.* Landsberg/Lech: MI-Verlag, 1983

PORTER, M.: *Wettbewerbsvorteile.* Frankfurt/M.; New York: Campus, 1989

QUEISSER, H.: *Mikroelektronik – Wege der Forschung.* München: Piper, 1985

REICH, R.: *The Work of Nations – Preparing Ourselves for 21st-Century Capitalism.* New York: Knopf, 1991

RILLER, P.: *Wege zur recyclingfreundlichen Konstruktion von Elektrogeräten. In: Produktrücknahme. Auswirkungen, Konse-*

quenzen, Perspektiven. 2. Fachkonferenz, 3.–5. Juni 1992, Frankfurt/M.: Institute for International Research, 1992

ROHMERT, W.: *Arbeitswissenschaftliche Beurteilung der Belastung und Beanspruchung an industriellen Arbeitsplätzen.* Bonn: BMFT, 1975

RUPPERT, W.: *Die Fabrik – Geschichte von Arbeit und Industrialisierung in Deutschland.* München: Beck, 1983

SCHEER, A. W.: *Wirtschaftsinformatik – Informationssysteme im Industriebetrieb.* Berlin u. a.: Springer, 1990

SCHIELE, O. H.: *Zur Bestimmung des Produktionsstandortes im In- oder Ausland. In: Logistik.* Wiesbaden: Gabler, 1984, S. 57–77 *(Schriften zur Unternehmensführung; Bd. 32)*

SCHIELE, O. H.: *Wettbewerbsfähigkeit durch industrielle Automation in der Fertigung. In: Industrieforschung.* Köln: BDI, 1986, S. 111–143

SCHIELE, O. H.: *Streiflichter aus 4 Jahrzehnten technischer Entwicklung im Maschinenbau.* Frankfurt: VDMA, 1991. *Sonderdruck aus Anlaß des 60. Geburtstages von Herrn Senator E. h. Günter Vettermann*

SCHMIDTCHEN, G.: *Neue Technik, neue Arbeitsmoral. Eine sozialpsychologische Untersuchung über Motivation in der Metallindustrie.* Köln: Dt. Instituts-Verlag, 1984

SCHULZ, H.: *Warum sind erfolgreiche Unternehmen erfolgreich? In: Werkstatt und Betrieb* 124 (1991) 11, S. 850–851

SCHWANINGER, M.: *Umweltverantwortung. In: io Management-Zeitschrift* 59 (1990) 1, S. 89–94

SEITZ, K.: *Die japanisch-amerikanische Herausforderung.* München: Bonn Aktuell, 1991

SENGE, P.: *Die fünfte Diszplin – Kunst und Praxis der lernenden Organisation.* New York: Doubleday, 1991

SEXL, R. U.: *Was die Welt zusammenhält.* Frankfurt/M.: Ullstein, 1984

SIEBERT, H.: *Die Weisheit einer höheren Instanz. In: FAZ* 14. 3. 92, S. 15

SMITH, A.: *Der Wohlstand der Nationen.* München: Becksche Verlagsbuchhandlung, 1974

STALK, G.; HOUT, TH. M.: *Zeitwettbewerb.* Frankfurt/M.; New York: Campus, 1990

TAYLOR, F. W.: *Die Grundsätze wissenschaftlicher Betriebsführung (Nachdruck der Originalausgabe von 1919).* München: Raben, 1983

TIKART, J.: *Leistungsprozeß – Corporate Identity und Unternehmenskultur im globalen Wettbewerb: Überlegungen und Notwendigkeiten. In: Industriearbeit heute – Weg zur Fraktalen Fabrik. IPA-Arbeitstagung, 4.–5. Mai 1993.* Berlin u. a.: Springer, 1993, S. 27–68

ULICH, E.: *Arbeitsform mit Zukunft: ganzheitlich-flexibel statt arbeitsteilig.* Bern: Lang, 1989

ULICH, E.: *Arbeitsplatzpsychologie.* Stuttgart: Poeschel, 1992

WAGENER, P.: *Arbeitszeitmanagement als Option für Unternehmen und Mitarbeiter.* Bergisch-Gladbach: Heider, 1991. *(Leistung und Lohn; 244–246)*

WARNECKE, H. J.: *Der Produktionsbetrieb. 3 Bde.* Berlin u. a.: Springer, 1993

WILDEMANN, H.: *Die modulare Fabrik – Kundennahe Produktion durch Fertigungssegmentierung.* München: gfmt, 1988

WILLENBACHER, K.: *Die Bedeutung des Institutes für angewandte Arbeitswissenschaften e. V. In: Arbeit: Gestaltung – Organisation – Entgelt / Inst. f. angew. Arbeitswiss. (Hg.).* Köln: Bachem, 1991. S. 9–21 *(Schriftenreihe des IfaA; Bd. 25)*

WOMACK, J. P.; JONES, D. T.; ROOS, D.: *The Machine that Changed the World.* New York: Rawson, 1990

WOMACK, J. P.; JONES, D. T.; ROOS, D.: *Die zweite Revolution in der Automobilindustrie.* Frankfurt/M.; New York: Campus, 1991

Personen- und Sachverzeichnis